曲江智造：文旅融合实践与观念

庄莹 主编

中国经济出版社
CHINA ECONOMIC PUBLISHING HOUSE
·北 京·

图书在版编目（CIP）数据

曲江智造：文旅融合实践与观念／庄莹主编．--
北京：中国经济出版社，2022.11
ISBN 978-7-5136-7166-8

Ⅰ.①曲… Ⅱ.①庄… Ⅲ.①地方文化-旅游业发展-案例-西安 Ⅳ.①F592.741.1

中国版本图书馆 CIP 数据核字（2022）第 223509 号

责任编辑　贺　静
责任印制　马小宾
封面设计　见山文化

出版发行　中国经济出版社
印 刷 者　北京富泰印刷有限责任公司
经 销 者　各地新华书店
开　　本　710mm×1000mm　1/16
印　　张　22.75
字　　数　337 千字
版　　次　2022 年 11 月第 1 版
印　　次　2022 年 11 月第 1 次
定　　价　98.00 元
广告经营许可证　京西工商广字第 8179 号

中国经济出版社 **网址** www.economyph.com **社址** 北京市东城区安定门外大街 58 号 **邮编** 100011

本版图书如存在印装质量问题，请与本社销售中心联系调换（联系电话：010-57512564）

城市新区 · 逆游

目录 content

政策抓手、核心策略、核心产品、借鉴启示”为五目，纲举目张，《曲江智造：文旅融合实践与观念》一书应运而生。

本书分为城市新区·逆游、城市更新区·漫游、历史文化名城（镇、村）·神游、山水廊道·心游4章，精选10个典型案例。每个案例均以“项目介绍”为序，以“政策索引”为基，以“谋划布局”为体，以“合作导引”和“借鉴启示”为翼，以“系统观念”为核，以“观念艺术作品”为穴。力求深入浅出，不仅从“意识流”转化为“方法论”，更从“方法论”进一步洄游至“意识流”。

何谓“文旅融合”？官方导读：以文塑旅，以旅彰文。曲江智造基层首创：文化赋意，商业赋新，科技赋能，艺术赋灵，旅游赋形。遴选文化艺术作品、提供知识产权综合服务并培育生活方式型旅游企业聚集协同发展，将成为“以文塑旅”的“‘边缘’书写”；获得垄断资源型旅游产品相关的知识产权授权、研发在线服务产品并促进体验经济型复合业态线下场景更新，必然是“以旅彰文”的“人文答‘岸’”。文旅“神游”、旅文“逆游”，本就是事物螺旋式上升、滚动式发展的“心游”轨迹，“转身”取决于“转念”，“转念”往往发生在“转瞬”之间。

一念起，万象生。谨以此书，为“文旅融合”领域更多观念共识，贡献个别曲江方案、些许曲江智慧和更多曲江力量。

庄 莹

2022年1月于西安

序言 Preface

几经易稿，终于成书。

自2014年编撰并出版发行《文旅观点：中国历史文化型主题景区典型案例与游客分析》《文旅观点：曲江新区人居环境评价研究》《根植：曲江生活访谈录》以来，西安曲江智造文化旅游产业股份有限公司（以下简称“曲江智造”，证券代码：873102）以西安曲江新区“文化 + 旅游 + 城市”发展经验和成果为依托，市场化创新发展，先后参与了华侨城集团“文化 + 旅游 + 新型城镇化”战略落地服务、华润集团“文化 + 旅游 + 城市更新”板块拓荒服务、西安曲江新区及西安曲江文化产业投资（集团）有限公司“走出去”投资拓展服务。

基于文旅融合、产城融合、创投融合三个方面的大量前沿探索和实践，曲江智造被业界誉为“中国最佳旅游投资服务商”。公司以重大项目“文旅融合全案策划”为抓手，代甲方有效促进资源、资产和资本“头部”企业的高效对接，坚持红线、绿线、蓝线、紫线、黑线、橙线、黄线“有限”条件下的最大创想，完成生产服务、生活服务和旅居服务“无限”可能中的目标瞄定、谱系规划和时序安排，培育文态、形态和业态“耦合共生”的基质和环境，创建顶层设计、中坚力量和底层逻辑之间的沟通机制。

基于以上核心价值，有同行希望我们阐释“如何提炼文化价值观并应用于旅游策划和规划工作”，有客户希望我们总结“文旅融合项目投资决策要点”，有院校老师希望我们整理“文旅融合背景下的人才培养必读”……甚至有艺术家、策展人希望我们分享“文旅融合全案策划 PPT 技法大全”，因为他们深知将“意识流”转化为“方法论”，与艺术创作的难度相差无几，是一次又一次无比艰辛的自我突破。

2021年，我们全面复盘了曲江智造创建8年来超百个案例，经陕西师范大学地理科学与旅游学院白凯教授指导，逐步厘清并建构了“四纲五目”基本结构，即以“城市新区、城市更新区、历史文化名城（镇、村）、山水廊道”为四纲，以“核心理念、

据住房和城乡建设部统计，截至“十三五”期末，我国城市数量达684个。其中，国家级历史文化名城共有139座，占比20%。国家中心城市已经获批正在建设的有北京、天津、上海、广州、重庆、成都、武汉、郑州、西安9座，分别引领示范京津冀协同发展、长三角一体化发展、粤港澳大湾区建设、成渝地区双城经济圈、长江经济带、中原城市群、关中平原城市群、黄河流域生态保护和高质量发展、“一带一路”建设九大国家战略规划和部署。

面对“百年未有之大变局”，国家先后明确科技强国、人才强国、教育强国、工业强国、制造强国、知识产权强国、文化强国、品牌强国、健康中国、体育强国、海洋强国、交通强国、质量强国、航天强国、网络强国、法治建设强国、大国外交等“强国”战略，可谓顺应国际国内形势之“顺变”。

“顺变”之下，空间“构变”。国家中心城市及城市群和特色小城镇的网格化布局，极大地促进了乡村振兴和县域经济发展的战略落地和目标达成。

“构变”之中，要素“流变”。曾经作为改革开放前沿阵地的国际化大都市，进入高质量发展的城市更新阶段。对外面向国际市场，以科技创新为引领的制造业、商贸物流业、金融服务业等长足发展，深刻变革，促进人力资源、战略性新兴产业、资本、信息四大要素循环流动；对内面向国内市场，以特色小城镇为主要载体承接中心城市外溢产能，以人为本，创建集优质生态、生产和生活服务设施为一体的未来社区、幸福社区，辐射带动美丽乡村农业现代化发展，促进中国特色“耕读传家”生活方式和消费产品“进城”。

“流变”之间，新区“蝶变”。随着政策和市场的发展变化，高新技术产业开发区、产业新城、工业园区刚性如初，空港新城、自贸区、保税区属性清晰，物流园区、印包园区、经济技术开发区、边境合作经济区等类型韧性待检。如果城市老城区是“惯性”空间，新城区是“弹性”空间，那么，老城知新，新城温故，新老城区弥合发展需要柔性空间，相互渗透并一体化显性发展则需要个性空间。

西安曲江新区，自2003年大雁塔北广场建成开放至今将近20年发展历程的成果，已经印证了“文化和旅游耦合协同发展的城市新区”作为城市柔性空间、个性空间的重要作用。所谓“文化 + 旅游 + 城市”的发展模式，可以进一步诠释为“文化产业 + 城市经济 + 旅游服务”的发展路径，亟待解决的问题是“文化产业游学突围、城市经济创意激活、旅游服务度假转型”。

惯性空间、弹性空间、柔性空间、个性空间，唇齿相依，互为因果。曲江新区是在弹性空间“冷”起步，通过“飞地”开发运营城市全域个性空间的方式，为城市全域“织”就网格化的柔性空间，倒逼柔性空间嵌入式打造新型产业弹性空间，可谓“文化苦旅、要素逆游、本末倒置”。

作为曲江新区的一员，甘苦自知，经常感慨曲江文旅铁军堪称“在历史文化荣光下追逐未来发展曙光的当代夸父”，如有异地复制的机会，“文化苦旅、要素逆游”难免，“本末倒置”可免。

国家级历史文化名城名录

第一批（1982 年）：

北京、承德、大同、南京、苏州、扬州、杭州、绍兴、泉州、景德镇、曲阜、洛阳、开封、荆州、长沙、广州、桂林、成都、遵义、昆明、大理、拉萨、西安、延安。

第二批（1986 年）：

天津、保定、济南、商丘、安阳、南阳、武汉、襄阳、潮州、重庆、阆中、宜宾、自贡、镇远、丽江、日喀则、韩城、榆林、武威、张掖、敦煌、银川、喀什、呼和浩特、上海、徐州、平遥、沈阳、镇江、常熟、淮安、宁波、歙县、寿县、亳州、福州、漳州、南昌。

第三批（1994 年）：

正定、邯郸、新绛、代县、祁县、哈尔滨、吉林、集安、衢州、临海、长汀、赣州、青岛、聊城、邹城、临淄、郑州、浚县、随州、钟祥、岳阳、肇庆、佛山、梅州、雷州、柳州、琼山、乐山、都江堰、泸州、建水、巍山、江孜、咸阳、汉中、天水、同仁。

增补（40 座）：

2001 年：山海关、凤凰
2004 年：濮阳
2005 年：安庆
2007 年：泰安、海口、金华、绩溪、吐鲁番、特克斯、无锡
2009 年：南通
2010 年：北海
2011 年：宜兴、嘉兴、太原、中山、蓬莱、会理
2012 年：库车、伊宁
2013 年：泰州、会泽、烟台、青州
2014 年：湖州、齐齐哈尔
2015 年：常州、瑞金、惠州
2016 年：温州、高邮、永州
2017 年：长春、龙泉
2018 年：蔚县
2020 年：辽阳
2021 年：通海、黟县、桐城

[文旅营城] 真实地想象一座城市的历史盛世 大胆地创造一个时代的地脉孤本

曲江价值

引言

“曲江”是一个城市空间单元，代表一个“地方”，更是一个在中国城市现代化和新型城镇化发展背景下，以文旅融合带动城市新区甚至城市全域高质量发展的成功案例。在国家社会、经济和文化发展百年未有之“变局”下，“曲江”将如何注解、输出和兑现“曲江价值”？

一、“曲江”注解

曲江，如何定义？仁者见仁，智者见智。依据段义孚先生《人文主义地理学》相关理论，我们至少可以从三个层次注解“曲江”，即空间、地方与品牌。

（一） 空间构筑

曲江，作为“空间”，被称为“曲江新区”。

曲江新区，原名西安曲江旅游度假区，位于西安市东南，是陕西省人民政府于1993年批准设立的省级旅游度假区，2003年7月经西安市政府批准更名为“曲江新区”。曲江新区一期规划面积为15.88平方千米，二期扩区之后核心区域面积为51.50平方千米。

近年来，曲江新区与西安市碑林区合作共建西安城墙·碑林历史文化片区，与未央区、莲湖区共建大明宫国家遗址公园片区，与周至县合作共建楼观生态文化旅游度假区，与临潼区共建临潼旅游度假区，与雁塔区合作共建西安文化科教园，与渭南市合作共

图 1　曲江格局片区开发分布

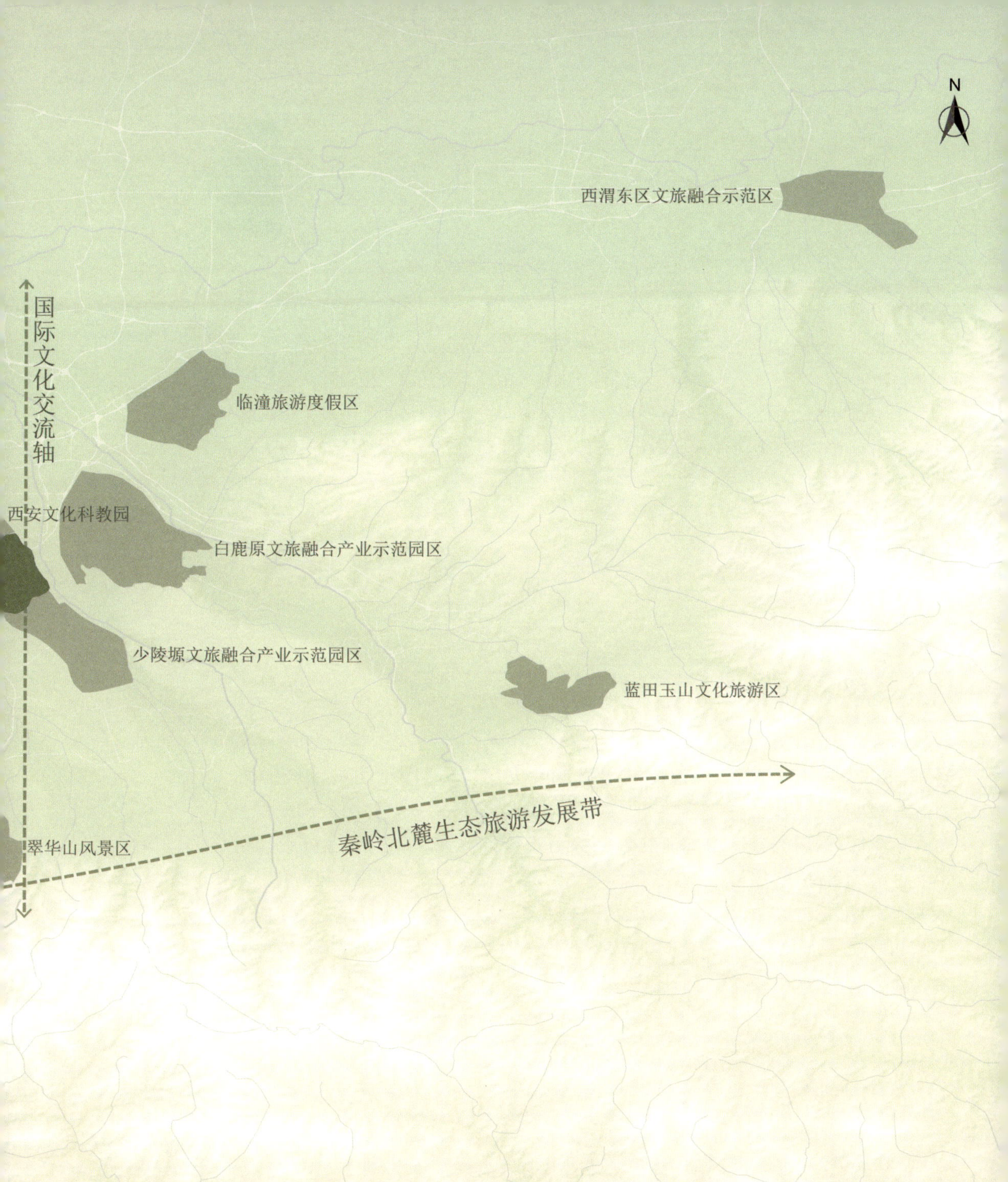
N
西渭东区文旅融合示范区
国际文化交流轴
临潼旅游度假区
西安文化科教园
白鹿原文旅融合产业示范园区
少陵塬文旅融合产业示范园区
蓝田玉山文化旅游区
秦岭北麓生态旅游发展带
翠华山风景区

建西渭东区文旅融合示范区。同时，曲江新区还与长安区协同共建少陵塬文旅融合产业示范园区，与灞桥区协同共建白鹿原文旅融合产业示范园区，并参与雁塔区新一轮城市更新项目。2021 年，与眉县、太白县分别签署战略合作协议，拟合作共建太白山国际旅游度假区。至此，曲江新区参与一级开发的面积总计超过 359 平方千米，基本形成沿西安市古都文化轴、国际文化交流轴、秦岭北麓生态旅游发展带发展的空间格局（见图 1）。

（二） 地方营造

曲江，作为“地方”，被誉为“人居示范区”。

2009 年，曲江新区被住房和城乡建设部授予“中国人居环境范例奖”，复合宜游、宜居、宜业城市功能，堪称“公园城市”建设典范（见图 2）。即文化导向“旅城一体”，生态导向“景城一体”，交通导向“产城一体”。曲江新区逐步吸引文化产业领军企业和中小企业、科创企业、教育培训企业、生活方式型旅游企业、改善居住型市民六种主体入区，先后完成了土地、产业、资本、信息、人力资源五大要素的聚集和重组，共创共享了人们生活日常的文化世界。曲江居民、创业者、从业者通过互相关联、行动、协作、理解和共识，共同建立了一个关于“曲江”只可意会的整体意义框架、承载 39.9 万人口、辐射年均 5 000 万人次旅游流量的独具个体生命意义的经络式感知空间。

（三） 品牌创建

曲江，作为“品牌”，现阶段被定义为“旅游目的地”。

2011 年，大雁塔 · 大唐芙蓉园景区被评为“国家 5A 级旅游景区”，曲江新区被

图 2　曲江一期社区分布

列入首批"国家标准试点城市中央休闲区"；2012 年，西安楼观生态文化旅游度假区（原楼观中国道文化展示区）被评为"国家 4A 级旅游景区"；2017 年，杜陵考古遗址公园被列入第三批国家考古遗址公园立项名单；2018 年，西安曲江池 · 大唐芙蓉园入选第十八批"国家水利风景区"；2019 年，曲江海洋极地公园被评为"国家 4A 级旅游景区"，西安城墙 · 碑林历史文化景区被评为"国家 5A 级旅游景区"；2020 年，大唐不夜城被列入"首批全国示范步行街"，大明宫国家遗址公园被评为"国家 5A 级旅游景区"。"十三五"期间，曲江新区一期高品质品牌酒店已经达到 1.1 万间夜的供给能力，全域人均公园绿地面积达到 27.5 平方米，高标准改建、扩建旅游厕所 82 间。

综上所述，高标准旅游景区、高品质步行街区、高质量水利风景区、高势能城市中央休闲区，成为曲江旅游目的地"国标级"核心产品组合；世界文化遗产（大明宫国家遗址公园[①]）、世界地质公园（终南山），是曲江旅游目的地所拥有的“世界级”旅游资源，有待进一步激活。

系统分析曲江新区“空间”构筑、“地方”营造、“品牌”创建方式和路径，可借鉴“风力型”文化力发展模式如下（见图3）：

一是文化导向培元，生态导向育土。以文化产业领军企业入区和旅游核心吸引物落地引爆为抓手，大愿景擘画大格局，大文化赋意大生态，重点以风度、风范和风景资产形成吸引力，率先促进土地、资本和信息要素单元效益和流动速度提升，营造“新地方”，创建中国人居环境示范区、国家生态区。

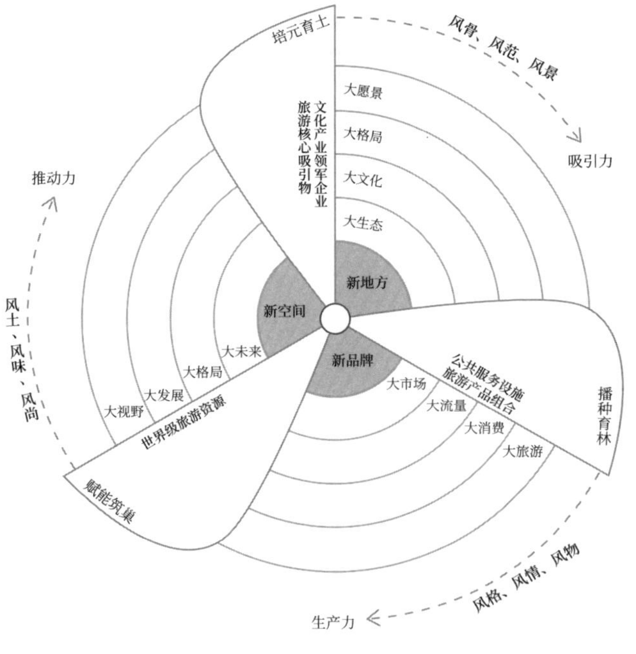

图3 曲江“风力型”文化力发展模式

① 2014年根据文化遗产遴选标准，“丝绸之路：长安—天山廊道的路网”被联合国教科文组织世界遗产委员会批准作为文化遗产列入《世界遗产名录》。长安—天山廊道的路网国内外共33处遗产，其中，国内有22处，陕西7处（汉长安城未央宫遗址、唐长安城大明宫遗址、大雁塔、小雁塔、兴教寺塔、彬县大佛寺石窟、城固张骞墓）。

二是文化导向播种，生态导向育林。以城市公园、文化广场、公共文化服务设施、高品质酒店、高品质步行街区、旅游厕所等公共服务设施和旅游产品组合集群落地为手段，大旅游带动大消费，大流量撬动大市场，重点以风格、风情和风物资产形成生产力，深度促进土地集约化利用和产业协同化发展，提升要素组合效益，营建“新品牌”，创建国家级文化产业园区、国家5A级旅游景区、国家级水利风景区、国家标准中央休闲区、国家级高质量步行街。

三是生态导向赋能，交通导向筑巢。以世界文化遗产、世界地质公园等世界级旅游资源为依托，大视野谋划大发展，大格局展望大未来，重点以风土、风味、风尚资产形成推动力，促进国际化人力资源要素聚集，构建“新空间”，创建世界级旅游景区、世界级旅游度假区、国际化创意产业园区和社区。

二、发展历程

曲江，秦时称为“陔州”，取临水长洲之意。汉武帝时修建“宜春苑”于此，周六里余。“因其水曲折，形似广陵之江”，故称“曲江”。隋兴建大兴城时，池被包入外城东南角，开黄渠导城东浐水穿城入池，改池名“芙蓉池”，苑曰“芙蓉园”。唐复名曲江。开元年间重加疏凿，池面七里，其西南为芙蓉园；筑紫云楼等殿宇楼阁亭榭于池岸，为都中第一胜景。“安史之乱”后，建筑物圮废，而士大夫岁时游赏不废。文宗太和中重建了一部分楼馆，仍未能恢复到开元、天宝旧貌。唐末迁都洛阳后，黄渠断流，池遂涸竭①。

隋大兴城的修建将曲江由郊区园林转变成为城市园林②，而西安都城时代的结束，

①辞海·地理分册 [M]. 上海：上海辞书出版社，1978.

②鲁长亮．西安曲江新区城市景区与住区互动发展研究 [D]. 西安：西安建筑科技大学，2011.

标志着曲江皇家园林身份的消失，其地位日渐衰落。随着时间的流逝，珍贵的文物和大片的遗址湮没在农田和村镇之中，文化遗产保护状态堪忧。

(一) 探索发展期：1992—2002 年

20 世纪 80 年代初期，国家对文物保护日益关注。为了保护那些曾经是古代政治、经济、文化中心或近代革命运动和重大历史事件发生地的重要城市及其文物古迹免受破坏，1982 年侯仁之、郑孝燮和单士元提出评选“国家历史文化名城”。西安入选第一批国家历史文化名城。

1990 年，《中华人民共和国国民经济和社会发展十年规划和第八个五年计划纲要》明确提出：“进一步加强文物特别是重点文物的保护和管理工作。”“继续积极稳妥地进行各类文化管理体制的改革，认真研究制定促进文化事业发展的经济政策，对繁荣社会主义文化给予必要物质支持。”同时，国务院于 1992 年颁布《国务院关于试办国家旅游度假区有关问题的通知》。

顺应时代发展趋势，西安市于 1992 年依托大雁塔文物建筑和曲江池遗址成立了西安曲江旅游度假区；1993 年，经陕西省政府批准成立省级旅游度假区。1996 年，西安曲江旅游度假区成立管理委员会。1996 年至 2002 年年初，曲江累计融资 6000 万元，修建半条路和半个湖，发展一度陷入困境[①]。为了突围，曲江高位谋划、多方筹措，于 2002 年 8 月 15 日发表《曲江宣言》，提出“半年一小变，一年一中变，三年一大变”的奋斗目标，开始二次创业的征途。

(二) 快速发展期：2003—2010 年

陕西省“第十个五年”规划明确指出：“随着经济和社会的发展，市场对服务业

①牛颖颖 . 现代化进程中历史文化名城的文化特色建设——以西安曲江新区为案例 [D]. 上海：上海社会科学研究院，2015.

的需求日益增长。要大力发展服务业，使旅游业和服务业在国民经济中的比重明显提高，促进经济总量扩张和结构不断升级。以旅游业为重点，大力发展服务业，并分阶段，有步骤地建设周、秦、汉、唐四大文化旅游景区。”

在省市政策指导下，西安曲江旅游度假区进入快速发展时期。2003 年 10 月，西安市批准成立“曲江新区”，管理委员会行使市级经济管理权限，全面负责新区的规划、建设、开发和管理，规划打造以“唐文化和中国传统文化”为主题的文化旅游区和最佳生活居住区。随后，曲江新区以建设大雁塔北广场为起点，连片打造遗址类文化旅游景区和居住区。

2005 年，《陕西省文化产业发展纲要》明确了曲江新区“以盛唐文化为特色，建设大雁塔文化广场、大唐芙蓉园、大唐不夜城、唐城墙遗址公园、曲江海洋科普世界、中国西部国际博览中心等重点项目，形成集旅游、休闲、娱乐、会展、科教等功能于一身的新型文化旅游产业园区”的发展定位。在城市功能分区中，要把曲江新区打造成为中国最佳传统文化示范区、西部文化产业集中消费区、西安最佳生态环境区、最佳生活居住区。要以旅游景点的建设为龙头，加快发展现代服务业，打造曲江会展聚集区，围绕广播影视、文化娱乐、新闻出版、文化旅游、文物及文化保护、广告等领域，构筑文化产业聚集区。

以 2003 年 12 月 31 日大雁塔北广场建成开业为里程碑（见图 4），到 2010 年，曲江新区进入快速发展期，先后建成大唐芙蓉园、曲江池遗址公园、唐城墙遗址公园、唐大慈恩寺遗址公园、曲江寒窑遗址公园、秦二世陵遗址公园等六大遗址公园，以及西安曲江海洋世界、亮宝楼艺术博物馆、西安美术馆、西安音乐厅、曲江电影城等配套服务设施（见表 1）。同时，城墙景区划归曲江新区管辖，大明宫国家遗址公园二期规划建设顺利推进。

在发展过程中，曲江新区以项目建设为抓手，立志要成为中国文化产业的“巨无霸”。2009 年，陕西文化产业投资控股（集团）有限公司隆重挂牌成立并落户曲江。公司注册资本 22 亿元，其中，曲江新区代表西安市出资 11.4 亿元，约占总投资的 51%，形成以曲江新区为核心板块的陕西文化产业运营巨擘，陕西省、西安市政府明确以曲江模式为版本，以曲江文化板块为核心整合优势资源，促进陕西文化产业实现跨越式发展。当年，西安市委、市政府研究通过了《曲江新区扩区发展规划》，曲江新区面积新增20.4平方千米，继续向东、向南发展。

图4　大雁塔北广场建成

图片来源：曲江新区管理委员会官网。

曲江新区以体系建设为支撑，逐步成为西安文化产业的“路由器”。2010年，曲江新区启动“博物馆之城”计划，并成立博物馆之城工作领导小组，在文化产业中心增设工作办公室，出台了《关于鼓励、扶持博物馆等文化场馆发展的决定》。同期，曲江国际会议中心、曲江文化创意大厦、影视演艺大厦、曲江银座等10个重大项目开工建设。楼观中国道文化展示区、临潼国家旅游休闲度假区两个跨越式发展的重大项目开工奠基仪式分别在周至县、临潼区举行，昭示着曲江新区的发展即将进入扩张发展阶段。

表 1　曲江新区重点项目列表 (1)

序号	项目	建成 / 开业时间	类型
1	大雁塔北广场	2003 年	旅游景区
2	大唐芙蓉园	2005 年	旅游景区
3	西安曲江海洋世界	2005 年	旅游景区
4	亮宝楼艺术博物馆	2005 年	文化场馆
5	曲江池遗址公园	2008 年	旅游景区
6	唐城墙遗址公园	2008 年	旅游景区
7	唐大慈恩寺遗址公园	2008 年	旅游景区
8	大唐通易坊	2008 年	商业街区
9	大唐不夜城	2009 年	旅游景区
10	西安美术馆	2009 年	文化场馆
11	曲江电影城	2009 年	文化场馆
12	西安音乐厅	2009 年	文化场馆
13	曲江芙蓉新天地	2009 年	商业综合体
14	曲江寒窑遗址公园	2010 年	旅游景区
15	秦二世陵遗址公园	2010 年	旅游景区
16	大明宫国家遗址公园	2010 年	旅游景区

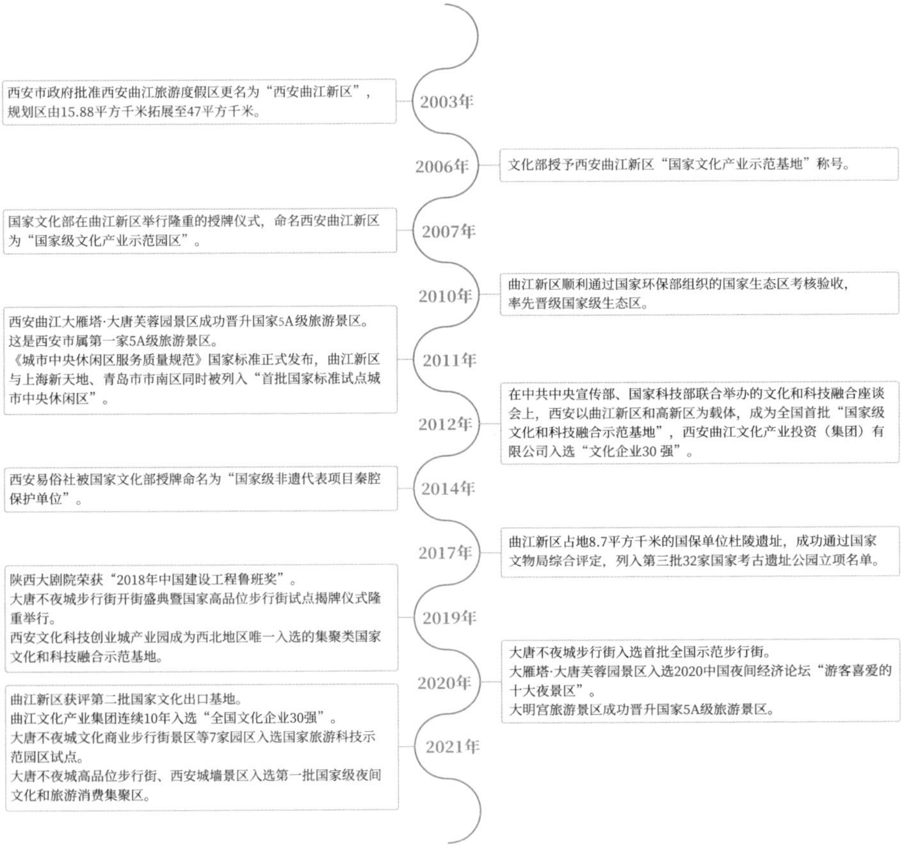
2003年
西安市政府批准西安曲江旅游度假区更名为“西安曲江新区”，规划区由15.88平方千米拓展至47平方千米。
2006年
文化部授予西安曲江新区“国家文化产业示范基地”称号。
2007年
国家文化部在曲江新区举行隆重的授牌仪式，命名西安曲江新区为“国家级文化产业示范园区”。
2010年
曲江新区顺利通过国家环保部组织的国家生态区考核验收，率先晋级国家级生态区。
2011年
西安曲江大雁塔·大唐芙蓉园景区成功晋升国家5A级旅游景区。这是西安市属第一家5A级旅游景区。
《城市中央休闲区服务质量规范》国家标准正式发布，曲江新区与上海新天地、青岛市市南区同时被列入“首批国家标准试点城市中央休闲区”。
2012年
在中共中央宣传部、国家科技部联合举办的文化和科技融合座谈会上，西安以曲江新区和高新区为载体，成为全国首批“国家级文化和科技融合示范基地”，西安曲江文化产业投资（集团）有限公司入选“文化企业30 强”。
2014年
西安易俗社被国家文化部授牌命名为“国家级非遗代表项目秦腔保护单位”。
2017年
曲江新区占地8.7平方千米的国保单位杜陵遗址，成功通过国家文物局综合评定，列入第三批32家国家考古遗址公园立项名单。
2019年
陕西大剧院荣获“2018年中国建设工程鲁班奖”。
大唐不夜城步行街开街盛典暨国家高品位步行街试点揭牌仪式隆重举行。
西安文化科技创业城产业园成为西北地区唯一入选的集聚类国家文化和科技融合示范基地。
2020年
大唐不夜城步行街入选首批全国示范步行街。
大雁塔·大唐芙蓉园景区入选2020中国夜间经济论坛“游客喜爱的十大夜景区”。
大明宫旅游景区成功晋升国家5A级旅游景区。
2021年
曲江新区获评第二批国家文化出口基地。
曲江文化产业集团连续10年入选“全国文化企业30强”。
大唐不夜城文化商业步行街景区等7家园区入选国家旅游科技示范园区试点。
大唐不夜城高品位步行街、西安城墙景区入选第一批国家级夜间文化和旅游消费集聚区。

图 5　曲江发展时间轴

（三）内涵扩展期：2011—2020 年

这一时期，国家层面提出了“关中—天水经济区”战略发展规划，强调以西安为中心，加快旅游资源整合，大力发展历史人文旅游、自然生态旅游、红色旅游和休闲度假旅游。同时，重点提到加大对曲江国家级文化产业示范基地、西安高新区文化创意产业园、西安临潼文化旅游产业区、延安革命文化园区、黄帝陵文化园区等文化产业示范区和示范基地建设的支持力度，提高产业聚集和孵化功能，并支持大型文化产业集团和重点文化企业做大做强。

《西安市国民经济和社会发展第十二个五年规划纲要》中提出要支持发展文化产业，并对曲江新区提出新的奋斗目标：着力打造以盛唐文化为特色的文化产业核心区。结合大遗址保护建设、宗教文化、广播影视、文化创意、文学艺术、新闻出版、演艺娱乐、数字动漫、网络游戏、信息网络等开展主要业态的相应布局，实现从单纯追求经济发展向综合发展转变，在保证经济快速发展的同时，加快开发新区社会事业建设步伐。

这一阶段曲江新区以《文化产业振兴规划（2009 年）》《关中—天水经济区发展规划（2009 年）》为依据，立志成为西安乃至陕西文化产业跨越式发展的领跑者。在曲江新区“十二五”规划中，明确提出“文化立区”“旅游兴区”的基本策略，坚持走“内扩张、外辐射”的发展道路，以文化体制和机制创新为发展动力，以区域板块联动发展为基础，以条块结合的跨越式发展为标志，打造国际一流文化产业园区，构建国际文化产业高地，建设国际一流旅游目的地，坚持“博物馆之城”计划，加快文化场馆建设，打造世界级文化遗产保护示范区（见表 2）。

“十三五”期间，曲江新区紧抓西安建设国家中心城市和具有历史文化特色国际化大都市的发展机遇，始终坚持“文化立区、旅游兴区、产业强区”，虽然未能如期践行“外辐射”扩张式发展模式，但在产业深耕、产业引擎式文旅融合产品打造、城市节庆品牌运营、城市服务品质提升四个方面成绩卓越，成功跃升为全国一流的文化旅游目的地、文旅融合发展的标杆性区域，成功探索出一条城市更新的内涵式发展道路。

表 2　曲江新区重点项目表 (2)

序号	项目	建成 / 开业时间	类型
1	西安楼观生态文化旅游度假区 （原西安楼观中国道文化展示区）	2010 年	旅游景区
2	西安城墙 · 南门历史文化景区	2014 年	旅游景区
3	西安文化科技创业城	2015 年	产业园区
4	新华书店“曲江书城”	2016 年	文化场馆
5	西安植物园（新）	2016 年	城市公园
6	浐陂湖生态文化旅游区	2016 年	旅游景区
7	曲江文化运动公园	2017 年	城市公园
8	曲江创客大街	2017 年	产业园区
9	陕西大剧院	2017 年	文化场馆
10	正荣彩虹谷	2018 年	商业综合体
11	西安量子晨双创产业园区	2018 年	产业园区
12	西影电影圈子	2018 年	产业园区
13	天坛遗址公园	2018 年	城市公园
14	大悦城	2018 年	商业综合体
15	蓝田玉山田园综合体	2018 年	旅游景区
16	大华 1935	2019 年	商业综合体
17	曲江青年公园	2019 年	城市公园
18	曲江城市规划展览馆	2019 年	文化场馆
19	曲江创意谷	2019 年	商业综合体
20	西安护城河景区	2020 年	城市公园
21	杜邑遗址公园	2020 年	城市公园
22	曲江大华社区公园	2020 年	城市公园
23	曲江花影公园	2020 年	城市公园

(四)扩张发展期：2021 年至今

经过近 19 年的快速发展和内涵式发展（2003—2021 年），“曲江”从空间构筑、地方营造阶段，逐步进阶至品牌扩建阶段（见图 5）。截至“十三五”期末，曲江价值逐渐对外输出，曲江新区管理委员会旗下国有企业不断与全国各地相关政府部门和平台企业签署战略合作协议，坚定落实“走出去”战略。

同时，曲江新区开始紧抓新产业改革机遇，创新发展，布局新兴产业。2020 年颁布的《西安市现代产业布局规划》明确提出西安市“一核三带一通道多板块”的产业空间布局，其中“文化旅游产业带”以曲江新区为引领，辐射周至县、鄠邑区、长安区、曲江新区、灞桥区、浐灞生态区、国际港务区、临潼区、蓝田县等区域，主要发展文化旅游、会议会展、现代金融、数字经济等产业。

曲江新区正式进入“腾笼换鸟、筑巢引凤、领雁齐飞”的全新发展阶段。“腾笼换鸟”，即“积极介入西安城市更新和陕西省新型城镇化建设”，创新场景，以留量换流量，转型升级生活服务业和生产服务业，创建消费中心城市示范区；“筑巢引凤”，即“创新发展景区型创意园区和园林式总部基地”，精准施策，以浏量换留量，大力发展创意产业和在线经济；“领雁齐飞”，即“重点对外合作国家中心城市及城市群、旅游目的地城市、历史文化名城和丝路文化城市”，价值外溢，以时间换空间，大力发挥协同效应、规模效应，多城联动创建文旅融合示范区（见表 3）。

表 3　曲江“走出去”战略合作协议签署情况

序号	发展阶段	签约机构		时间
1	领雁齐飞	曲江新区管理委员会	荆州市政府	2017 年
2	腾笼换鸟	曲江新区管理委员会	蓝田县政府	2018 年
3	腾笼换鸟	曲江新区管理委员会	鄠邑区政府	2018 年
4	领雁齐飞	曲江新区管理委员会	甘南州政府	2019 年
5	筑巢引凤	曲江新区管理委员会	娇兰集团	2019 年

续表

序号	发展阶段	签约机构		时间
6	腾笼换鸟	曲江新区管理委员会	长安区政府	2020 年
7	领雁齐飞	曲江文化旅游股份有限公司	山西大同古城管理委员会	2020 年
8	领雁齐飞	曲江旅游投资集团	天水市政府	2020 年
9	领雁齐飞	曲江旅游投资集团	海口市秀英区	2020 年
10	腾笼换鸟	曲江新区管理委员会	周至县政府	2020 年
11	领雁齐飞	西安曲江旅游投资（集团）有限公司	遂宁市河东新区管委会	2020 年
12	领雁齐飞	曲江文化旅游股份有限公司	十堰市武当山特区政府	2020 年
13	领雁齐飞	曲江文化旅游股份有限公司	雁荡山管理委员会	2020 年
14	领雁齐飞	曲江新鸥鹏	邯郸市丛台区政府	2020 年
15	腾笼换鸟	曲江文化旅游股份有限公司	宝鸡市蟠龙新区管理委员会	2021 年
16	领雁齐飞	曲江文化产业投资集团	德州市政府	2021 年
17	腾笼换鸟	曲江新区管理委员会	渭南市政府	2021 年
18	筑巢引凤	曲江新区管理委员会	灞桥区政府、长安区政府、蓝田县政府	2021 年
19	腾笼换鸟	曲江新区管理委员会	宝鸡市渭滨区政府	2021 年
20	腾笼换鸟	曲江新区管理委员会	扶风县政府	2021 年
21	腾笼换鸟	曲江新区管理委员会	太白县政府	2021 年
22	腾笼换鸟	曲江新区管理委员会	眉县政府	2021 年

三、谋划布局

“西安”之于“曲江”，是文化厚土、旅游流量、城市背书。

“曲江”之于“西安”，是文化高地、旅游端口、城市样板。

在空间构筑、地方营造、品牌创建三个层面，曲江新区在西安市创建国家中心城市、丝路文化高地、国际消费中心城市和彰显世界历史文化名城魅力方面起到了显著的引领示范作用。

“曲江价值”在于“文旅营城、古调新弹”，“曲江价值”成功输出的关键在于“政企协同、主客共享、行知合一”。

（一）文化立区，政企协同

文化立区，先立“根”，再立“本”。保护和利用文化遗产，塑造文化遗产地，打造旅游目的地，营建时尚生活地，是曲江新区文旅营城的立策之根和成功之本。2019 年 5 月 10 日，国家文物局官网发布《博物馆馆藏资源著作权、商标权和品牌授权操作指引（试行）》。2019 年 12 月 17 日，国家文物局官网发布《大遗址利用导则（征求意见稿）》，其中均凝结了大量西安经验和曲江智慧。据统计，曲江新区历年保护和利用的不可移动文物涉及 5 处全国重点文物保护单位、3 处省级重点文物保护单位、1 处市级重点文物保护单位（见表 4），“博物馆之城”计划引进的国有和非国有博物馆共 22 家（见表 5）。

表 4　曲江新区不可移动文物资源一览表

序号	类型	文物名称	批次
1	全国重点文物保护单位	西安城墙	全国第一批重点文物保护单位
2		大明宫遗址	全国第一批重点文物保护单位
3		大雁塔	全国第一批重点文物保护单位
4		杜陵	全国第三批重点文物保护单位
5		圜丘遗址	全国第七批重点文物保护单位
6	陕西省重点文物保护单位	秦二世胡亥墓	陕西省第一批重点文物保护单位
7		西安理工大学西汉壁画墓	陕西省第五批重点文物保护单位
8		大华纱厂旧址	陕西省第六批重点文物保护单位
9	西安市重点文物保护单位	杨武庄墓和祠	西安市第二批重点文物保护单位

表 5　曲江新区博物馆信息表

序号	名称	类型	性质
1	亮宝楼艺术博物馆	艺术博物馆	民办
2	西安唐皇城墙 （含光门遗址博物馆）	遗址博物馆	行业
3	西安市曲江丝路遗珍博物馆	专题博物馆	民办
4	秦二世陵遗址博物馆	遗址博物馆	行业
5	大明宫遗址博物馆	遗址博物馆	行业
6	大明宫丹凤门遗址博物馆	遗址博物馆	行业
7	大明宫考古探索中心	遗址博物馆	行业
8	大明宫陶瓷艺术博物馆	专题博物馆	民办
9	西安中国书法艺术博物馆	专题博物馆	行业
10	西安曲江富陶国际陶艺博物馆	专题博物馆	民办

续表

序号	名称	类型	性质
11	西安秦砖汉瓦博物馆	专题博物馆	民办
12	陕西万达博物馆	收藏博物馆	民办
13	西安户邑民间艺术博物馆	专题博物馆	民办
14	西安曲江艺术博物馆	艺术博物馆	民办
15	唐都新碑林博物馆	专题博物馆	民办
16	西安柴窑文化博物馆	专题博物馆	民办
17	西安大华博物馆	遗址博物馆	行业
18	西安市贾平凹文学艺术博物馆	名人纪念馆	行业
19	西安市曲江红色记忆博物馆	专题博物馆	民办
20	圣普美术馆	专题博物馆	民办
21	西安市明清皮影艺术博物馆	专题博物馆	民办
22	曲江二小儿童博物馆	儿童博物馆	行业

文化立区，先立标，再立准。截至 2019 年年末，西安演艺集团、曲江文化演出团、曲江影视投资集团、曲江出版传媒投资集团分别在舞台表演、戏曲、戏剧、影视剧、文学作品等方面斩获“五个一工程奖”“文华奖”“华鼎奖”“鲁迅文学奖”等多项文艺大奖。同时，西安音乐厅、陕西大剧院、大唐不夜城、西安易俗大剧院、西演 LIVE · 曲江创意谷展演中心年均举办各类舞台表演活动超过 1000 场次，曲江会展中心、曲江会议中心等场馆年均举办各类行业展览和交流活动 2000 场次，领军企业曲江文化产业投资（集团）有限公司连续 8 年入选“中国文化企业 30 强”、连续 10 次上榜“中国服务业 500 强”，带动中小文化企业超过 2.2 万户落户聚集、协同发展。曲江新区不断创立行业标准和典型案例，以“政企合作”模式开创了文化立区的新模式（见表 6）。

表 6　曲江新区“政企合作”模式

主体单位	政府扶持	企业运作
西安演艺集团	西安歌舞剧院 西安话剧院 西安儿童艺术剧院 西安秦腔剧院 西安市豫剧团 西安曲艺团 西安儿童艺术剧院 西安市说唱艺术团 西安易俗社 西安三意社 西安民族乐团 青年戏剧团	西安演艺集团剧院管理有限公司 西安战士战旗杂技团有限责任公司 西安曲江少儿艺术文化有限公司
曲江文化演出集团	演出经纪	旅游目的地赛事节庆活动 演唱会
曲江影视投资集团	西安曲江影视投资管理有限公司 西安丝绸之路国际电影节有限公司 西安曲江影视文化传媒有限公司	西安美霖文化发展有限公司 西安曲江光中影视制作股份有限公司
曲江出版传媒投资集团	西安出版传媒股份有限公司 西安曲江中文共创教育科技有限公司	陕西新动向传媒股份有限公司 西安曲江阅己商业运营管理有限公司
西安新华书店科技有限公司	新华书店	古旧书店、新华里、曲江书城、四海书城、航天书城、“阅西安”24 小时书店
西安美术馆	艺术展览	文创商品和商业展览
曲江艺术博物馆	非国有博物馆	博物馆研学、展览、文创
西安音乐厅艺术团	音乐演出、交响乐团 童声合唱团、西安国际音乐周	英皇芭蕾舞教育、延安《红秀》
陕西大剧院	戏剧、话剧、歌剧演出，西安国际戏剧节	西安爱乐剧院
大唐不夜城文化商业（集团）有限公司	西安曲江秦汉唐文化商业有限公司 曲江大唐不夜城文化商业运营管理有限公司	西安曲江雁翔广场开发建设有限公司 西安曲江大唐不夜城城市商业投资有限公司 西安合汇尚置业有限公司 曲江创意谷文化产业园区开发有限公司 西安曲江丰欣置业有限公司 西安城墙文化投资发展有限公司
曲江会展中心	城市品牌展会	自办展、精品展

文化立区，先立人，再立城。曲江新区始终以人文本，先后推行“政府职能、事业编制、企业管理”的先进管理体系、公共文化服务设施运营管理“国有民营”创新机制、国有文化艺术院（团）改制和创新发展等举措，并于2016年创办西北地区首个省级人力资源服务产业园。充分发挥企业服务载体——星空企业服务平台，开设人才服务和“海外高层次人才”板块，通过政策宣传，为人才引育、创新创业提供服务，打造线上服务之家。制定颁布《西安曲江新区支持总部企业发展若干政策》《西安曲江新区关于促进文化创意产业发展的若干政策（修订稿）》《西安曲江新区关于吸引高端金融人才的奖励办法》《西安曲江新区促进金融科技行业发展实施细则》，从员工子女入学保障、租房补贴、高管购房补贴、人才扶持四个方面发力留住人才。一系列“组合拳”形成了人才聚集的“向心力”、区域发展的“原动力”、整体意义框架下个人生命意义空间的“孵化器”。同时，坚持并持续完善“曲江文化产业发展中心”职能和“曲江文化产业扶持资金”制度，年均扶持3亿元人民币，促进文化事业繁荣和刺激文化消费市场。在“博物馆之城”“音乐之城”“节庆之城”等成功经验的基础上，强力推动“戏剧之城”“电影之城”“动感之城”建设。

文化立区，先立“基”，再立“仓”。曲江新区着力构建政府投资和产业投资“双核”融合发展平台，坚定夯实产业金融的生态基础，促进产业链相关企业的耦合共生。西安曲江文化金融控股（集团）有限公司以服务曲江新区重大旅游项目为核心，积极推动以文化金融招商、金融商务服务为主的政策性业务，市场化开展融资租赁、供应链金融、融资担保、不动产金融、不良资产处置、基金投资管理、财富管理、消费金融八大板块业务，已经控股世纪金花、华仁制药、华商传媒3个主板上市公司。西安曲江文化产业投资（集团）有限公司已经实际控股曲江文旅、人人乐2个主板上市公司和新动向传媒、曲江智造2个新三板挂牌企业，以“走出去”为战略发展方向，积极建立和健全多元化合作平台，以“生态+生产+生活”三个维度选择标的，以“产品+产业+产值”三个序列垂直深耕，以“资源+资产+资本”三个角度对外合作，最大限度地实现品牌效应、平台效应、聚集效应和协同效应（见表7）。

表 7　曲江新区实际控制主板上市公司和新三板挂牌企业名录

上级单位	控股单位
西安旅游集团有限责任公司	西安旅游股份有限公司（股票代码：000610）
	西安饮食股份有限公司（股票代码：000721）
西安曲江文化产业投资（集团）有限公司	西安曲江文化旅游股份有限公司（股票代码：600706）
	人人乐连锁商业集团股份有限公司（股票代码：002336）
	陕西新动向传媒股份有限公司（证券代码：873021）
	西安曲江智造文化旅游产业股份有限公司（证券代码：873102）
西安曲江文化金融控股（集团）有限公司	世纪金花商业控股有限公司（股票代码：00162）
	华仁药业股份有限公司（股票代码：300110）
	陕西华商传媒集团有限责任公司（股票代码：000793）

文化立区，先立“心”，再立“新”。曲江新区先后针对非国有博物馆、文化企业总部及区域分支机构、文化创意园区等界别的项目精准施策，通过土地一级、二级联动开发的方式，托举了曲江文化大厦、曲江影视大厦、西安演艺大厦、曲江文化创意大厦、西安量子晨双创产业园区、曲江创意谷、西安文化 CBD、西安音乐厅、陕西大剧院等一系列产业地标。在曲江新区规模发展阶段，诸多曲江自有品牌总部基地和楼宇经济将在品牌价值输出的过程中扮演重要角色，产业势能、楼宇经济、品牌效益，三者缺一不可。

（二）旅游兴区，主客共享

2004 年，即大雁塔北广场开放的第一年，曲江新区全年接待游客达 800 多万人次，“五一”“十一”两个黄金周游客分别达 65 万人次和 69 万人次，分别占全市同期游客总数的 49% 和 61%[①]。2018 年，曲江新区旅游接待人次数已突破 1.3 亿人次；

① 2004 年大事记 [EB/OL].(2004-10-09)[2022-11-19].http://qjxq.xa.gov.cn/zjqj/qjnj/5df21c3565cbd81235fc1b6d.html.

2019年，旅游综合收入超过320亿元。“十三五”期间，共接待国内外游客35 748万人次，旅游综合收入累计591.59亿元，较“十二五”分别增长47.7%和334%，年均增速分别为33.7%和64.8%，旅游业总体呈跨越增长态势（见图6和图7）。

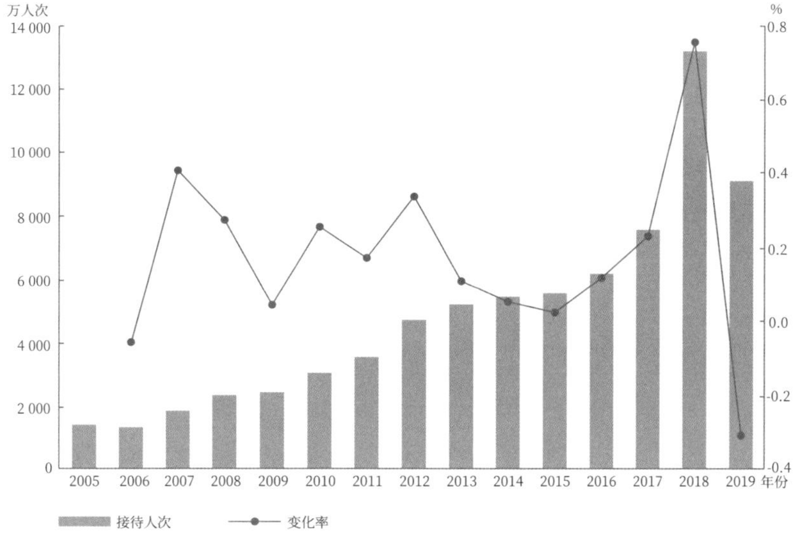

图6　2005—2019年曲江新区旅游接待情况

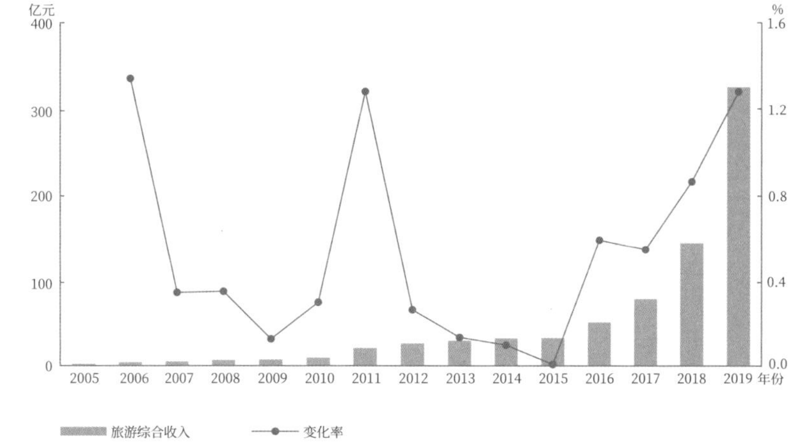

图7　2005—2019年曲江新区旅游综合收入情况

旅游兴区，先兴城，再兴业。曲江新区以“景区”为流量端口，先后打造了西安曲江大雁塔·大唐芙蓉园、西安城墙·碑林历史文化景区、大明宫国家遗址公园3个国家5A级旅游景区，曲江海洋极地公园、西安楼观生态文化旅游度假区、陕西翠华山国家地质公园、陕西朱雀国家森林公园、太平国家森林公园、西安秦岭野生动物园、白鹿原·白鹿仓景区7个国家4A级旅游景区，秦二世陵遗址公园、贾平凹文化艺术馆、临潼奥特莱斯景区、西安常宁宫休闲山庄、西安大汉上林苑（杜陵）生态景区5个国家3A级旅游景区（见表8），成功满足了西安市民的荣誉感和升级消费需求，从而实现对西安市作为旅游目的地城市的游客导流，继而通过以“西安年·最中国”为代表的城市节庆品牌营销活动，实现了最大限度的主客共享交叉消费。

表8　曲江各景区一览表

序号	景区名称	授牌
1	大雁塔·大唐芙蓉园景区	国家5A级旅游景区
2	西安城墙·碑林历史文化景区	国家5A级旅游景区
3	大明宫国家遗址公园	国家5A级旅游景区 国家考古遗址公园
4	终南山国家森林公园	世界地质公园
5	杜邑遗址公园	
6	陕西汉长安城未央宫国家考古遗址公园	国家考古遗址公园
7	曲江海洋极地公园	国家4A级旅游景区
8	西安楼观生态文化旅游度假区 （原西安楼观中国道文化展示区）	国家4A级旅游景区
9	陕西翠华山国家地质公园	国家4A级旅游景区
10	陕西朱雀国家森林公园	国家4A级旅游景区
11	太平国家森林公园	国家4A级旅游景区
12	西安秦岭野生动物园	国家4A级旅游景区

续表

序号	景区名称	授牌
13	白鹿原 · 白鹿仓景区	国家 4A 级旅游景区
14	秦二世陵遗址公园	国家 3A 级旅游景区
15	西安常宁宫休闲山庄	国家 3A 级旅游景区
16	西安大汉上林苑（杜陵）生态景区	国家 3A 级旅游景区
17	贾平凹文化艺术馆	国家 3A 级旅游景区
18	临潼奥特莱斯景区	国家 3A 级旅游景区
19	寒窑遗址公园	
20	曲江青年公园	
21	隋唐天坛遗址公园	
22	渼陂湖生态文化旅游区	

旅游兴区，先兴旅，再兴商。曲江新区在居民 39.99 万人口、年均游客 5 000 万人次、全域高品质酒店 1 万间夜的基础上，先后嵌入式创新打造大唐不夜城、西安大悦城、海港城、蔓蒂广场、芙蓉新天地、金辉 · 环球广场、W Five 万众国际广场、金地广场、曲江创意谷 9 座典型的主客共享型文商旅综合体，联合拱卫形成区域消费中心。

旅游兴区，先兴建，再兴替。曲江新区坚持顺应居民、市民和游客多元消费升级趋势，培育新型消费业态，发展服务消费，增加公共消费，扩大节假日消费，打造区域消费中心，完善宜居宜业功能，推动文化和旅游融合发展并持续推陈出新，积极推动城市更新。如表 9 所示，曲江新区旅游渗透度各项指标统计分析显示：居民人口和游客数量比例失衡，旅游从业人员占比极低，说明全域旅游服务业亟待转型升级，软件建设和业态更新迫在眉睫。

表 9　曲江新区旅游渗透度情况

指标	数值
旅游接待强度（人次 / 人 · 年）	225.68
旅游收入渗透度（元 / 人 · 年）	80 770.19
接待设施密度（间 / 平方千米）	207
旅游从业人员占比（%）	0.10
人口数（万人）	39.99
国土面积（平方千米）	51.5
酒店客房数（间）	10 675

（三）文旅营城，行知合一

文旅营城，行知合一。伴随曲江新区快速发展，关于曲江发展经验总结的理论研究、论文和专著众多，曲江下辖各产业链龙头企业，力争在“十四五”期间领衔，成为行业领军企业，制定行业标准。

文旅营城，知行合一。曲江新区要实现扩张发展目标，如何系统化、集成化、规模化根植异地，并实现可持续发展，是一个全新的课题。经过长期实践和反复论证，曲江智造提出“基于联合国教科文组织创意城市网络评价体系规划和创建曲江价值输出综合管廊”的方法论，即借鉴设计之都、文学之都、美食之都、电影之都、音乐之都、手工艺与民间艺术之都、媒体艺术之都 7 类创意城市的评审标准和要素，结合标的城市的垄断型、唯一性旅游资源，向内整合曲江发展优质要素资源，对外一体化开展文旅融合全案策划并系统集成落地，政企合作、主客共享、以人为本、多城联动。

四、合作导引

经过多年的深耕与沉淀，西安曲江新区旗下西安曲江文化产业投资（集团）有限公司（以下简称“曲江文化集团”）厚积薄发，有能力、有经验、有实力将城市历史文化资源转化为文化产业园区、旅游景区、人居示范区、高品质步行街区、文化与科技融合示范区、中央文化休闲区及旅游度假区 7 类空间载体。并通过塑造和运营城市会客厅和文化大舞台解决旅游流量问题，通过人力资源、产业、资本、土地和信息五大要素聚集和运营解决消费留量问题，通过城市反哺文化事业并扶持文化产业，解决文化浏量问题（见表 10）。

表 10　合作导引

曲江经验 适配合作城市类型	空间“曲江” 旅游流量	地方“曲江” 文化浏量	品牌“曲江” 消费留量
历史文化名城	创意园区和创客街区 中央文化休闲区	文化城堡	人力资源
丝路文化城市	文化产业园区 中央文化商务区 人居示范区	文化大礼堂	土地 / 产业
旅游目的地城市	旅游景区 高品质步行街区	文化大舞台	资本 / 信息
国家中心城市	文化与科技融合示范区 旅游度假区	城市会客厅	土地 / 产业

（一）先遣组：曲江智造

西安曲江智造文化旅游产业股份有限公司（以下简称“曲江智造”，证券代码：873102）是由曲江文化集团支持、西安曲江文化旅游股份有限公司（股票代码：SH.600706）投资控股的旅游投资“头部”服务企业，主要负责通过文旅融合全案策划和概念规划工作，承担曲江文化集团对外投资拓展工作中摸底子、定调子、组盘子 3 个环节的具体任务。

曲江智造“文旅融合全案策划”框架主要分为梳理物质文化、非物质文化和生活方式 3 个研究领域，界定空间、地方与精神 3 种不同发展程度，盘点观光、休闲和度假 3 类旅游服务设施，规划将城市历史文化资源向城市发展空间转化的战略目标、精准策略和发展路径，完成项目发展愿景和顶层设计，加速政企双向选择和战略合作，提升旅游投资和相关产业战略合作伙伴集成落地效率，最终实现以文旅融合为导向的策规融合、创投融合、产城融合（见表 11）。

表 11　曲江智造策划规划工作逻辑框架

曲江智造研究体系	空间“曲江” 旅游流量	地方“曲江” 文化浏量	品牌“曲江” 消费留量
文化导向 COD	物质文化	非物质文化	生活方式
生态导向 EOD	空间构筑	地方营造	精神家园塑造
旅游导向 TOD	观光旅游	休闲旅游	人文度假旅游
价值导向 VOD	流量运营	要素运营	品牌运营

（二）七大空间产品体系

1. 曲江文化产业园区

曲江文化产业园区以曲江文化集团为领军企业，形成了以西安演艺集团、曲江文化演出集团、曲江影视投资集团、曲江出版传媒投资集团、西安新华书店、华商传媒集团、曲江会展集团、曲江大唐不夜城文化商业集团、人人乐连锁商业集团、世纪金花商业控股集团、曲江创意谷、华仁药业、汇跑赛事、曲江新鸥鹏、曲江旅游投资集团为典型代表的 15 个产业“兵团”（见图 8），夯实了曲江金控、曲江资本、曲江风投、曲江担保、曲江建设、曲江圣境物业 6 个支撑体系。曲江创客大街、曲江电竞产业园、曲江文化大厦、曲江影视大厦、曲江文化创意大厦、西安演艺大厦等项目已充分发挥聚集效应。西安文化 CBD 正在紧张筹建，将成为西安建设国际化大都市的重要时代地标。

曲江文化集团将根据项目发展实际，灵活组盘产业兵团和发展要素，在城市投资、城市开发、城市建设、城市服务、城市营销 5 个方面落地根植，培育和完善产业链，为项目的高质量、可持续发展保驾护航（见表 12）。

表 12　曲江文化产业园区合作引导

合作主体类型	空间“曲江” 旅游流量	地方“曲江” 文化浏量	品牌“曲江” 消费留量
曲江影视	互动娱乐	影视咖啡	影视院线 影视广告
西安演艺 曲江演出 西安音乐厅 陕西大剧院	舞台表演 演唱会 剧场演艺 广场演艺 巡游演艺 音乐节 戏剧节	演艺经纪 版权交易 节庆活动 教育培训 艺文商业	文化装备制造 旅游演艺 主题酒店 主题餐饮
曲江出版传媒 曲江文化科技城 曲江创意谷 曲江文化创意大厦	行业活动 会奖旅游	在线经济 短视频 / 直播 / 新零售	体验型商业
曲江书城 言几又 樊登书店 阅己书屋	主题书店 国际书展	在线经济 短视频 / 直播 / 新零售	生活方式型旅游企业聚集
大唐不夜城 西安饮食 人人乐 世纪金花	城市节庆 网红爆品	老字号创新 地方特色产品创新 美食街区	国际顶奢 潮牌 网红快消 都市娱乐

图 8　曲江创意谷
图片来源：视觉中国。

HERE
TO
CREATE

续表

合作主体类型	空间“曲江” 旅游流量	地方“曲江” 文化浏量	品牌“曲江” 消费留量
曲江新鸥鹏	教育 MALL	研学型社区服务	教育型社区
曲江文旅	历史文化型主题公园 水利风景区	研学旅游营地	演艺公园 运动公园
西安旅游	动物园 植物园 地质公园	自然教育营地	萌宠乐园 田园综合体 旅游度假区
曲江“走出去”分阶段 合作内容模块	**城市设计 城市投资 城市开发 城市建设 城市服务**	**城市开发 城市运营 城市服务**	**城市运营 城市服务 城市营销**

2. 曲江旅游景区

曲江旅游景区以大雁塔 · 大唐芙蓉园景区（见图 9、图 10）、西安城墙 · 碑林历史文化景区（见图 11）、大明宫国家遗址公园（见图 12）、终南山世界地质公园为典型代表，涉及中国古代皇家寺院（塔）、皇家御苑、城防系统、文庙、宫殿遗址、帝陵、水利设施、山岳、历史文化廊道、历史文化名城 10 种类型（见表 13），涵盖城市新区拓荒、城市更新 2 个城市发展阶段型产品，管理运营公司分别为西安曲江文化旅游股份有限公司和西安旅游股份有限公司两家国有上市企业。

图 9　大雁塔文化休闲景区（摄影 / 张鹏喜）

图 10　大唐芙蓉园（摄影 / 张鹏喜）

图 11　西安城墙（摄影 / 严解放）

图 12　大明宫国家遗址公园
图片来源：视觉中国。

表 13　曲江旅游景区合作导引

历史文化题材	空间“曲江” 旅游流量	地方“曲江” 文化浏量	品牌“曲江” 消费留量
皇家寺院（塔）	大雁塔 小雁塔	大慈恩寺 西安博物院	大唐不夜城 小雁塔 · 太古里街区
皇家御苑	大唐芙蓉园	唐华 · 华邑酒店	芙蓉新天地
城防系统	西安城墙	环城公园	顺城巷街区
文庙	碑林博物馆	易俗社	三学街
宫殿遗址	大明宫国家遗址公园	大明宫遗址博物馆	大华 1935
帝陵	杜陵 秦二世陵 秦东陵考古区	遗址公园 旅游度假区	流光 / 半山小镇 W Five 万众国际广场 金地广场

续表

历史文化题材	空间“曲江” 旅游流量	地方“曲江” 文化浏量	品牌“曲江” 消费留量
水利设施	大唐芙蓉园 曲江池 护城河 兴庆湖 渼陂湖	环城公园 兴庆公园	《梦回大唐》演艺 《追梦大唐》演艺 《鼓》演艺
山岳	终南山世界地质公园	西安楼观生态文化旅游度假区	秦岭野生动物园 秦岭国家植物园
历史文化廊道	西安市古都文化轴	三河一山绿道	西安文化商务区
历史文化名城	隋唐长安城	大遗址 博物馆	曲江新区 少陵塬 白鹿塬
曲江“走出去”分阶段合作内容模块	**历史文化演绎型主题公园 考古遗址公园 水利风景区 地质公园 历史文化廊道焕新 历史文化名城更新**	**公共文化服务设施 文化产业园区**	**旅游休闲街区 社区公园 社区商业 城市绿道 营地 旅游度假区**

3. 曲江人居示范区

曲江人居示范区以曲江池遗址公园（见图 13）、寒窑遗址公园、秦二世陵遗址公园、唐城墙遗址公园所形成的“湖城”片区为典型代表，涉及古典精品园林、社区遗址公园、水利风景区 3 种类型，相对于城市发展历程属于城市拓荒阶段型产品（见表 14）。

图 13　曲江池遗址公园（摄影 / 张鹏喜）

后续分别配套了芙蓉新天地、凤凰池、W Five 万众国际广场、金地广场、凯悦酒店 5 个高品质商业和旅游服务设施，环湖聚集了金地 · 湖城大境、玫瑰园、百贤府、华侨城 · 108 坊、曲江公馆 · 和园、曲池坊等经典住宅小区，联合拱卫了入世则“曲江水暖花千树”“江头万户合家欢”、出世则“泛若不系之舟”的湖城生活理想。

表 14　曲江人居示范区合作导引

资源类型	空间“曲江” 旅游流量	地方“曲江” 文化浏量	品牌“曲江” 消费留量
古典精品园林	寒窑遗址公园	W Five 万众国际广场	百贤府 玫瑰园 W 酒店
社区遗址公园	秦二世陵遗址公园	—	曲江 9 号
水利风景区	曲江池遗址公园	阅江楼	金地 · 湖城大境 金地广场 凯悦酒店
曲江“走出去”分阶段合作内容模块	**古典精品园林 社区遗址公园 水利风景区 环湖综合绿道**	**文化景观建筑 高品质酒店 写字楼 主题商业**	**高品质生活社区 高品质生活 MALL**

4. 高品质步行街区

高品质步行街区以大唐不夜城（见图 14）为典型代表，全国首创“公共文化服务设施 + 旅游景区 + 商业街区”的综合体发展模式。形成以大雁塔为精神堡垒，以大雁塔文化休闲景区、大慈恩寺、大唐不夜城为重要节点的城市宏大叙事轴，沿途整装嵌入西安美术馆、太平洋影城、西安音乐厅和陕西大剧院，并配套西安老字号创新餐厅组团、艺文商业组团、都市娱乐组团，以及高端酒店组团等主力业态。高品质步行街区传承城市历史文脉，铸就发展时代孤本，实现主客交叉消费，提高城市品牌价值（见表 15）。

表 15　高品质步行街合作导引

主力业态类型	空间“曲江” 旅游流量	地方“曲江” 文化浏量	品牌“曲江” 消费留量
公共文化服务设施	大雁塔 大慈恩寺 大雁塔南北广场 大雁塔东西苑	西安美术馆 西安音乐厅 陕西大剧院 太平洋影城	大唐通易坊 慈恩镇
老字号创新餐厅	春发生 同盛祥 德发长 西安饭庄	相声江湖	帛薇轻奢酒店
书店和艺文商业	言几又书店	曲江艺术博物馆	威斯汀酒店 希尔顿酒店
音乐和都市娱乐	兰桂坊 互娱联盟	再回长安 广场演艺 不倒翁小姐姐	旅游购物 情境商业
MALL	曲江大悦城	悟空 玄奘	曲江海港城
曲江“走出去”分阶段合作内容模块	**文化地标焕新**	**IP 塑造**	**品牌聚集**

图 14　大唐不夜城（摄影 / 张鹏喜）

LOVE

图 15　《大唐追梦》（摄影 / 张鹏喜）

5. 文化与科技融合示范区

文化与科技融合示范区以曲江旅游演艺产品为典型代表，诸如大明宫国家遗址公园的《唐 · 戏》、西安城墙景区的《梦长安——大唐迎宾盛礼》、大雁塔广场的水舞灯

光秀、大唐不夜城的《再回长安》，以及曲江新区核心景区大唐芙蓉园的《大唐追梦》《梦回大唐》《鼓》和曲江海洋极地公园的《哪吒》等演出（见图 15 ～图 18），点状雕镂文化地标华彩时空，线状勾勒西安市古都文化轴。

图 16　《梦长安——大唐迎宾盛礼》（摄影 / 张鹏喜）

图 17　《梦回大唐》（摄影 / 张鹏喜）

图 18 《鼓》（摄影 / 张鹏喜）

节目题材涉及皇家礼仪活化、非遗活化、壁画活化、雕塑活化、地标建筑活化 5 个“活化”，演出形式涉及水秀、光影秀、广场演艺、行进式演艺、剧场演艺 5 个“界别”（见表 16）。

表 16 文化与科技融合示范区合作导引

题材类型	空间“曲江” 旅游流量	地方“曲江” 文化浏量	品牌“曲江” 消费留量
皇家礼仪活化	广场演艺 行进式演艺	《梦回大唐》 《大唐追梦》 《梦回长安》	文创商品
非遗活化	剧场演艺	宫廷燕乐《鼓》	紫云楼 陆羽茶舍 无人超市
壁画活化	剧场演艺	《唐 · 戏》	4D 电影院 微缩景观
雕塑活化	光影秀	《再回长安》	网红小业态

续表

题材类型	空间“曲江” 旅游流量	地方“曲江” 文化浏量	品牌“曲江” 消费留量
地标建筑活化	水秀　光影秀	崔炳元《大唐》	无人超市
曲江“走出去”分阶段合作内容模块	**文化地标焕新**	**IP 塑造**	**景区二次消费**

6. 中央文化休闲区

中央文化休闲区以大明宫国家遗址公园（见图 19）、杜邑遗址公园（见图 20）为典型代表，为国家引导政策《大遗址利用导则（试行）》的出台贡献了曲江实践和西安经验。针对遗址本体、遗址环境、考古和科研成果、历史文化信息、保护管理成果 5 类对象（见表 17），开展遗址价值利用、遗址相容使用两类工作，通过遗址展示、科学研究、传播教育、产业转化、游憩休闲、社会服务、环境提升、产业协调 8 种方式，释放大遗址宏大史地场域所蕴含的文化、科研、宣教、启智、游憩、生态、创新、协同 8 种价值。

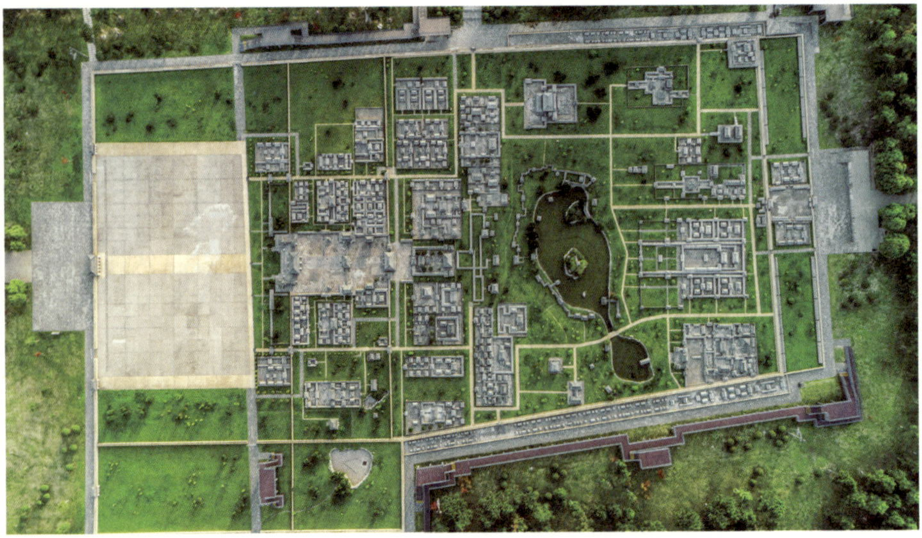

图 19　大明宫国家遗址公园

图片来源：视觉中国。

图 20　杜邑遗址公园（摄影 / 张鹏喜）

表 17　中央文化休闲区合作导引

大遗址保护对象	空间“曲江” 旅游流量	地方“曲江” 文化浏量	品牌“曲江” 消费留量
遗址本体	遗址展示	科学研究	城市节庆活动
遗址环境	环境提升	游憩休闲	公共艺术介入
考古和科研成果	研学旅游	传播教育	文化创意
历史文化信息	景观艺术	产业协调	旅游演艺
保护管理成果	传播教育	社会服务	经验总结输出
曲江“走出去”分阶段 合作内容模块	**观光旅游**	**研学旅游 营地教育**	**城市旅游 节庆活动**

7. 旅游度假区

旅游度假区以临潼旅游度假区为典型代表，形成悦椿温泉酒店、北京大学光华管理学院（西安分院）、雅致东方精品酒店、王府井赛特奥莱临潼店、大秦小宴、凤凰池公园 6 大核心产品组合。度假区周边吸引并聚集了高科地产、绿地集团等康养旅居地产，是当地居民、西安市民和游客交叉消费的主客共享型微度假旅游目的地，形成了临潼区旅游价值高地。将历史文化资源、生态旅游资源转化为独特风景资产，以温泉酒店为流量入口，以教育 MALL 或会奖旅游服务设施为产业引擎，以旅游休闲街区、免税店、特色餐饮为配套服务设施，是曲江旅游度假区的基本结构（见表 18）。

表 18 旅游度假区合作导引

产品类型	空间“曲江” 旅游流量	地方“曲江” 文化浏量	品牌“曲江” 消费留量
风景资产	凤凰池公园	—	—
温泉酒店	西安临潼悦椿温泉酒店	—	—
教育 MALL 或会奖旅游服务设施	雅致东方精品酒店	北京大学光华管理学院（西安分院）	—
旅游休闲街区 / 免税店	—	贾平凹文学艺术馆	王府井赛特奥莱临潼店
文化特色餐饮	—	大秦小宴	—
曲江“走出去”分阶段合作内容模块	**功能导向酒店**	**产业导向配套**	**康养导向地产**

五、借鉴启示

文旅营城，以城为体。靶向城市理想、民心所向，瞄定精神标识、核心价值，创造文化地标、风景资产，塑造文化遗产地、旅游目的地和时尚生活地，满足生活消费升级需求、主导产业转型服务需求和城市能级提升需求，形成文化向心力、旅游吸引力和城市发展新动力。

文旅营城，以人为本。聚焦市民、居民、从业者、创业者、旅游者，锁定微度假、研学旅游、观光旅游、会奖旅游、生活方式型旅游和度假旅游分众客群需求，适度前瞻性创新旅游产品组合和配套服务设施，创建全域旅游整体意义框架并扶持个体意义生命空间，形成文化生产力、旅游渗透力和城市更新推动力。

六、系统观念

曲江新区“文化 + 旅游 + 城市”发展模式，其核心理念为“文化立区、旅游兴区、文旅营城”，核心策略为“文化浏量、旅游流量和商业留量”的交互运营，其借鉴意义在于“文化遗产地、旅游目的地、人居示范地”的复合营建。

道	法	术	器	势
核心理念	政策抓手	核心策略	核心产品	借鉴启示
文化立区 旅游兴区 文旅营城	国家历史文化名城 国家中心城市 关中平原城市群	文化浏量 旅游流量 商业留量	曲江文化产业园区 曲江旅游景区 曲江人居示范区 与高品质步行街 文化和科技融合示范区 中央文化休闲区 旅游度假区	文化遗产地 旅游目的地 人居示范地

时光为笔，著时代地脉孤本；

江山入墨，创未来文化城邦。

保护物质文化遗产，解锁历史文化密码。

创建未来文化遗产，促进东西文化对话。

营建创意文化心房，引领流行文化潮流。

作品名称：文化城堡

作者：古原　金锋

作品材质及类别：钢铁

尺寸：2.5m×2m

荆州蝶梦

引言

荆州，是国家历史文化名城，是春秋战国时期楚国都城所在地，拥有3 000多年建城史和411年建都史，是楚文化的发祥地。2014年，曲江新区与荆州市委、市政府合作创建荆州纪南城大遗址保护区——荆州纪南生态文化旅游区（前身为荆州海子湖生态文化旅游区）。2019年开始至今，曲江智造承接域内楚文化旅游地标项目的总体策划工作，探索“如何阐释楚文化核心价值并创建集文化浏量、旅游流量和商业留量于一身的统筹运营体系”。历经3年磨合、多方协作，项目立项，暂定名为“春秋楚王城”历史文化演绎型主题公园。众人如庄周“梦蝶”般追求楚文化精神家园的理想，力求满足更多元受众的需求，共赴一场“楚文化的寻根之旅”，实现“蝶梦”荆州的旅游体验和品牌效应。

一、项目介绍

春秋楚王城项目由湖北省委宣传部领导，荆州市委、市政府指导，荆州纪南生态文化旅游区管理委员会、西安曲江新区管理委员会联合支持，荆州纪南文化产业投资有限公司、荆楚文化产业投资（集团）有限公司、西安曲江文化旅游股份有限公司（股票代码：600706）联合运营，负责项目的策划、规划、设计、开发、建设、管理、运营和持续发展工作。

（一）项目区位

项目基地规划面积704亩，位于湖北省荆州市国家级文物保护单位“纪南故城”东侧、荆州园博园西邻，三面环水，与荆州国际会展中心、楚肆水街隔桥相望，与荆州方特东方神画主题乐园相距 5 千米。

（二）关键问题

楚文化主题旅游产品在数量、质量两个层面均处于待开发状态。据不完全统计，国内以楚文化为主的知名景区主要分布在湖北省，其中国家 5A 级旅游景区有三峡大坝—屈原故里文化旅游区、武汉市东湖景区、湖北省博物馆。荆州市楚文化景区主要有荆州市博物馆、荆州古城历史文化旅游区等国家 4A 级旅游景区。此外，安徽省淮南市寿春县曾经是楚国都城，寿县古城、寿春楚文化博物馆是国家 4A 级旅游景区（见表 19）。这些景区都以不同的方式向人们展示了楚文化的博大精深。

表 19　楚文化景区列表

序号	景区名称	所在地	等级	门票
1	三峡大坝—屈原故里文化旅游区	湖北省宜昌市	国家 5A 级旅游景区	屈原故里 40 元
2	武汉市东湖景区	湖北省武汉市	国家 5A 级旅游景区	40 元
3	湖北省博物馆	湖北省武汉市	国家 5A 级旅游景区	免费
4	武汉市博物馆	湖北省武汉市	国家 4A 级旅游景区	免费
5	荆州市博物馆	湖北省荆州市	国家 4A 级旅游景区	免费
6	荆州古城历史文化旅游区	湖北省荆州市	国家 4A 级旅游景区	免费
7	荆州楚王车马阵景区	湖北省荆州市	国家 4A 级旅游景区	40 元
8	荆州方特东方神画	湖北省荆州市		280 元
9	荆州园博园	湖北省荆州市		55 元
10	寿春楚文化博物馆	安徽省淮南市	国家 4A 级旅游景区	免费
11	寿县古城	安徽省淮南市	国家 4A 级旅游景区	免费
12	春申君陵园	安徽省淮南市		免费

以上景区可以分为三类，第一类是以博物馆为代表的文化场馆，第二类是历史名人的故里或陵寝，第三类则是以楚文化为代表的主题公园。其中，荆州园博园和方特东方神画与项目地最远相距不过 5 千米，在空间上形成了竞合关系。在项目策划阶段，需要充分考虑这些因素。因此，项目整体的策划思路表达为一场“楚文化的寻根之旅”。

核心探讨三个问题：

（1）如何具体呈现楚文化的至高意义和普世价值？

（2）如何具体呈现楚文化的独特魅力和阐释方式？

（3）如何具体呈现楚文化的时代价值和未来使命？

（三）资源禀赋

荆州地处江汉平原腹地，气候湿润，河湖众多，物产丰富。禹划九州，始有荆州，悠久的历史文化底蕴为后世留下了卓越的人类物质和非物质文化遗产。荆州是楚国鼎盛时期的都城所在，位于楚文化核心地带。从考古学上讲，楚文化以体现在考古遗物上的为限，主要为物质文化。历史学上的楚文化，则是物质文化和精神文化的总和。总体来看，楚文化有六大要素：其一为青铜冶铸工艺；其二为丝织工艺和刺绣工艺；其三为髹漆工艺；其四为老子和庄子的哲学；其五为屈原诗歌和庄子散文；其六为美术和乐舞[①]。

1. 青铜冶铸工艺

湖北省出土了大量造型精美、工艺精湛的“楚系”青铜器和漆器，《中国国家地理：湖北专辑》中将其称为中国物质史上的“湖北现象”，是荆楚古人对铜矿和漆树充分利用的体现。目前所见最早的楚系青铜器是 2012 年出土于湖北省宜昌市万福垴遗址的 12 件甬钟，其中一件刻有“楚季宝钟”的铭文。春秋早期的青铜礼器，表现出

①杨理胜，王少华，陈波等 . 江汉汤汤以绥四方 [M]. 武汉：武汉大学出版社 ,2018.

浓郁的周文化体系青铜器特征，到中晚期的楚国青铜器，装饰上多有满幅的蟠虺纹，纹饰风格细腻。战国时期，楚国青铜文化已经覆盖整个江汉地区，器类、纹饰、礼器组合制度等都已自成楚系，尚武和日用成了战国楚系青铜器的时尚风向标。此时，楚人已掌握了青铜器铸造的失蜡法、焊接等技术，装饰上广泛采用了嵌错红铜、金银、绿松石工艺等，锻造技术已经达到了高超的水平①，并且这些技术只有在铅锡刻镂的原模基础上才能完成。铅锡刻镂技艺于 2011 年入选国家级非物质文化遗产名录。

2. 丝织工艺和刺绣工艺

东周时期，楚地的丝织和刺绣技术已经有了长足的发展。1982 年发掘的荆州马山 1 号楚墓出土了品类众多、制作精美、保存完好的绢、绨、纱、锦、罗、绮、绦和绣等，成品以衾、裙、袍、夹襦、衣等为主，出土绣品 21 件，花纹各不相同。有蟠龙飞凤纹绣、对凤对龙纹绣、凤鸟花卉纹绣等，绣地以绢为主，只一件绣品以罗为绣地，刺绣针法主要为锁绣②，被誉为“中国古代的丝绸宝库”，这说明战国中期楚国的织机技术已经有了相当的发展。

3. 髹漆工艺

战国时期的楚国漆器工艺，被公认为中国漆器工艺的第一次高峰。目前，我国考古出土的战国漆器多出自楚墓，最为精美的地方则是在湖北荆州③。特别是东周楚国区域，尤以楚故都纪南城及其周边为最，其中天星观 1 号、2 号楚墓，马山 1 号楚墓，雨台山楚墓，凤凰山 167 号、168 号汉墓，高台汉墓，张家山汉墓，谢家桥 1 号汉墓等具有代表性。荆州博物馆馆藏漆器总数 9 032 件（套），位列国家一级文物的达 251 件。时至今日，古老的楚国漆文化面临着失传的严重问题，为了保护和传承这一技术，2011 年楚式漆器技艺被列为国家级非物质文化遗产扩展项目名录。

---

①陈丽新 . 湖北青铜器 青铜时代的巅峰 [J]. 中国国家地理 .2018(2):134-161.

②石泉 . 楚国历史文化辞典 [M]. 武汉 : 武汉大学出版社 ,1996.

③祝恒富 , 祝涓兰 . 湖北漆器青铜器之后楚国工艺的又一次高峰 [J]. 中国国家地理 .2019(2):162-175.

4. 老子和庄子的哲学

楚文化的学术内核为巫学，春秋晚期，巫学走向理论形态，形成老庄哲学[①]。老子在哲学上构建了以“道”为最高范畴的思想体系，提出“道生万物”的宇宙本原论和“反者道之动”。庄子继承和发展了老子关于“道”的哲学思想。老子道学，常以水起兴，如“太一生水”“水利万物而不争”；庄子道学，常以风起兴，如“风之积也不厚，则其负大翼也无力”。从有形之“水”到无形之“风”，能一窥道家哲学思想的进步与演化[②]。

5. 屈原诗歌和庄子散文

战国中期，巫学向情感方向发展，形成庄骚文学。屈原在民间歌谣的基础上创造了属于南方抒情诗样式的“楚辞”。王国维认为屈骚在艺术上的一个重要表现是想象。其诗歌整体充满无尽的想象，洋溢着爱国主义情怀，闪烁着生命的光彩。庄子散文文笔生动活泼，寓意离奇变化，具有丰富的感染力，追求超越功利的审美特征，造就了东方美学内在、实质和独立的美。可以说，屈庄文学是古代浪漫主义文学的不朽之作。

6. 美术和乐舞

楚国的绘画有帛画、壁画、木器竹器的漆画和彩粉画。先秦的帛画，现存的有楚国的两幅，分别是《人物龙凤帛画》和《人物御龙帛画》，均出土于战国中期的楚墓。《车马出行图》是目前为止发现的世界上最古老的漆画，漆画绘于漆卮腹上，以红色为底，用金黄色绘纹，生动描绘了公元前 4 世纪楚国贵族出行的场景。

楚国乐舞是中华古典文化的精粹。屈原的《九歌》充分描绘了楚国祀神的场景。楚国的乐器有鼓、钟、磬、瑟、琴、竽、排箫等。钟鼓之乐，为楚国宫廷音乐。钟与鼓是重要的配器，据考古发现推测，宫廷乐队以编钟为主导性乐器，用于礼仪，也用于消遣。舞蹈有宫廷舞蹈、民间祭神舞蹈等。“二八接舞”是楚国宫廷舞蹈的一种，

---

①张正明 . 巫、道、骚与艺术 [J]. 文艺研究 ,1992(4).

②杨理胜，王少华，陈波等 . 江汉汤汤以绥四方 [M]. 武汉：武汉大学出版社 ,2018：39-40.

在《楚辞·大招》中有描述“二八接舞，投诗赋只”；“传芭代舞”是楚国南方民间祭神歌舞活动的一种，在《楚辞·九歌·礼魂》中有诗句“成礼兮会鼓，传芭兮代舞”[①]。

二、政策索引

（一）国家文物保护利用示范区

为了科学指导大遗址利用工作，实现文物的有效保护与合理利用，2020 年国家文物局颁布了《大遗址利用导则（试行）》（以下简称《导则》）。根据《导则》，大遗址利用以“坚持第一、注重文化导向、服务社会民生、实现可持续发展”为基本原则。

大遗址利用的对象包括但不限于以下类型：文物本体、文物环境、考古与科研成果、历史文化信息等。其中，与本项目地有关的利用对象分别为文物环境和历史文化信息。文物环境，包括文物周边景观，与文物价值内涵直接相关的自然和人工环境要素（如地形地势、水系、植被、村落等），文化、社会、经济等背景环境要素（如习俗、非物质文化遗产等），文物所承载的场所精神等。历史文化信息，包括能够反映文物所处特定历史时期、演变发展脉络和文化背景的碑刻、史籍、文学作品、艺术品、人物典故等。保护管理成果，包括能够反映文物保护理念、保护技术、保护工作进展的项目档案与各类文字、影像资料等。

《导则》中规定的大遗址利用方式主要有价值利用和相容使用两种方式。价值利用主要以文物展示、科学研究、传播教育、产业转化等为主，相容使用主要以游憩休闲、社会服务、环境提升、产业协调等方式为主。

①石泉·楚国历史文化辞典 [M]. 武汉：武汉大学出版社，1996.

2020 年，国家文物局公布了第一批国家文物保护利用示范区创建名单，分别是北京海淀三山五园国家文物保护利用示范区、辽宁旅顺口军民融合国家文物保护利用示范区、上海杨浦生活秀带国家文物保护利用示范区、江苏苏州文物建筑国家文物保护利用示范区、四川广汉三星堆国家文物保护利用示范区和陕西延安革命文物国家文物保护利用示范区。同期，荆州市成立了工作专班，为创建荆州大遗址国家文物保护利用示范区开展专项工作。

2021 年，国家文物局颁布《大遗址保护利用“十四五”专项规划》，坚持“国家属性、考古支撑、保护第一、合理利用、创新驱动、融合发展”六项基本原则，形成以重要大遗址、国家遗产线路、大遗址保护利用片区为代表，“点、线、面”相结合的大遗址保护利用新格局，持续建设西安、洛阳、郑州、曲阜、荆州、成都大遗址保护利用片区，勾勒文明经纬、延续中华文脉。强化中央主导、央地互动，支持将大遗址纳入国家文化公园、国家公园，探索中央与地方合作共建大遗址保护利用片区、文物保护利用示范区。

（二）世界手工艺与民间艺术之都

2001 年，联合国教科文组织通过了《世界文化多样性宣言》，注意到文化是当代的特性、社会凝聚力和以知识为基础的经济发展问题展开辩论的焦点，确认在相互信任和理解氛围下，尊重文化多样性、宽容、对话及合作是国际和平与安全的最佳保障之一[①]。为了更好地加强国际合作，2002 年，联合国教科文组织成立全球文化多样性联盟，旨在加强国际政府、民间及个人间的合作，发展发展中国家的文化产业，保护世界文化的多样性。联合国教科文组织认为城市既是本地文化产业发展的场域与“助推器”，也是使文化产品和服务走向世界的窗口。

联合国教科文组织在全球文化多样性联盟基础上设立了创意城市网络。在全球化背景下，创意城市网络的设立将提升城市经济活力，为文化从业者提供平台，促进城市创意型企业发展，创造大量就业岗位，增加服务和商品的多样性，促进文化多样性

①范俊军．联合国教科文组织关于保护语言与文化多样性文件汇编 [M]. 北京：民族出版社，2006：99.

发展。将创意城市连成网络，将这些潜力聚集起来应对全球化影响，更好地保护全球文化多样性。其中，手工艺与民间艺术之都评审标准包括：拥有当地长期流传的民间手工艺特殊形式的传统；拥有民间手工艺的当代产品；着重推荐手工艺制作者和当地艺术家；拥有手工培训中心和民间艺术相关的职业；当地推进民间手工艺的情况（包括节日、展览、博览会、市场等）；拥有与民间手工艺相关的基础设施，如博物馆、手工艺商店、当地的艺术博览会等。

（三）文化和旅游融合发展

文化和旅游融合发展是以习近平同志为核心的党中央立足党和国家事业全局、把握文化和旅游发展规律作出的战略决策，是贯彻习近平总书记关于文化和旅游工作重要论述的重大实践。国家“十四五”规划中明确提出：要健全现代文化产业体系，坚持以文塑旅、以旅彰文，打造独具魅力的中华文化旅游体验。加强区域旅游品牌和服务整合，建设一批富有文化底蕴的世界级旅游景区和度假区，打造一批文化特色鲜明的国家级旅游休闲城市和街区。推进红色旅游、文化遗产旅游、旅游演艺等创新发展，提升度假休闲、乡村旅游等服务品质，完善邮轮游艇、低空旅游等发展政策。

湖北省和荆州市在“十四五”规划中均着重提到要“推动荆楚文化传承创新”，传承荆楚历史文脉，提升荆州文化软实力，彰显荆风楚韵独特魅力。要完善非物质文化遗产传承体系，抓好非物质文化遗产抢救性保护和生产性保护，积极申报全球创意城市网络“世界手工艺和民间艺术之都”。以纪南文旅区为主体，以“一城”（楚纪南城遗址）、“一园”（熊家冢国家考古遗址公园）、“一陵”（八岭山高等级贵族墓群）、“一馆”（中国楚文化博物馆）为支撑，整合楚文化资源，打造国家大遗址文物保护利用示范区。

在文化自信时代，文旅融合的大背景下，春秋楚王城项目的策划将更好地推动荆楚文化传承，提升荆州文化软实力，助力城市建设“国家文物保护利用示范区”，申报“世界手工艺与民间艺术之都”。

三、谋划布局

（一）总体思路

荆楚文化基因库，美好生活发生器。

2015 年 12 月 20 日，习近平总书记在城市工作会议的重要讲话指出：“城市是一个民族文化和情感记忆的载体，历史文化是城市魅力之关键。”这深刻地指明了文化对于一个城市的重要性。“文化城市”是新时代城市发展的必由之路，是文旅融合发展的重要载体。重拾文化乡愁、传承民族记忆、打造“城市名片”、营造国家地理，是新时代“文化城市”发展的核心关键[①]。

项目策划阶段立足“历史文化名城”，立意“文化城市”城市名片，以“物化”思维和方法，梳理城市存量“文化财富”，补缺城市生活“文化功能”，创建城市经济“文化机制”（见表 20 ～表 22）。

表 20　总体思路

文化财富		文化功能	文化机制
文化乡愁	民族记忆	美好生活	国家地理
物是人非	寓情于物	文物	文化博览　会议会展
以物言志	待人接物	艺术和哲学	艺术博览　文化创意
厚德载物	群贤毕至	教育	文化旅游　消费聚集
格物致知	物以类聚	科学	在线经济　城市更新

着眼荆州市申报“世界手工艺与民间艺术之都”，着手荆楚文化民间手工工艺制作者、艺术家和产品资源梳理、评价、转化和利用，着力创建荆州民间手工工艺培训中心、工坊奥特莱斯、艺术博览会、节庆活动和文化市集，在产业引擎、民生示范、

① 卜希霆，龚雪莲 . 文化营城 创意筑梦 [EB/OL]. (2019-11-25)[2022-11-19].http://www.qstheory.cn/llwx/2019-11/25/c_1125270626.htm.

消费升级、社会文明 4 个方面起到昭示作用。

表 21　荆州市国家级非物质文化遗产名录

编号	名称	类别	公布时间	类型	所属地区	传承人
Ⅱ -81	马山民歌	传统音乐	2008 年	新增项目	湖北省荆州市	王兆珍
Ⅱ -90	啰啰咚	传统音乐	2008 年	新增项目	荆州市监利县	
Ⅳ -35	荆河戏	传统戏剧	2008 年	扩展项目	湖北省荆州市	谭复秀 刘厚云
Ⅴ -32	鼓盆歌	曲艺	2006 年	新增项目	湖北省荆州市	望熙诰
Ⅴ -86	说鼓子	曲艺	2008 年	新增项目	湖北省公安县 湖北省松滋市	
Ⅷ -127	漆器髹饰技艺 （楚式漆器髹饰技艺）	传统技艺	2011 年	扩展项目	湖北省荆州市	邹德香
Ⅷ -194	铅锡刻镂技艺	传统技艺	2011 年	新增项目	湖北省荆州市	敖朝宗

表 22　春秋楚王城项目文化工程基本结构

<table>
<tr><th colspan="3">文化财富</th><th colspan="2">文化功能</th><th colspan="4">文化机制</th></tr>
<tr><td colspan="2">物是人非</td><td>寓情于物</td><td>以物言志</td><td>待人接物</td><td>厚德载物</td><td>群贤必至</td><td>格物致知</td><td>物以类聚</td></tr>
<tr><td rowspan="2">漆器髹饰技艺（楚式漆器髹饰技艺）</td><td>虎座鸟架鼓</td><td>楚歌楚舞
丝绸刺绣</td><td>造型艺术
艺术设计
服装设计
印染织造</td><td>旅游演艺</td><td>丝绸顶流设计师</td><td>设计师
产业链企业
商业品牌
时尚消费</td><td>会议展览
艺术博览会
发布会
研讨培训</td><td>会展设施
住宿设施
商业设施
研学设施</td></tr>
<tr><td>车马出行图</td><td>楚国绘画（帛画、壁画、木器竹器的漆画、彩粉画）</td><td>现代美术
当代艺术</td><td>观光旅游（风景园林）</td><td>竹木顶流设计师
漆器顶流艺术家</td><td>设计师
艺术家
产业链企业
商业品牌
专业研学</td><td>会议展览
艺术博览会
发布会
研讨培训</td><td>会展设施
宴会设施
餐饮设施
住宿设施
研学设施</td></tr>
<tr><td>铅锡刻镂技艺</td><td>曾侯乙尊盘</td><td>铅锡刻镂
嵌红错铜
金银器加工
玉器琢磨</td><td>珠宝厂牌加工
珠宝首饰高定</td><td>会奖旅游</td><td>铅锡铜艺国家级工艺美术大师
金银玉器顶流设计师</td><td>艺术家
设计师
产业链企业
商业品牌
专业研学</td><td>会议展览
艺术博览会
发布会
研讨培训</td><td>商业设施
研学设施</td></tr>
</table>

（二）核心理念

极致浪漫 · 君子如玉。

在“宏观共时性、中观历时性、微观即时性”总体框架下，项目充分肯定了楚文化在世界历史“轴心时代”所处的重要位置，探究屈庄经典在“世界浪漫主义文学”发展中的祖源地位，溯源中国君子人格策源地。楚国 800 年历史进程、荆州（郢）3 000 年建城史和 411 年建都史，为我国古代历史、文化的发展做出了独特的贡献，对当代社会发展产生了深远影响。

项目以“世界浪漫主义祖源”“中国君子人格策源”为文化定位，以浪漫主义哲学、美学、文学为 3 大支撑体系，以神仙岳、楚王宫、兰台书院为 3 个一级文化地标和景观节点，以逍遥迷宫、芳菲渚宫、香草花园为 3 个主要功能区，整体构建极致浪漫的水城风貌和君子如玉的人文场景，复合式打造独具特色的历史演绎型主题公园。未来将以打造“浪漫梦工厂”为核心价值，力争建设成为世界浪漫主义探源公园、中国君子人格探源公园、当代超现实主义艺术公园。

1. 在世界历史“轴心时代”时空框架下，探寻世界浪漫主义祖源

在宏观时空尺度下，公元前 800 年到公元前 200 年，中国、印度和西方地区出现了许多伟大的思想家和哲学家，形成了不同风格的哲学思想。德国哲学家雅斯贝斯在《历史的起源与目标》一书中将其称为“轴心时代”。他进行了这样的描述：

这个时代挤满了不寻常的事件。在中国生活着孔子和老子，产生了中国哲学的所有流派，包括墨子、庄子、列子和其他数不清的哲学家。在印度产生了《奥义书》，生活着释迦牟尼，就像在中国一样，哲学的所有可能性不断发展，形成了怀疑主义、唯物主义、诡辨派、虚无主义。在伊朗，琐罗亚斯德（ZARATHUSTRA）传播着一幅具有挑战性的世界图景，它描绘了善与恶的斗争。在巴勒斯坦，以利亚（ELIAS）、以赛亚（JESAIAS）、耶利米（JEREMIAS）、第二以赛亚（DEUTERO–JESAIAS）等先知纷纷出现。在希腊，有荷马，有哲学家巴门尼德、赫拉克利特、柏拉图，许多悲剧作家以及修昔底德、

阿基米德。这些名字所代表的一切，都在这短短几个世纪中几乎是同时地在中国、印度和西方形成，且他们并不知道彼此的存在[①]。

发源于中国长江中游地区的楚文化，是“轴心时代”不可或缺的一部分。这一时期的中国以孔子、老子、庄子、墨子等哲学家、思想家、教育家为代表人物。南方的楚文化表现出浓郁的浪漫主义情怀，主要的代表人物则是庄子和屈原。李泽厚指出，“《离骚》《天问》和整个《楚辞》《九歌》《九章》以及《九辩》《招魂》《大招》……构成了一个相当突出的南方文化的浪漫体系”[②]。这一浪漫主义思潮，对中国文化乃至世界文化产生了深远的影响。

2. 在禹贡九州时空框架下，中国君子人格策源

庄子所代表的浪漫主义哲学，向往“泛若不系之舟”的自由精神，是中国文人“独善其身”的出世态度；屈原所代表的浪漫主义美学，崇尚“深固难徙”的爱国主义精神，是中国文人“兼济天下”的入世情怀。中国文人在出世与入世之间，在尊重宇宙王制和心灵秩序二元秩序之间，以“天人合一”的美学平衡内心世界，以及内心世界与外部世界的不平衡。因此，荆楚大地是中国君子人格重要的策源地之一。《礼记·曲礼上》中讲：“博闻强识而让，敦善行而不怠，谓之君子。”《周易·象传》说：“天行健，君子以自强不息；地势坤，君子以厚德载物。”屈原在《离骚》中发出“长太息以掩涕兮，哀民生之多艰”。可见，志道信念、仁爱情怀、责任意识、担当精神，构成了中国君子人格精神特质的4个层面，它们层层递进、相互支持，成为一个完整的思想体系[③]。

---

①[德]卡尔·雅斯贝斯．历史的起源与目标[M]．李夏菲，译．桂林：漓江出版社，2019.

②李泽厚．美的历程[M]．北京：文物出版社，1981：69.

③陈诗师，邓名瑛．论君子人格的精神特质[J]．伦理学研究，2019(6):28-35.

（三）核心策略

1. 终极性

在意识形态方面，项目追求的终极目标是从宏观共时性、中观历时性、微观即时性 3 个维度，活化演示文明演变的动力机制，令游客感叹古人创造之伟大、发现文明传承之基因、解锁欢喜自壮之密码、共创美好生活之未来（见表 23）。

表 23　项目“终极性”策略解析

维度	文明演变动力机制	产品线	文化机制	基本原则
宏观共时性	神权与神仙世界	神仙岳	神仙世界的世俗化	音乐性 舞蹈性
中观历时性	王权与君权神授	楚王宫	王权世界的戏剧化	开放性 技巧性
微观即时性	人权与人间世界	兰台书院	人间世界的理想化	剧场性 参与性

2. 弹性

在文化意向方面，项目选择的显性表现方式是在自然山水中构建人间环境，在复杂园林中安排现实生活。从人类童年时代的天真、中古时代天马行空的想象、浪漫主义的自由生命体验 3 个维度，凝练重天道、重王道、重人道 3 条故事线，遴选文化符号、集结优秀文化艺术作品、构建知识产权综合服务体系、创造并持续更新风景资产，打造楚文化当代工程软件建设的弹性、健康、可持续发展平台（见表 24）。

表 24　项目“弹性”策略解析

文脉	故事线	特色工艺 创意场景线	产品线	游憩线	文化机制
哲学	重天道	髹漆工艺	神仙岳 逍遥迷宫	心斋 坐忘餐厅 码头	网红消费 票务消费 年卡消费

续表

文脉	故事线	特色工艺 创意场景线	产品线	游憩线	文化机制
美学	重王道	丝绸刺绣 铅锡刻镂 嵌错红铜 金银器加工	楚王宫 楚王御道 芳菲渚宫	楚王城厢 楚王密室 码头	票务消费 娱乐消费 过夜消费 年卡消费 线上消费 线下体验
文学	重人道	竹木器 玉器琢磨	兰台书院 游吟诗廊	游吟诗廊 码头 将相河 悬河楚歌 码头 千年楚菜	品牌孵化 创意街区 网红消费 年卡消费

3. 无限性

在消费业态方面，项目界定选择品类和品牌的核心价值观为致敬先知、先哲和先贤，以人为起点思考和解决问题，对整个人类文明的思维范式进行了改革；面向未来，内观自我，感悟现实世界生命的缺憾，完成二者之间的发展转化。

项目将从消费人次、档次和频次 3 个维度精准施策，持续推出引流、限流、导流导向的产品组合、经典游线和消费套餐，让游客可以体验多种即时性角色，在历时性游历中沉浸式体验客随主变、主客共创、主客混体、主客换位等至少 4 种情感转换，从而感受到复合鲜知性、参与性、共享性、炫耀性的无限快乐，最终实现宏观共时性的境界升华（见表 25）。

表 25　项目“无限性”策略解析

核心价值观		即时性角色	历时性动线	共时性体验	游客获得感
致敬经典 以人为本	改革人类文明思维范式	庄子朋友圈 屈原朋友圈 世界浪漫主义哲学文学美学天才	庄子、屈原 生命历程	客随主变 主客共创	鲜知性 参与性
面向未来 内观自我	感悟现实世界生命的缺憾，完成二者之间的转化	21 位 楚王朋友圈	春秋战国 楚国历程	主客混体 主客换位	共享性 炫耀性

4. 包容性

在品类属性方面，项目明确人文度假型旅游景区、旅游景区型创意园区、超现实主义艺术公园的“三步走”策略。在非区域中心城市、非旅游目的地城市、非交通枢纽城市 3 个“非常”条件下，要兼顾区域现象级旅游流量产品、城市旅游品牌形象昭示型文化浏量产品、城市消费升级引擎型商业留量产品 3 个“异常”目标，需要顶层设计的包容性，即在文化资产、品牌资产、数字资产、风景资产和经营性资产 5 个方面的投资决策、运营策略、管理方式均需要创新变革（见表 26）。

表 26　项目“包容性”策略解析

人文度假型旅游景区		旅游景区型创意园区		超现实主义艺术公园	
非区域中心城市	区域现象级旅游流量产品	非旅游目的地城市	城市旅游品牌形象昭示型文化浏量产品	非交通枢纽城市	城市消费升级引擎型 商业留量产品
投资决策	文化资产	运营策略	品牌资产 数字资产	管理方式	风景资产 经营性资产

5. 适配性

在对标分析方面，项目深度研究中国历史文化型主题公园历年现象级产品之后，基于曲江经验，重点对标大唐芙蓉园，形成了有助于投资决策参考的经济技术指标（见表 27）。

表 27　对标分析情况

	大唐芙蓉园	春秋楚王城
选址	原唐代芙蓉园遗址以北	纪南城遗址以东
文化	盛唐文化	楚文化
景观	皇家古典园林	超现实主义艺术公园
定位	主题公园	人文度假型旅游景区 旅游景区型创意园区
文化地标	紫云楼	楚王宫
核心产品	唐文化演绎	楚文化演绎
空间体量配比	文化设施 9% 观光景区 17% 特色街区 22% 度假服务 47% 管理及其他 5%	观光景区 15% 特色街区 20% 文创园区 10% 度假区 40% 国际社区 10% 管理及其他 5%
收入情况 （主要收入，按收入多少依次排列）	门票收入、灯会收入、剧院收入、租赁收入、餐饮收入、酒店收入	门票收入、剧票收入、新媒体艺术票务收入、会奖旅游服务收入、研学旅游服务收入、餐饮酒店收入、场地租赁收入、知识产权服务收入、在线服务收入
坪效分析	最高为帝王文化区，其次为餐饮文化区，最低为迎宾交流区	—

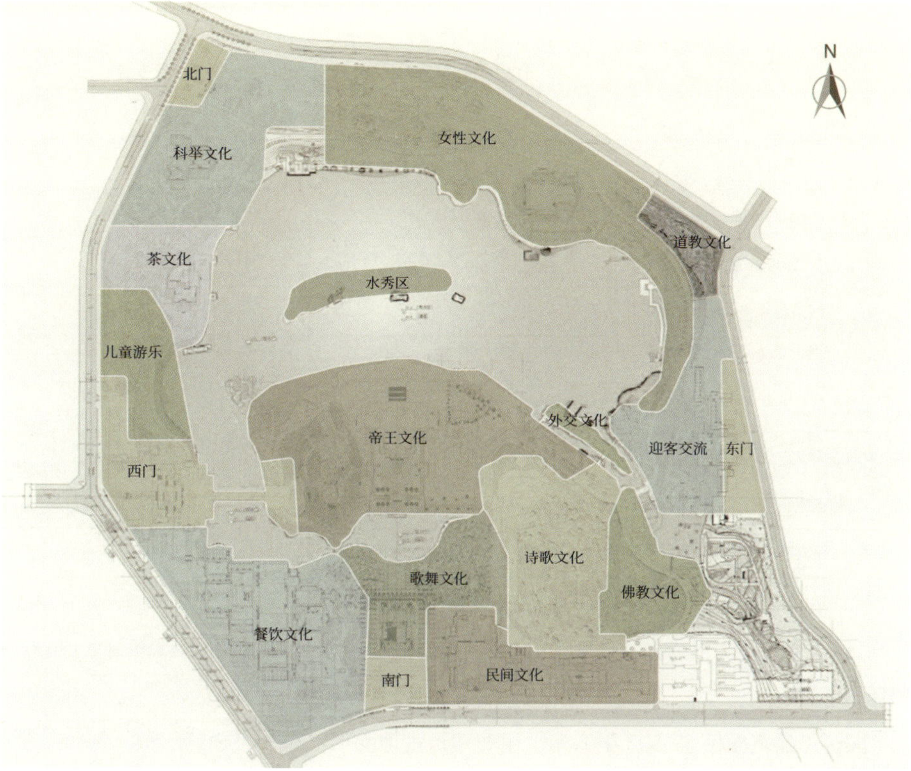

图 21　大唐芙蓉园功能分区示意图

资料来源：大唐芙蓉园。

（1）用地经济指标

根据大唐芙蓉园官方提供的设计说明，大唐芙蓉园占地 62.5 公顷，其中水面 19.77 公顷，全园为旅游区道路所环绕（见图 21）。其用地基本情况和经济技术指标如表 28 和表 29 所示。

表 28　大唐芙蓉园用地基本情况

用地类型	占地面积 / 公顷	百分比 /%
总用地	62.5	100
建筑占地	3.87	6.19
水面占地	19.77	31.63
绿地占地	30.55	48.88
园路及铺装占地	8.31	13.30

资料来源：大唐芙蓉园。

表 29　经济技术指标

项目	数值	项目	数值
总建筑面积	57 503 平方米	容积率	0.088
绿地率	0.80	建筑密度	6.19%
护岸长度	7 782 米	围墙长度	2 699 米
桥梁	10 座	总体车位	440 辆（地上 190 辆，地下 250 辆）

资料来源：大唐芙蓉园。

园区总建筑面积 57 503 平方米，主要建筑占地面积汇总如表 30 所示。

表 30　园区主要建筑占地面积

类型	项目名称	面积 / 平方米
旅游度假设施	御宴宫	19 810
	芳林苑	7 090
旅游观光设施	西大门	1 680
	南门	744
	北门	136
	茱萸台	36
	彩虹长廊	770

续表

类型	项目名称	面积 / 平方米
旅游观光设施	石舫	27
	牡丹亭	36
	双亭	64
	曲江亭	49
	赏雪亭	24
	九重天	678
	紫云楼	5 600
文化设施	陆羽茶舍	794
	仕女馆	2 120
	小儿馆	120
	杏园	2 193
商业设施	唐市	10 249
	胡店	2 520
管理及其他	管理	693
	宿舍	2 070

资料来源：大唐芙蓉园。

其中，景区文化设施占总建筑面积的 9%，旅游度假设施建筑面积占比为 47%，商业和旅游观光设施占比分别为 22% 和 17%，其余部分为景区管理服务设施。

（2）景区空间体量分析

大唐芙蓉园景区各分区均由景观、道路设施、管理服务设施几块用地构成，其中景观占地面积最大，核心建筑的占地面积总体保持在 2%~10%。

以帝王文化区（帝王文化区主要由帝王区、诗歌文化区和歌舞文化区三部分组成）

为例，帝王区占总分区面积的 46.34%，诗歌文化区和歌舞文化区分别占比 37.06% 和 16.6%（见表 31）。

表 31　帝王文化区空间体量情况　　　　单位：平方米

地标名称	地标建筑面积	景观面积	分区占地面积
九天剧院	6 012	17 912	20 638
紫云楼	5 600	48 962	57 594
唐诗峡	3 120	42 944	46 064

资料来源：大唐芙蓉园。

帝王文化区总的景观面积占园区总景观面积的 88.16%，其中每个分区的面积占比分别为 39.3%、34.51% 和 14.31%。3 个区域的地标性建筑主要是紫云楼、唐诗峡和九天剧院，分别占到帝王文化区总面积的 4.51%、2.51% 和 4.84%（见图 22）。

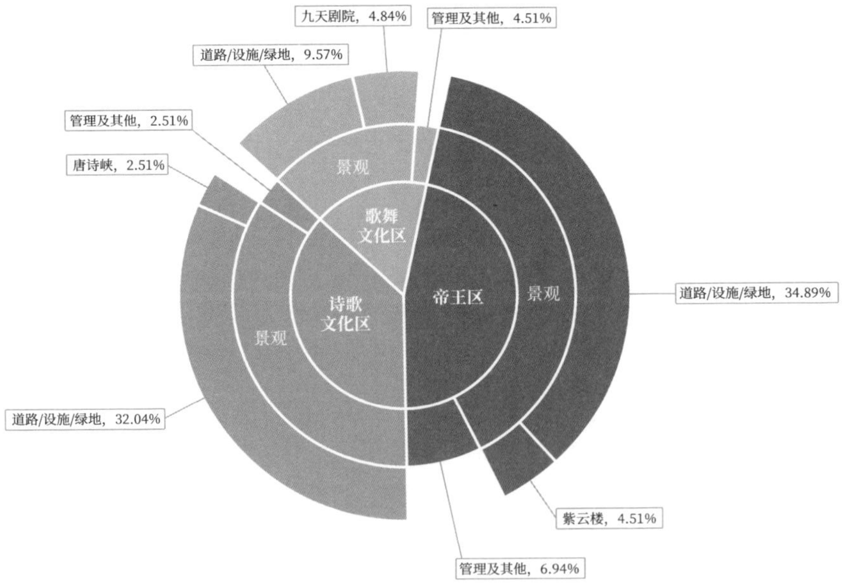

图 22　帝王文化区空间体量对比

（3）景区坪效分析

景区自 2005 年开园以来，年均游客数从 2005 年的 166.45 万人次，增长至 2018 年的 288.78 万人次。通过观察年增长率发现，在大唐芙蓉园开园的前 10 年，接待人次数并没有呈现出快速增长的趋势，而是呈现出不同年份上下波动的情况。其中，2012 年是开园以来接待人次数最少的一年，全年共接待 120.03 万人次。2016 年，园区接待人次数首次突破 200 万人次，并且连续 3 年保持增长态势（见图 23）。

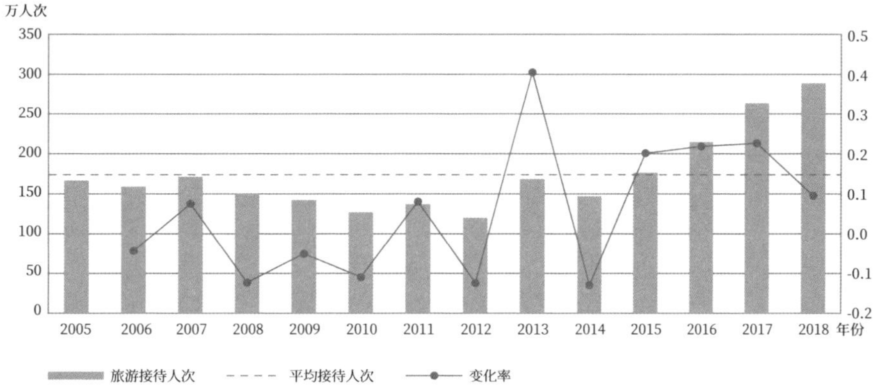

图 23　2005—2018 年大唐芙蓉园旅游接待情况

资料来源：大唐芙蓉园。

为了探讨园区内不同区域的经营效益，我们在分析中引入了“坪效”的概念。坪效（1 坪≈ 3.3 平方米）原是用来计算商场经营效益的指标，指每坪的面积可以产出的营业额（营业额 / 专柜所占总坪数），本书中是指每平方米面积上所创造的销售额。以大唐芙蓉园 2016 年、2017 年和 2018 年三年综合收入情况进行“坪效”分析得出，大唐芙蓉园景区仍然以门票收入为主，其次是灯会收入和剧院收入，餐饮酒店则以餐饮收入为主（见表 32）。

表 32　大唐芙蓉园收入情况

类别	项目	金额 / 万元		
		2016 年	2017 年	2018 年
园区	门票收入	8 255.99	8 675.13	9 607.76
	灯会收入	2 084.05	3 504.3	3 834.04
	看台收入	123.92	208.38	244.05
	剧院收入	2 077.32	2 644.19	3 153.7
	租赁收入	1 530.35	1 498.4	1 514.92
	其他收入	146.04	422.61	1 302.45
	园区小计	14 217.67	16 953.01	19 656.92
餐饮酒店	餐饮收入	2 910.08	3 369.1	3 469.56
	客房收入	504.48	631.07	543.24
	其他收入	90.74	107.42	116.36
	酒店小计	3 505.3	4 107.59	4 129.16
合计		17 722.97	21 060.5	23 786.08

资料来源：大唐芙蓉园。

对“坪效”收入作进一步分析发现，建筑坪效最高的区域为帝王文化区，其次为餐饮文化区，最低的为迎宾交流区。以帝王文化区为例，其主要收入为看台收入和剧院收入，经营主体建筑为紫云楼和九天剧院。

此外，还可得出 2016—2018 年园区的建筑坪效和景观坪效都在不断增长，帝王文化区的经营效益呈明显增长态势（见图 24）。

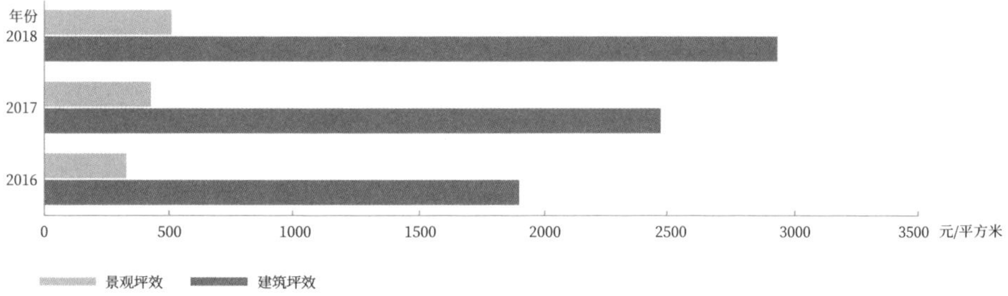

图 24　帝王文化区坪效

（四）核心产品

1. 风景资产：蝶梦荆州

项目整体时空框架和景观风貌是最核心的产品，更是承载无限可能性的弹性空间动力机制。早期的楚国先民活动在中原姬姓诸国和南方蛮夷之间的大别山、桐柏山和伏牛山之间，后往沮、漳河流域，随后又向东到江汉平原腹地，建成荆州纪南城[①]。该地带处于亚热带季风气候区，雨热同期，温暖湿润，良好的气候条件是楚文化诞生的客观因素，且春秋战国时期的江汉平原气候比现在更加湿热，湖泊众多，大量物种在此地繁殖，这一点考古出土文物也多有证实。司马相如在《子虚赋》中这样描述：

云梦者，方九百里，其中有山焉。其山则盘纡茀郁，隆崇嵂崒；岑崟参差，日月蔽亏；交错纠纷，上干青云；罢池陂陀，下属江河。其土则丹青赭垩，雌黄白坿，锡碧金银，众色炫耀，照烂龙鳞。其石则赤玉玫瑰，琳瑉琨吾，瑊玏玄厉，碝石碔玞。其东则有蕙圃：衡兰芷若，芎藭昌蒲，茳蓠麋芜，诸柘巴苴。其南则有平原广泽，登降陁靡，案衍坛曼。缘以大江，限以巫山。其高燥则生葴菥苞荔，薛莎青薠。其卑湿则生藏莨蒹葭，东蔷雕胡，莲藕觚卢、菴闾轩于，众物居之，不可胜图。其西则有涌泉清池，激水推移，外发芙蓉菱华，内隐钜石白沙。其中则有神龟蛟鼍，瑇瑁鳖鼋。其北则有阴林：其树楩柟豫章，

①黄莹 . 论楚文化生成的自然地理环境因素 [J]. 三峡大学学报（人文社会科学版）.2011.33（4）：106-113.

桂椒木兰，蘖离朱杨，樝梨梬栗，橘柚芬芳。

综上所述，以“蝶梦荆州”为概念提出风景资产设计理念，综合运用古典园林、印象派和超现实主义艺术作品、光影科技的全天候开放式人文趣味行吟图、超现实主义六维艺术公园和NFT线下体验场（见图25、表33）。

景观结构强调“线的艺术”，突出音乐性的美感；

环境艺术强调“造型艺术”，突出戏剧性的冲突；

人视关系强调“舞台艺术”，突出剧场性的互动。

明代《三才图会》

鼓琴图、临流图、索句图、听泉图
舞袖图、挥扇图、倚树图、徜徉图
濯足图、凭石图、跂坐图、散步图
醉吟图、传杯图、采芝图、携琴图
题壁图、观水图、回首图、静憩图
唔语图、观泉图、谈玄图、浮日图
观书图、拂尘图、望月图、呼僮图
酕醄图、酩酊图、让履图、盘和图

表 33 《三才图会》与项目产品

庄周梦蝶	六维呈现	蝶梦荆州
《三才图会》32 图景	行为艺术	快闪演出、巡游演出、广场演出
	光影艺术	光雕微型环境剧场
	建筑艺术	神仙岳、楚王宫、兰台书院、九歌台
	景观艺术	印象派和超现实主义雕塑、装置
	园林艺术	香草花园、逍遥迷宫
	大地艺术	云梦七泽

图 25 “春秋楚王城”平面图

资料来源：中国建筑西北设计研究院。

2. 一宫一秀：荆楚章华

以楚王宫为一级地标和核心产品，嵌入式打造脉冲式主题演艺秀场，重点分布 4 个沉浸式体验空间：以“梦有五彩”诠释“楚韵风华”，以“天有五行”再现“楚威风行”，以“仕有两面”颂扬“君子风骨”，以“人有三问”渲染“荆楚风情”（见图 26、图 27）。同时，配套丝绸刺绣、铅锡铜艺、髹漆工艺、玉石琢磨、竹木设计 5 个界别集群落地的大师工坊奥特莱斯，与室外迎宾广场、滨水水舞区、空中幻城 3 个分区充分结合，有效延长游客消费动线和驻留时间（见表 34）。

图 26　楚王宫空间场景示意图

图 27　一级文化地标“楚王宫”效果图
资料来源：中国建筑西北设计研究院。

表 34　项目演艺产品情况

演艺产品类型	项目规划	消费方式
剧场式	楚王宫主秀《荆楚华章》	剧票
广场式	楚国军乐、楚国礼乐	门票
行进式	楚国宴乐	船票
快闪式	九歌台（古乐、民乐、器乐）	门票
巡游式	CHINA FACE 舞会	门票
水秀光雕	游吟诗廊、九曲盘溪、三条鱼、悬河楚歌	船票
多媒体演出	神仙岳、楚王城厢	剧票

（五）空间布局

项目空间结构为“双轴两廊四街巷、四区一环双门户”：“双轴”是楚王御道和君子漫道；“两廊”为游吟诗廊、九曲盘溪；“四街巷”为楚王城厢、楚王密室、将相河、千年楚菜研发基地；“四区”为香草美人片区、逍遥迷宫片区、芳菲渚宫片区和门户服务区；“一环”为内外贯穿 3 个码头的游船水系；“双门户”为东侧门户形象区、北门观光旅游综合服务区（见图 28）。

图 28　“春秋楚王城”效果图
资料来源：中国建筑西北设计研究院。

1. 楚王御道：定制式体验“楚王成长记”

东西延展，以“楚王学院”概念充实东门综合服务区体验内容，提供角色教育、古装复原、个性化定制服务；主道观光，以“楚王御道”场景涵盖“楚王军乐”“楚王礼乐”“水舞幻城”“楼船宴乐”4 个互动演艺和活化楚王正史故事的“楚王城厢”鲜知型体验空间；辅道娱乐，以“楚王密室”街巷承载楚王传奇故事的“剧本杀”“密室逃脱”“桌游”等参与型体验空间，系统性展现 21 位楚王执政时期创造的制度文明、精神文明和物质文明（见图 29）。

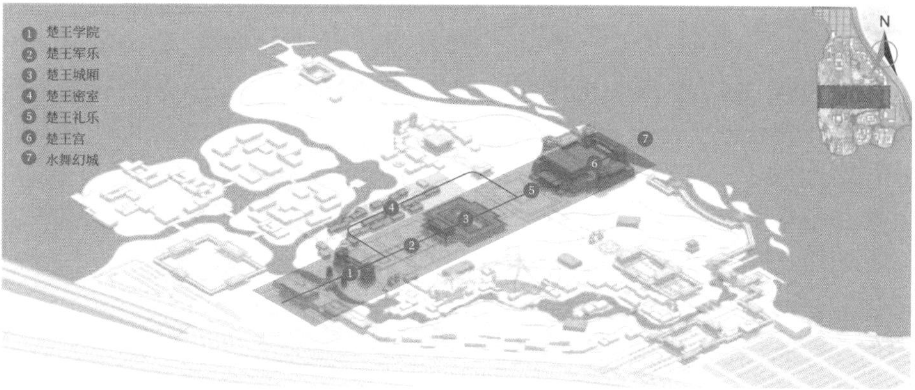

图 29　中轴线产品示意图

2. 君子漫道：无尽的对话——“游吟画廊”

南北蜿蜒，“兰台书院”动态更新世界浪漫主义文学展览和沙龙活动，打造世界浪漫主义文学对话空间，持续开展新媒体运营；“神仙岳”持续引进最具人文思考的数字艺术作品，打造顶级的数字与艺术对话空间，持续开展艺术品展示、交易和衍生产品运营（见图 30）。

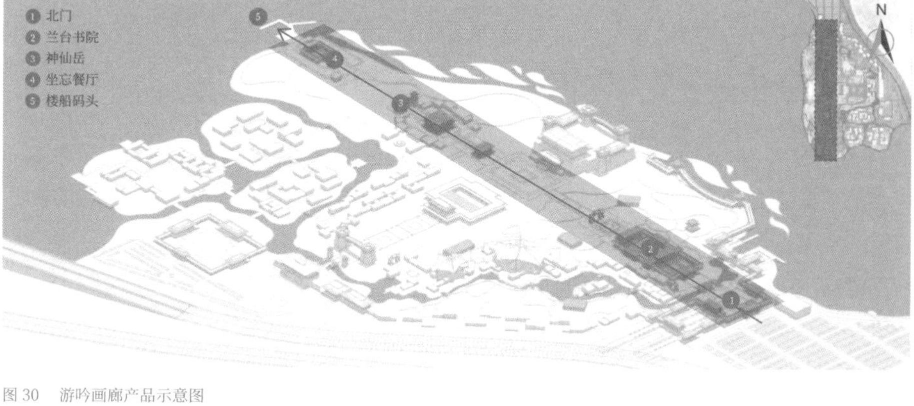

图 30　游吟画廊产品示意图

3. 香草美人：浪漫主义文学体验区

滨水游吟，游吟诗廊南北连接北门、龙舟码头与楚王宫，东西与兰台书院、悬河楚歌形成景观轴线；仰天长啸，悬河楚歌成为分区视觉焦点和互动娱乐中心，带动镜像花园、将相河·特色街区、千年楚菜研发基地协同发展。七项二级产品组合整体给人通关式乐趣和野趣休闲体验，将游客带入跨时空对话的幻境中，联合拱卫“香草美人”分区概念，支撑“树蕙九畹”风景资产（见图 31）。

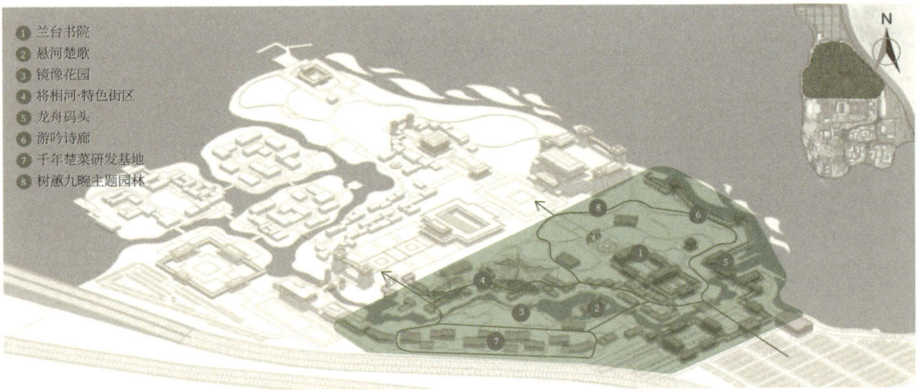

图 31　树蕙九畹片区产品示意图

4. 逍遥迷宫：浪漫主义哲学体验区

环水神游，九曲盘溪形成区域内环特色水道，与陆地植物迷宫共同营建逍遥迷宫。在经历“北冥之鱼”“子非鱼”“相濡以沫不如相忘于江湖”三个自然花园场景后，感受“泛若不系之舟”的自由快乐。同时，分区以神仙岳、心斋、坐忘餐厅三项二级产品激发每个人心中的真人、至人、神人观念（见图 32）。

图 32 逍遥迷宫片区产品示意图

5. 芳菲渚宫：MICE 旅游服务区

集成落地以漆园、蝶梦、橘颂为主题的精品艺术酒店，配套宴会、会议和多功能厅等服务设施，承接重要城市级外事活动和企业级商务活动（见图 33）。

图 33 芳菲渚宫片区产品示意图

四、合作导引

2010 年，荆州市依托纪南城大遗址保护区成立了荆州海子湖生态文化旅游区，当时确定的发展目标是将旅游区打造成为中国南方大遗址保护示范区和鄂西生态文化旅游圈示范区。2014 年，为响应荆州“壮腰工程”战略①，旅游区更名为“荆州纪南生态文化旅游区”，发展目标更新为建设国家级文化产业示范区、国家 5A 级旅游景区、国家级生态文明新区、国家级大遗址保护区 4 个战略目标，把区域建设成为一个以文化产业、旅游产业和现代服务业为支柱的城市功能区，营造湖北文化灵魂和大众文化自信，要当好提升湖北文化软实力的排头兵，成为华中地区湖北文化旅游产业的重要引擎和新的增长极。自 2014 年起，西安曲江新区管理委员会与荆州市政府通力合作，通过曲江模式和曲江 IP 的输出，在纪南文旅区设立资源合作开发平台，树立省际合作典范。

“春秋楚王城”项目是由荆楚文化产业投资集团有限公司、荆州纪南文化产业投资有限公司和西安曲江文化旅游股份有限公司三家公司合作打造的，荆州纪南楚文化产业园发展有限公司负责项目策划、规划、设计、开发、建设和持续运营发展工作。在整个环节中，曲江团队根据荆州项目实际情况，科学输出曲江 IP，以“春秋楚王城”带动整个纪南生态文化旅游区的快速发展（见表 35）。

项目初步定名为“春秋楚王城”，取“春秋”之文脉、“楚王”之地脉，承续浪漫主义哲学、美学和文学之人脉。以实体空间为场景和载体，以知识产权综合服务体系为支撑，构建线下唯美水城和线上文化城邦，创造泛文化旅游业和泛都市娱乐业交互共生的元典城市时代孤本。

①荆州，地处湖北省中南部、江汉平原腹地，是“湖北之腰”。为深入实施“两圈一带”战略，推进湖北长江经济带新一轮开放开发，促进区域协调发展，构建促进中部崛起的重要战略支点，湖北省委省政府决定，实施“壮腰工程”，加快荆州振兴，打造湖北长江经济带的“钢腰”。

表 35 “曲江—荆州”合作导引

曲江产品	荆州适配		空间“荆州”旅游流量	地方“荆州”文化浏量	品牌“荆州”消费留量
旅游景区	皇家御苑	曲江模式	历史文化演绎型主题公园	公共文化服务设施 / 文化产业园区	景区
		荆州定制	春秋楚王城	世界手工艺与民间艺术之都	人文度假景区
文化和科技融合示范区	皇家礼仪活化、非遗活化、雕塑活化、地标建筑活化	曲江模式	广场演艺 行进式演艺 剧场演艺 光影秀 水秀	场景营建	景区分时消费 周边二次消费
		荆州定制	《荆楚华章》 楚王军乐 楚王礼乐 楼船宴乐 楚国故事艺术光雕 楚乐快闪演艺 博物馆新媒体艺术 非遗展演 水秀	IP 打造	共时消费 历时消费 即时消费
旅游度假区	教育 MALL 或会奖旅游服务设施、文化特色餐饮	曲江模式	功能导向酒店	自然资源依托	商旅
		荆州定制	漆 · 艺术酒店 梦 · 艺术酒店 橘 · 陈香百草酒店	基于 IP 的产业链集成运营	会奖旅游 研学旅游

五、借鉴启示

面对元典城市宏大历史文化题材类项目，总体策划工作的首要任务应为根据项目实际情况，厘清有限条件和无限需求的关系，达成共识，确定工作目标和路径。最好的方案是“共识”的结果而非“天才”的创作。同时，以东西方文化对比分析、古今文化对话的方式“旁敲侧击”“寓教于乐”，以“宏观共时性、中观历时性、微观即时性”方法制定文化机制，是项目策划、设计、投资、建设、开发、运营和管理各个环节达成“共识”的关键。

六、系统观念

穿插历史文化名城、文化城市、世界手工艺与民间艺术之都、国家文物保护利用示范区核心理念和评价体系，瞄定共识目标；确定适配的时空研究框架，梳理文脉、地脉和人脉，提炼核心价值观，统领全案内容；提炼文化元素、地理标识和人物故事等可识别要素，通过“物化八段锦”研发产品和规划谱系；坚持“终极性、弹性、无限性、包容性、适配性”原则，持续优化投资决策机制、运营策略和管理水平。

道	法	术	器	势
核心理念	政策抓手	核心策略	核心产品	借鉴启示
极致浪漫 君子如玉	国家文物保护利用示范区 世界手工艺与民间艺术之都	物化八段锦	风景资产 一宫——楚王宫 一秀——《荆楚华章》	宏观共时性——情 中观历时性——物 微观即时性——人

屈原深固难徙，积极入世，救国济民，宁赴湘流。

庄子无羁想象，逍遥出世，泛若不系之舟，梦蝶超然。

历代楚王前赴后继，谱写楚国800年长歌，亘古悠长。

策源于中国君子在出世与入世之间的人格两面性和众生相翩然而至。

选择一张面具，梦蝶，真实的想象；

定制一个身份，蝶梦，现实的梦想。

参加一场永不落幕的CHINA FACE浪漫舞会，

开启一段真实想象的MAGIC WORLD生命历程。

作品名称：面具

作者：李耀杰

作品材质及类别：金色钢板

尺寸：2m×1.5m

城市更新区 · 漫游

2021 年 11 月，住房和城乡建设部在北京等 21 个城市（区）开展第一批城市更新试点工作，为期 2 年，重点探索城市更新统筹谋划机制、可持续发展模式及探索建立城市更新配套制度政策。

第一批城市更新试点城市为北京市、河北省唐山市、内蒙古自治区呼和浩特市、辽宁省沈阳市、江苏省南京市、江苏省苏州市、浙江省宁波市、安徽省滁州市、安徽省铜陵市、福建省厦门市、江西省南昌市、江西省景德镇市、山东省烟台市、山东省潍坊市、湖北省黄石市、湖南省长沙市、重庆市渝中区、重庆市九龙坡区、四川省成都市、陕西省西安市、宁夏回族自治区银川市。

“长安一片月，万户捣衣声。”2004 年至今，立足于隋大兴唐长安城遗址上的城市更新工作“守得云开见月明”。

隋大兴唐长安城是中国乃至世界古代城市的杰出代表，是中国古代城市规划史和建筑史上的伟大创举，是人类天才创造力的杰作。

隋大兴唐长安城是隋唐时期中国的政治、经济、文化中心，是隋唐时期政治变迁、社会和经济高度发展、文化和宗教兴盛的历史见证。

山水营城，感天应地。大明宫国家遗址公园片区（2012 年至今）、西安城墙历史文化片区（2010 年至今）、曲江新区（2003 年至今）联合拱卫西安古都文化轴。2021 年伊始，浐河、灞河、渭河、秦岭“三河一山”绿道拥城而至，千年古城融绿而行。

隋大兴唐长安城是中国历史上帝国都城的典范之一，对同期乃至后世东亚地区的都城形制产生了深远的影响。

隋大兴唐长安城是隋唐时期“丝绸之路”的东方起点，是东西方商业贸易、文化交流的中心。

科技赋能，文化赋意。西安市“十四五”规划中瞄定“丝路科创中心”和“丝路文化高地”两大建设目标。由西安曲江文化产业投资（集团）有限公司担纲的西安文化 CBD 项目正处于西安高新技术开发区、曲江新区、古都文化轴的交汇处，科创动能、生态智能与文化势能的碰撞是否能够迸发超能并触发长安路南北焕新？

陕西华侨城商业投资有限公司担纲的西安丝路天际项目正处于大雁塔历史文化传承核、CCBD 西安科创现代形象核，古都文化轴、雁塔西线轴，陕西省图书馆南二环城市风貌节点、西安国际文化中心风貌传承节点、西安美术学院雁塔对景城市节点“两核两轴三节点”的区域总体框架上，青年艺术“浏”量与文化旅游流量是否能够融汇为商业留量并激活文化硅巷网格化发展？

西安沣东华侨城发展有限公司担纲的周文化中心（暂定名）项目正处于丰镐大遗址、沣河生态旅游带、现代都市发展轴交汇处，科技、创想与礼乐是否能合鸣而成欢乐心音并引领西安高质量发展？

陪伴历史，塑造文化遗产地。西安文旅铁军为全国贡献了“西安经验”。

根植文化，打造旅游目的地。曲江文旅铁军为全国贡献了“曲江模式”。

破壁旅游，创建时尚生活地。西安需要全国乃至国际文商旅领军企业多元主体介入、耦合共生。

巍然城堡姿如旧，卓尔新区靓似虹。以地方和空间为本体，以科技硬实力、文化软实力为双翼，以艺术创造力、生态渗透力、欢乐影响力为顶点，以文化和科技领军企业、生活方式型旅游企业、战略性新兴产业风口企业协同发展为目标，便是“古都城市更新”的破题思路。

[文旅营城] 千江有水千江月 万里无云万里天

长安 · 西安

引言

西安丝路天际（原名“西安国际文化中心”）是陕西华侨城商业投资有限公司（简称“陕西华侨城”）计划打造的未来西安元典城市坐标、丝路国际文化贸易航标、当代艺文商业风尚地标。项目位于西安市小寨商圈，集公共文化服务设施、文化产业服务设施、城市旅游服务设施、主题商业服务设施于一体，占地面积 30 亩，建筑面积约 40 万平方米，主要由三栋超高层塔楼及商业裙房组成，功能涵盖创新型商业、超高层甲级办公、精品酒店等业态。

项目立意于“复盘长安在历史长河中所做的具有国际影响力和生命永动力的创造，启发、吸引和聚集当代西安正在做的具有国际影响力和持续发展力的创造”，立志成为“长安之于西安”的创想绿洲、“西安之于长安”的梦想工厂。

一、项目介绍

（一）项目背景

2017 年，华侨城集团与西安市政府签署全面战略协议，在“一带一路”新起点、“丝绸之路经济带”原点的国家中心城市——西安，集 36 年“营城”经验和国际一流专业团队智慧，规划、兴建、运营西安丝路天际项目（见图 34）。

2018—2019 年，项目组先后开展“珍物盒子”“珍物之城”和“珍物之眼”系列品牌活动，在古都西安文化艺术界、中产和文艺青年相关社群引起了广泛关注和深度参与。

2021年，项目组全年开展“二十四节气”和气节内容相关的原创与传播工作，荣获“红点品牌与视觉传达设计大奖”。

（二）核心问题

一座大雁塔，坐看千年世事沧桑。对酌不夜城，人潮落尽长安依旧。

大雁塔是中国传统建筑艺术的集大成者，封印大雁塔广场和大唐不夜城无数人间镜像，只留一街繁华如梦；“折服”周边所有现代建筑，犹如头顶“高傲”的王冠，于浮光掠影中压住长安的气场。项目应如何自处？又如何表达？如何聚合并释放“中心力量”？

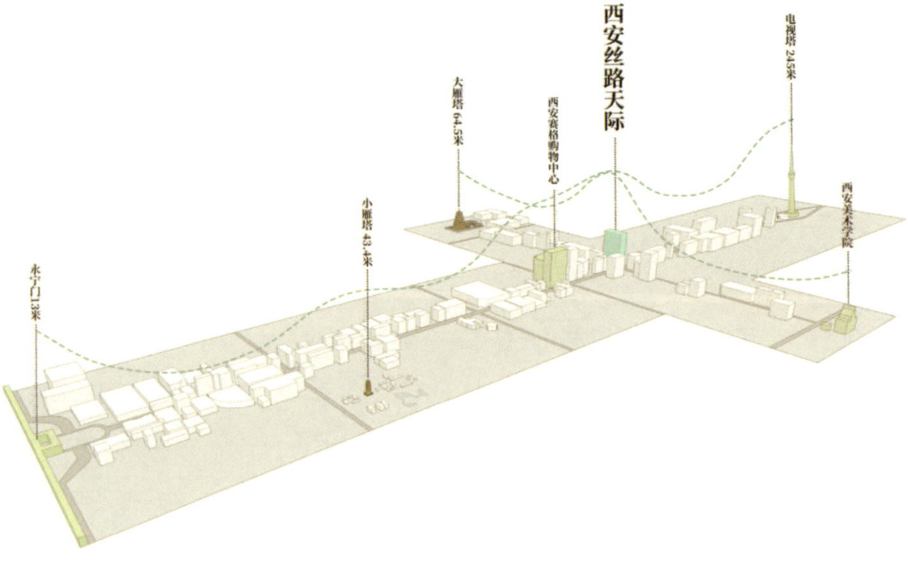

图 34　项目区位

1. 项目建筑风貌如何自处于长安宏大史地场域之中?

项目地东临唐大慈恩寺，西接小雁塔，南望隋唐圜丘，向北连接唐长安城皇城遗址，地处陕西省图书馆、汉唐书城、曲江池遗址公园之间，毗邻西安文化 CBD。在如此宏大史地场域之中和显性古今对话之间，项目建筑风貌设计该如何立意?

2. 项目消费场景如何自立于世界主义者的世界之中?

W 酒店正式运营是曲江新区跨入时尚旅游领域的里程碑，茑屋书店开店营业是西安高新技术开发区开启艺文商业业态的转折点，SKP 入驻西安是西安跻身时尚消费城市的大事件。西安是世界文明古都、世界旅游目的地城市，但距离真正意义上的国际化大都市，还差一个“世界主义者的世界”。

3. 项目文化机制如何自成于全球创意城市网络的动力之中?

古都西安富集传统文化基因，但创意产业人才相对匮乏。理性再发现“长安影响世界至今”的文明演变机制，感性再创造“西安影响世界未来”的文化助推动力。综合运用世界创意城市网络中设计之都、美食之都、文学之都、音乐之都、电影之都和媒体艺术之都六项评审内容，对标西安“十四五”发展规划战略目标，力争为城市文化财富奠基，为城市文化功能补位，为城市文化机制赋能。

二、政策索引

（一）“一带一路”

“一带一路”（Belt and Road Initiative）是“丝绸之路经济带”和“21 世纪海

上丝绸之路”的简称，2013 年 9 月和 10 月，中国国家主席习近平分别提出建设“丝绸之路经济带”和“21 世纪海上丝绸之路”合作倡议[①]。“一带一路”旨在借用古代丝绸之路的历史符号，积极发展与沿线国家的经济合作伙伴关系，共同打造政治互信、经济融合、文化包容的利益共同体、命运共同体和责任共同体。

2015 年 3 月 28 日，国家发展改革委、外交部、商务部联合发布了《推动共建丝绸之路经济带和 21 世纪海上丝绸之路的愿景与行动》[②]。

（二）国家中心城市

国家中心城市是中国城镇体系规划设置的最高层级，最早在 2005 年由中华人民共和国建设部（现住房和城乡建设部）依据《城市规划法》编制全国城镇体系规划时提出[③]。

2007 年，建设部上报国务院的《全国城镇体系规划（2006—2020 年）》中指出：国家中心城市是全国城镇体系的核心城市，在中国的金融、管理、文化和交通等方面都发挥着重要的中心和枢纽作用，在推动国际经济发展和文化交流方面也发挥着重要的门户作用。国家中心城市应当具有全国范围的中心性和一定区域的国际性两大基本特征。

2010 年 2 月，住房和城乡建设部发布的《全国城镇体系规划（2010—2020 年）》明确提出五大国家中心城市（北京、天津、上海、广州、重庆）的规划和定位；2016 年 5 月至 2018 年 2 月，国家发展和改革委员会及住房和城乡建设部先后发函支持成都、武汉、郑州、西安建设国家中心城市[④]。截至 2022 年，共有九大国家中心城市。

①陈积敏 . 正确认识“一带一路”[J]. 商业观察 ,2018(7):4.

②经国务院授权三部委联合发布推动共建“一带一路”的愿景与行动 [EB/OL].(2015-03-28)[2022-11-19].http://www.gov.cn/xinwen/2015-03/28/content_2839723.htm.

③国家中心城市绘出中国城市新天际线 [EB/OL].(2017-03-08)[2022-11-19].http://www.xinhuanet.com/politics/2017-03/08/c_1120592994_3.htm.

④国家中心城市数量或为 12 个，入选标准有哪些 [EB/OL].(2017-02-21)[2022-11-19].https://baijiahao.baidu.com/s?id=1559872224284077&wfr=spider&for=pc.

（三）关中平原城市群

关中平原城市群地处中国内陆中心，是亚欧大陆桥的重要支点，是西部地区面向东中部地区的重要门户，同时也是西部地区第二大城市群。关中平原城市群规划范围包括：陕西省的西安、宝鸡、咸阳、铜川、渭南 5 个市，杨凌农业高新技术产业示范区及商洛市的商州区、洛南县、丹凤县、柞水县；山西省的运城市（除平陆县、垣曲县），临汾市的尧都区、侯马市、襄汾县、霍州市、曲沃县、翼城县、洪洞县、浮山县；甘肃省的天水市及平凉市的崆峒区、华亭县、泾川县、崇信县、灵台县和庆阳市。

2018 年 1 月 9 日，国务院正式批准了《关中平原城市群发展规划》。

2018 年 2 月 7 日，国家发展改革委、住房和城乡建设部联合印发《关中平原城市群发展规划》，将其作为关中平原城市群建设的指导性、约束性文件。

关中平原城市群是华夏文明重要的发祥地，在国家现代化建设大局和全方位开放格局中具有独特的战略地位。

三、谋划布局

（一）核心理念：探寻无意义的意义

西安人，言必及“长安”。

外地人，来必寻“长安”。

长安，是“时空”概念。得益于“长安”如从诗中幻化出的美好意象，今人把十三朝古都相关时空统一称为“长安”，西周丰镐、秦咸阳、隋大兴城等均被列为“长安”注脚。

长安，是“文学”概念。从赋比兴手法、盛唐之音、梨园戏祖到如今的网络文学、影视作品，“长安”创造了华语世界的超级词根，奠定了中国语系的基本结构，代表了世界东方的文化心音。

长安，是“美学”概念。“轴心时代”的和周、理性变革的强秦、古拙气势的雄汉、青春年少的盛唐，造就了古代中国伟大的帝国都城典范，成就了无数帝王将相及先哲、先贤、先驱、先锋人物的哲思梦想和天才创造，凿空开放包容、国际交流的丝绸之路，满足了人们对盛世中国的美好想象。

西安人言必及的“长安”，是对往昔之今日的惯性。

外地人来必寻的“长安”，是对今日之往昔的猎奇。

人们对一座伟大城市往日荣光的追寻总是大于对未来的探索。曾经长安的国际化盛世荣光不断脉冲当代西安国际化理想，具体为西安市“十四五”规划中关于“立足于关中平原城市群中心城市的基础，创建丝路科创中心和丝路文化高地”的阶段性发展目标。

巍然城堡姿如旧。大唐不夜城高质量步行街演绎了“九天阊阖开宫殿，万国衣冠拜冕旒”的恢弘气势，大唐芙蓉园·大雁塔国家5A级旅游景区阐释了“春风得意马蹄疾，一日看尽长安花”的青春气象，兴庆公园·东市·西市隐逸了“李白斗酒诗百篇，长安市上酒家眠”的壮志豪情，西安年·最中国渲染了“闻道长安灯夜好，雕轮宝马如云”的流光溢彩，浐灞生态区萦绕着“劝君更进一杯酒，西出阳关无故人”的古韵今弹，沣东昆明池弥漫着“从今后不见长安望北斗，生扭作织女牵牛”的爱与哀愁。

卓尔新区靓似虹。曲江新区致力于文旅融合、科创融合、产融结合，文化遗产地、旅游目的地与人居生活地相得益彰，现代化古典城市风貌独树一帜；浐灞生态区根植于展城一体、产教结合、国际交流，塬上风情与大河风貌相得益彰，生态化古拙城市风貌气势独蕴；国际港务区发轫于中欧国际列车、国际空港、自贸区政策优势，内陆港城市产业园区空间动力机制成形，国际化港城都市风貌简约洗练；经济开发区起势于先进制造业企业聚集和西安城市向北发展机遇，政务商务服务业优势凸显，信息化枢纽城市风貌端庄大气；高新开发区领先于高新技术企业聚集和战略性新兴产业发展要素聚合，现代化时尚都市风貌呼之欲出。

千江有水千江月。在政策引导和市场推动的双向作用下，西安各界自发自觉地开展关于“盛世长安”和“现代西安”的双向城市开发建设实践。天上月，水中月，孰真孰假？古遗址，新胜景，无住无相。每个人心中都有一个“长安”，真实想象“长安”的现代创造本身就是“西安”走向未来的特别行动。

万里无云万里天。在西安市创建“丝路科创中心”和“丝路文化高地”的目标导向下，秦创原创新驱动平台已然吹响冲锋号，计划打造科技经纪人、科学家＋工程师、新双创 3 支队伍，创建陕西高质量发展新引擎。丝路科创中心的载体似乎已有所属，丝路文化高地的旗帜将由谁擎举？

因此，项目基于“盛世长安”与“现代西安”的创世纪发问、思考和实践，探寻无意义的意义，求证偶然中的必然。以“长安美学”变革场景，共创世界主义者的“西安”，构建面向亚欧大陆的国际文化交流中心；以“网络文学”虚拟世界，共享浪漫主义的“长安”，创建突出文化金融、IP 转化功能的知识产权服务中心。

（二）核心策略：求证偶然中的必然

丝路传承，东方风情。

亚欧大陆，丝路传承。汉唐盛世，以音乐性的美为原则，以线的艺术为概念遴选典型文物、文物建筑、非物质文化遗产作品和当代艺术品，理性再发现“人类文明的伟大创造”；面向生活，以中国古代人民劳动和生活智慧的集大成者“二十四节气”为内容载体，提炼节气中的气节，感性再创造“人工智能时代的劳动和生活智慧”。

天际欢歌，东方风情。整合古典文学、戏剧（戏曲）和诗歌三类文化财富，聚焦宏大题材，瞄定网络文学产业界别，以“文学之都”评审标准落位项目产业定位和服务功能：持续创意和举办文学活动与文学节会，促进网络文学作家经纪服务、作品翻译出版、IP 转化、都市娱乐、新媒体传播、商业合作和创新金融服务七个产业链环节耦合共生。

（三）核心产品：永不落幕的丝绸之路博览会

1. 寓情于物

以“出自长安、代表中国、沟通古今、关联世界”为基本原则，首期以西安市及相关区县的国家级物质文化遗产和非物质文化遗产为研究范围，遴选出以雁鱼铜灯、何尊为代表的二十四件文物精品，锁定“文物、文化符号、核心价值、世界语言”四个关键信息，完成关键素材梳理工作（见表 36）。

表 36　“寓情于物”思路

历史时期	文物	出土 / 来源	收藏地点	时代背景	价值使命
新石器时代	鹰形陶鼎	陕西华阴	中国国家博物馆	有别于形制规整的实用器，是远古时期不可多得的雕塑艺术珍品	是原始艺术与实用功能完美结合的典范，是造型艺术的实力展现
新石器时代	人面鱼纹彩陶盆	陕西西安	陕西历史博物馆	仰韶文化也被称为“彩陶文化”，人面鱼纹盆是彩陶的代表作之一	图腾、祭祀、繁衍，萌芽的原始文化
周	“盂”青铜鼎	陕西眉县	中国国家博物馆	早期青铜礼器中的重器	国之重器；册封、忠诚、反思；史料；书法
西周	“虢季子白”青铜盘	宝鸡陈仓	中国国家博物馆	敦厚大方、庄重肃穆的西周神韵	史诗；北方民族关系；文辞（诗经）；书法

续表

历史时期	文物	出土 / 来源	收藏地点	时代背景	价值使命
西周	何尊	宝鸡陈仓	宝鸡青铜器博物院	“何以中国”的历史脉络	“宅兹中国”，最早的中国一词出现；区别于甲骨文和早期金文的“得”，“德”字有心，道德概念初现
西周	“利”青铜簋	陕西临潼	中国国家博物馆	记录见证重要历史事件的国之重宝	上圆下方的形制，是古人天圆地方这种古老观念的体现；武王征商史料，文明探源
战国	错金杜虎符	陕西西安	陕西历史博物馆	调兵的信物，是秦国军权高度集中的象征，执于掌心的千军万马	“符合”一词的本初来源；华夏文明独步天下的军事智慧；缜密周详的国家动员机制；阳刚威武、厚重深沉的民族品格
秦	秦陵铜车马	陕西临潼	秦始皇帝陵博物院	安定四方的始皇巡狩，大秦巅峰的气派与辉煌；复杂的铜车马制造，大秦帝国一统天下的见证	“鞭策”一词对应实物；青铜之冠，精巧青铜制作；大一统的调动与资源整合
秦	跪射武士佣	陕西临潼	秦始皇帝陵博物院	秦朝政治、军事、文化、艺术乃至整个社会发展与变化的缩影	中华文明的精神标识
秦	青铜仙鹤	陕西临潼	秦始皇帝陵博物院	—	鹤鸣九皋，声闻于天；壮志凌霄
汉	鎏金鎏银铜竹节熏炉	陕西兴平	陕西历史博物馆	大汉王室的记忆	熏香，具有净化环境的作用；海上“博山”，求仙长生的希冀
汉	鎏金铜蚕	陕西石泉	陕西历史博物馆	奉农桑，务根本的基本国策	丝绸之路的重要象征和历史见证；“春蚕到死丝方尽”的执着奉献精神；羽化重生的寓意
汉	彩绘雁鱼灯	陕西神木	陕西历史博物馆	巧思与艺术的结合；汉代灯具中的杰作	传神生动的艺术创作；科学巧妙的设计与环保意识
汉	象牙算筹	陕西旬阳	陕西历史博物馆	千年前的“计算器”；劳动人民的智慧；数学史上的里程碑	“筹算”一词的来源；十进位计数法的伟大创造
汉	皇后之玺	陕西咸阳	陕西历史博物馆	汉代皇后玉玺的唯一实物资料	“印信”的逻辑；与“丝绸之路”齐名的“玉石之路”

续表

历史时期	文物	出土 / 来源	收藏地点	时代背景	价值使命
汉	马踏匈奴石雕	陕西兴平	茂陵博物馆	大汉雄风与浪漫主义结合的精品	天马西来；开疆拓土的大汉风采，跃马扬鞭的奋进精神；家国胸怀
西魏	独孤信多面体煤精组印	陕西旬阳	陕西历史博物馆	民族融合	开放隋唐的预演
唐	葡萄花鸟纹银香囊	陕西西安	陕西历史博物馆	大唐遗宝，盛世珍藏	香气四溢绕悬梁，梦回千年见盛唐；丝路香料和金银加工术的交流；陀螺仪技术的西传，大航海时代；长恨歌艺术创造
唐	鎏金舞马衔杯纹银壶	陕西西安	陕西历史博物馆	—	游牧文化的影响；“五花马，千金裘”中舞马实证；包容万邦的气象
唐	镶金兽首玛瑙杯	陕西西安	陕西历史博物馆	—	与古希腊“来通”的东西相望；瑰丽奇特的大唐风情
唐	三彩骆驼载伎乐俑	陕西西安	陕西历史博物馆	浓郁的异域情调，唐三彩艺术的精品	唐代制作工艺发达昌盛的重要物证，丝路交流融合的见证
唐	阙楼仪仗图	陕西乾县	陕西历史博物馆	来自大唐的“照片”，真实的皇族图像记忆	“三出阙”的建筑形式；皇家出朝的仪仗威仪；国际化盛唐长安的开放自信
唐	昭陵六骏	陕西乾县	西安碑林博物馆	驰名中外的石雕艺术珍品	创业维艰的统一；赫赫战功的实物载体；写实浮雕的艺术处理；昂扬向上的时代精神
唐	秘色瓷五曲花口盘	陕西彬县	陕西历史博物馆	美轮美奂，色如烟岚，时代精品	海上丝绸之路；“九秋风露越窑开，夺得千峰翠色来”的唐诗雅韵；China，玉润、如水，君子之德

2. 以物言志

以中国古代延续至今的二十四节气生活智慧知识体系按照“生产方式、生活智慧、生命创意”分层归类“物象”，匹配与之相关描述场景、器物、生命感悟的经典公共文化艺术作品及具有相关价值主张的商业品牌，反向关联“名人、名作、名牌”，为招商和营销工作体系提供依据（见表 37）。

表 37 “以物言志”思路

二十四节气主题	望文生义	以物言志
生产方式	场景 / 器物	公共艺术作品
生活智慧	作品 / 技艺	商业 / 产品
生命创意	适应自然 改造自然 与自然和谐共处	品牌精神

以“文物、文化符号、核心价值、世界语言”4 个关键信息为基准，以“名人、名作、名牌”为研究范围，框定适合战略合作的文化商业品牌、设计符号和文化活动，为设计和品牌宣传工作提供依据（见表 38）。

表 38 “待人接物”思路

选物标准	选人和选品标准	选商标准
出自西安	解读原创意义	逻辑闭合
代表中国	传承美学特征	国际引领
影响古今	渗透当代生活	出乎意料
关联世界	表达东方风情	出神入化

以“丝路传承、东方风情”核心定位为导向，以二十四节气、物候及节气分项对接经纬，形成各环节皆可耦合共生的“内涵式”簇生发展结构，形成螺旋式上升发展永动力，持续整合资源，引领现代西安国际化时尚潮流。

以“时差共鸣、东西互鉴、和而不同、美美与共”为品牌内涵，垂直链接文物信息、艺术品牌理念、商业品牌精神，组合相关可识别要素，完成品牌理念 CI 和视觉 VI 初步规划，指导后续建筑设计、景观设计、环境艺术设计和消费场景设计工作（见图 35）。

图 35 “二十四节气”品牌创想

3. 厚德载物

以“盛世长安”和“未来西安”为双向视角，环状交互布置八大中心节点空间，以“窗含西岭千秋雪，门泊东吴万里船”为概念，构建“阅不尽长安时空流转，看得见世界东方风情”的整体意义框架，纳入集文化生产、生活方式、环境艺术于一身的个体生命意义空间。

资源价值化，溯源中华文明标识大雁塔，提炼“守护共生”的理念，打造生境空间；价值品牌化，基于中国古代建筑构件演化的建筑符号和景观框架，打造画境空间；品牌故事化，围绕“二十四节气”主题，安排商业业态和旅游服务设施，打造意境空间；故事场景化，尊重长安中轴空间礼序，打造序境之美（见图 36）。

图 36　空间形态四维分析框架

4. 格物致知

虚实结合，逆向思考。以“虚无”的“二十四节气”概念为纽带，整合实体业态体验空间；以“竖向”的立体建筑空间为结构，布局景观花园、景观露台、屋顶花园、景观连桥和开放街区，打造创意产业国际候鸟空间站、花园式写字楼和行政公寓融为一体的“城市绿洲”（见图 37）。

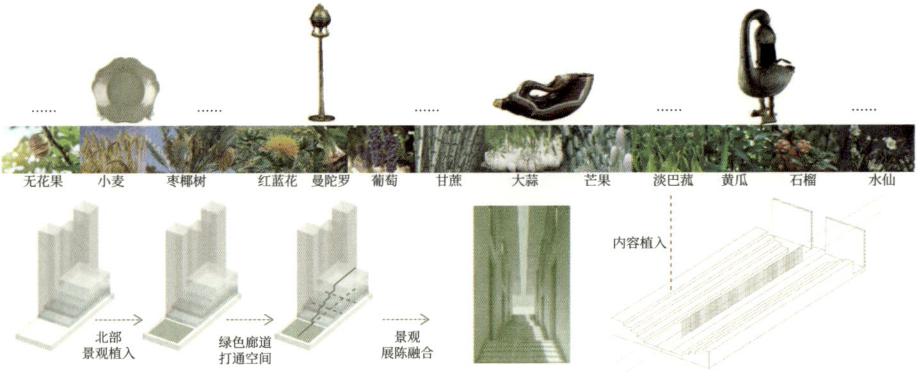

图 37　“植物在丝绸的路上穿行”概念

通过“寄情于物”“以物言志”“厚德载物”“格物致知”4 次提炼转化，为项目创建博物馆馆藏文物、著作权、展览和品牌授权服务平台，打造古都匠造中心；创建数字与艺术创新服务平台，打造数字创意中心；创建钟表、珠宝、汽车和电子产品商业合作服务平台，打造工业设计中心；创建旅游、演艺、媒体和新媒体服务平台，打造都市娱乐中心；创建网络文学作家俱乐部和知识产权服务平台，打造文艺创作中心；创建创新金融服务平台，打造国际商务中心；创建丝路文化教育培训服务平台，打造国际创想中心；创建丝路旅游定制服务平台，打造国际旅居中心。以八大中心为核心产品，创造“永不落幕的丝绸之路博览会”。

（四）空间布局

时间，千年流淌，变的是昼夜、四季与时代，不变的是交替轮回，生生不息；文物，格物致知，变的是形式、媒介与方式，不变的是人们对美、爱情与真理的不懈追求。项目以“丝路天际”为概念，对话“雁塔浮屠”，突出长安古都轴线新地标、丝路古道天际新中心。

1. 外部竖向

将古都长安“百千家如围棋局，十二街如种菜畦”空间礼序和格局进行抽象加工，竖向融入建筑结构，将帝国都城典范的恢弘气势幻化为地标建筑的孤本气质；建筑立面采用横向飘板，转换大雁塔“塔势如涌出、孤高耸天宫”的气势时代语汇；塔楼和商业体块错落堆叠，创造更多弹性空间，嵌入式打造都市绿洲、秘密花园等生态艺术景观（见图 38、图 39）。

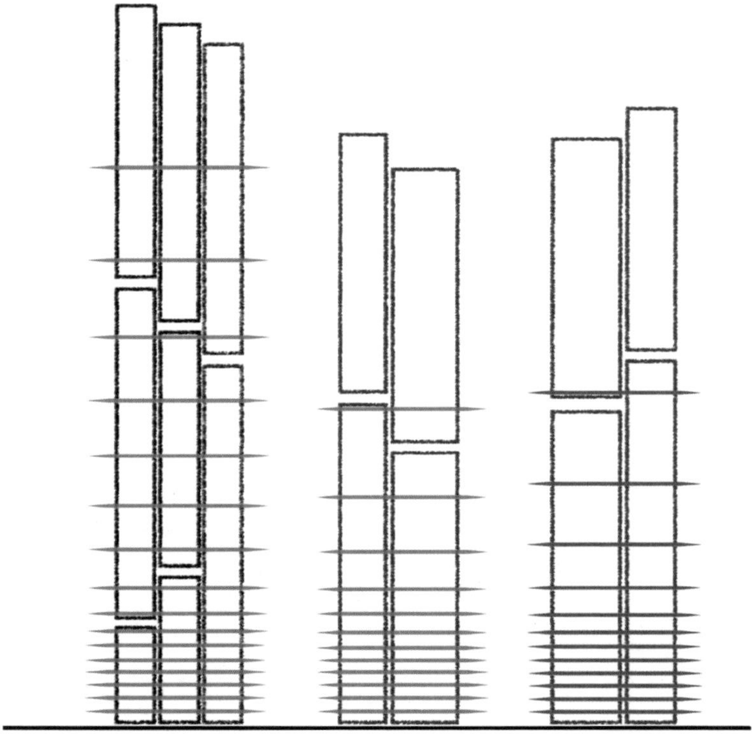

图 38　外部空间雁塔元素的融合

资料来源：陕西华侨城。

图 39　楼设计效果图
资料来源：陕西华侨城。

2. 内部竖向

自底部至顶部，赋予建筑观景、观众、观己、观心、观未来和观天下 6 个层次的体验功能，循序渐进，塑造每个层次空间的场所精神（见图 40）。

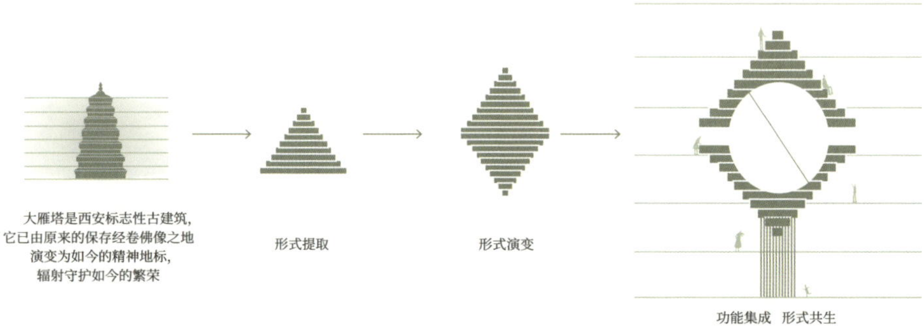

图 40　内部空间雁塔元素的融合

3. 室内焦点

以“天下”为概念，分层创建地表、雨林、空谷、罗盘、云海 5 个主题，并创作五件代表场所精神的公共艺术标识和主题场景，精准匹配相关业态和服务设施，令人在时空游历和探索中持续接受“二十四节气”文化节点的脉冲式消费刺激（见图 41）。

图 41　空间主题与功能

4. 反转都市

在多维视觉空间体验中，消费者在行动的过程中切身感受文化要素的流动和文化能量的守恒，在立体“洄游”的历程中深刻感悟“反转都市”的强烈冲突，在黏性消费、短期驻留和社群营建的进程中自觉感佩于“未来西安创造者”和“今日长安传承者”两股力量双向生产和服务功能的弥合、交融和界限消弭（见图 42）。

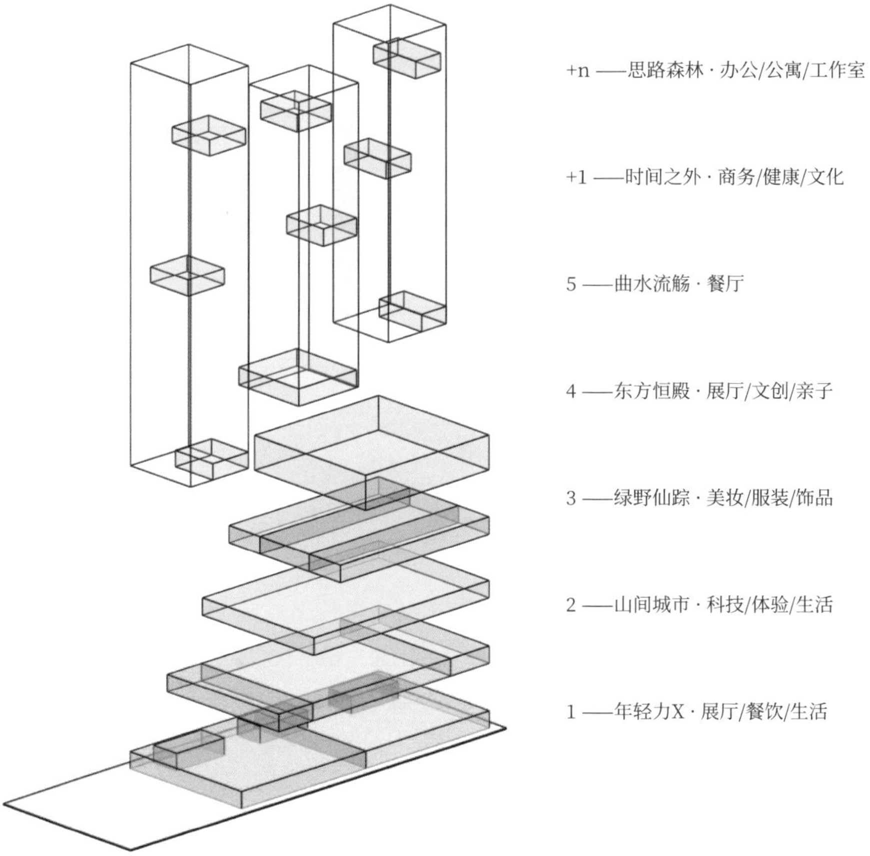

图 42 空间布局

四、合作导引

项目定名为“丝路天际”，取“丝路”之文态、“天际”之形态，面向关中平原城市群、丝路沿线文化城市和创意城市，征集“人工智能时代的二十四节气劳动和生活智慧”及相关博物馆授权、艺术品授权、商业和旅游品牌授权（见表 39）。

表 39　项目合作导引

丝路	天际	国际文化交流中心
文态	形态	业态
汉唐长安	帝国都城典范之礼序	文艺创作中心 国际商务中心 国际创想中心 国际旅居中心
关中平原城市群	人类文明伟大创造之文物	古都匠造中心 数字创意中心
丝路沿线文化城市	丝绸之路东方起点之艺术	工业设计中心 都市娱乐中心

五、借鉴启示

产品即场景，我是谁，谁是我，归去来兮。创建农耕时代和人工智能时代“二十四节气劳动和生活智慧”交互体验空间，形成整体意义框架。

分享即获取，一个人，一城人，有情有义。创建文化生产、生活方式和环境艺术相融共生的空间动力机制，诠释丝路绿洲概念。

跨界即链接，一首诗，一出戏，市民文艺。依托丝路沿线古都文明和特色文化圈层，促进网络文学产业要素集聚（见图 43）。

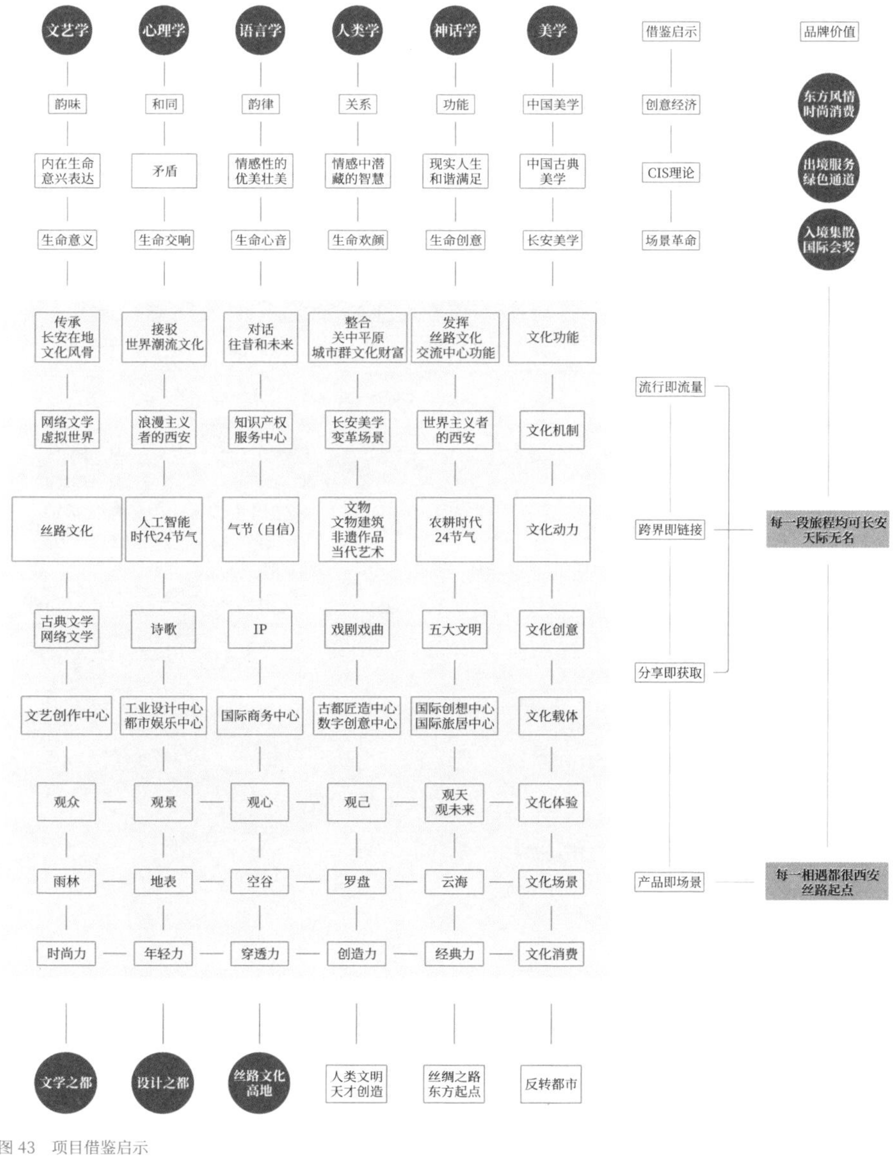

图 43　项目借鉴启示

六、系统观念

丝路起点，“宝马雕车香满路”，项目以“浪漫主义者的西安”兑现“每一次相遇都很西安”的品牌价值。天际无名，“劝君更尽一杯酒”，项目以“世界主义者的世界”承载“每一段旅程均可平安”的服务功能。由此，贯穿创意经济理论、CIS 理论、场景革命工作路径，靶向入境国际会奖旅游、出境旅行绿色通道、东方风情时尚消费 3 项城市文化和旅游服务功能短板，力争实现“古都西安”向“时尚都会”的成功反转。

道	法	术	器	势
核心理念	政策抓手	核心策略	核心产品	借鉴启示
探寻无意义的意义	“一带一路” 国家中心城市 关中平原城市群	丝路传承 东方风情	古都匠造中心 数字创意中心 工业设计中心 都市娱乐中心 文艺创作中心 国际商务中心 国际创想中心 国际旅居中心	产品即场景 分享即获取 跨界即链接 流行即流量

具化形而上的有形

幻化形而下的无形

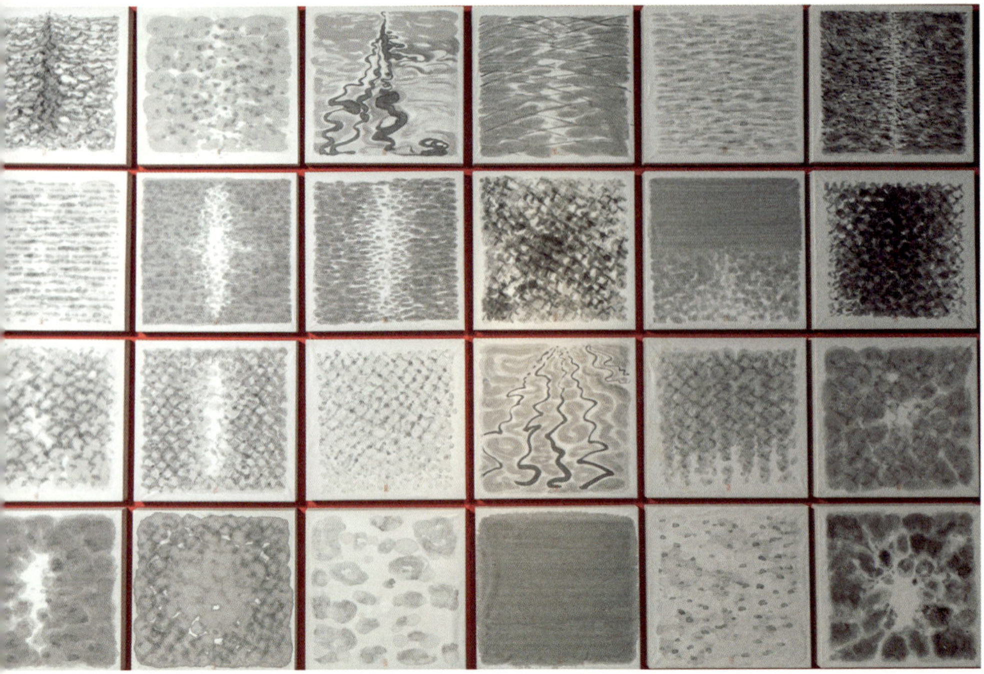

作品名称：《二十四节气》系列

作者：陈九

作品材质及类别：纸本水墨

尺寸：60cm×60cm×24cm

沣东望周

引言

西咸新区是国家第七个国家级新区，是经国务院批准设立的首个以创新城市发展方式为主题的国家级新区。沣东新城是西咸新区下辖的重要板块，总规划面积159.36平方千米，以高新技术和会展业为主，重点发展高新技术研发和孵化、体育、会展商务、文化旅游等产业。

西咸新区沣东文化中心（北区）项目，是西安沣东华侨城发展有限公司（以下简称“沣东华侨城”）创建沣东华侨城文旅融合示范区的扛鼎之作。项目位于昆明五路与沣镐大道交会处、丰镐两京中轴线的两侧，毗邻诗经里小镇、依托沣河大生态、守望镐京大遗址，距离咸阳机场不到30分钟车程，距离阿房宫高铁站5分钟车程，距离西安绕城高速公路5分钟车程。

项目占地面积121亩，规划建筑面积约20万平方米，与华侨城欢乐谷、玛雅海滩水公园、欢乐海岸、创想中心共同形成核心产品组合，联合拱卫一座文化、娱乐、人文、科技的时尚活力之城。

一、项目介绍

（一）项目背景

2019年8月20日，曲江智造在西安华侨城·西咸沣东文化中心总体策划工作竞标中拔得头筹，取得顾问单位资格，首创提出“望周”概念；同年，澳大利亚IAPA设计顾问有限公司在该项目形象先导区建筑设计竞赛中获得设计权；2020年8月31日，

“望周”形象先导区地标建筑正式落成，华侨城当代艺术中心 OCAT 入驻；同年 9 月，“望周”形象先导区地标建筑荣获美国缪斯设计奖“最高荣誉铂金奖”。目前，“望周”已经成功举办“时空回响的碎片”“徒歌”“大地的泛音”等多场艺术展览、城市艺术课等活动，充分表达了其文旅融合、文脉传承、文明对话的发展愿景。

（二）关键问题

项目总体策划工作任务是“命题作文”：一是由企业主体创建并运营城市级“周文化”博物馆；二是由企业主体创建并运营区域级“周文化”图书馆；三是项目要与诗经里小镇、沣河公园、欢乐海岸、欢乐谷、创想中心等项目联动，形成“从文化引领、旅游吸引至新兴产业聚集发展”的城市级“文化生产线”，赋能大西安现代都市发展轴。

靶向目标任务，总体策划工作组经过系统梳理，提出“以地产开发收益实现公共文化服务设施投资平衡、以商业运营收益实现公共文化服务设施运营平衡”的开发思路及三大关键问题，具体如下：

1. 如何认知周文化的核心价值？

和周。

若论周、秦、汉、唐四大盛世的核心价值，陕西省旅游协会创新研究分会顾问白玉奇老师关于“和周、强秦、雄汉、盛唐”的立意可谓精准。周文化，“和天下”。礼尚往来，礼义生利，礼利后嗣。

周朝是中国历史上第三个朝代，西周从周武王传至周幽王，共经历十一代十二王（周公旦代理成王 7 年）275 年。文王图治，推演《易经》，建立丰邑。武王伐纣，克商建周，营都沣镐。

中国历史进程中的西周时期，在各方利益、实力、理念不一致的时代背景下，造就了“政权 + 神权 + 族权”结合的分封制和宗法制，成就了“青铜时代”极丰富的物质文明和精神文明，翻开了中华民族“礼乐文明”的历史篇章，种下了“天下观”与“和文化”的中华文明基因。

2014 年 3 月 27 日，习近平主席在联合国教科文组织总部发表演讲，向世界深刻阐述了“文明因交流而多彩，文明因互鉴而丰富”的文明观，站在全人类高度提出了“人类命运共同体”的大同愿景。天下一家，追求“和睦、和谐、和平”的价值观古今传承。

2017 年 12 月 28 日，习近平主席在接见 2017 年度驻外使节工作会议与会使节时明确提出：放眼世界，我们面对的是百年未有之大变局。21 世纪以来，一大批新兴市场国家和发展中国家快速发展，世界多极化加速发展，国际格局日趋均衡，国际潮流大势不可逆转。天下大同，讲究“尊重差异、求同存异、和而不同”的价值观达成广泛共识。

通过对比分析周文化生成的历史背景与当代“百年未有之大变局”的时代背景，建议项目甄选中华文明基因“天下观”与“和天下”，响应“人类命运共同体”发展愿景，立意于国际文化交流和世界文明互鉴，高举高打，在全国范围内引领示范“互联网 + 中华文明”行动计划。

2. 如何建立“周文化”的现代识别系统？

周游。

强秦以其“世界第八大奇迹”兵马俑，昭示着中国在现实主义美学领域的开宗贡献，强者的孤独与智者的细腻相融并济，极大地满足了中外游客对“新知”的追求，经过多年推动，旅游度假区格局初成；雄汉以“丝绸之路”架设了东西方文明互鉴的桥梁和纽带，国家“一带一路”倡议进一步促进了沿线国家关于“创新、协调、绿色、开放、共享”新发展理念的共识；盛唐以浪漫主义诗歌、书法和绘画触及了世界浪漫主义文学和美学的极峰。西安市先后以“三唐工程”、唐乐宫、华清池《长恨歌》、大雁塔和曲江新区等项目和片区为抓手，持续推动“隋大兴唐长安城遗址保护”工作，高度实现了大众消费以“盛唐文化”为主题的审美共鸣、文化共情与城市共振。

和周，以丰镐大遗址构建了中国城市平面布局的总规制和现代城市总体布局的典范，奠定了“和天下”的周礼文化；同时，又以《诗经》中的“恋歌”和咏叹，奠定了中国诗的基础及其以抒情为主的基本美学特征，衍生了“赋、比、兴”的美学原则并影响至今。

通过对比分析古都西安周、秦、汉、唐四大盛世的巨大贡献，建议项目以“周游”为主题，依托沣镐大遗址、沣河大生态、诗经大经典、市民大文艺、数字大未来、文旅大消费，甄选“中国城池史”和“美学赋比兴”两大题材，开创现代识别系统，建设未来文化遗产。

3. 如何构造“周文化博物馆 + 图书馆 + 生产线”的空间发展动力机制？

礼周。

中华礼乐文明，起始于周公制礼作乐。《礼记 · 乐记》有云：“乐者，天地之和也；礼者，天地之序也。”《孟子 · 公孙丑上》有云：“见其礼而知其政，闻其乐而知其德。”《孝经》有云：“移风易俗，莫善于乐；安上治民，莫善于礼。”礼乐文明中所蕴含的秩序伦理与和谐理念，既有内在的源于自觉意识的道德规范，又有外在的带有约束性的行为规范，其目标是全社会稳定有序。

通过综合分析“和周”隐性文化与“周游”显性文化的利用方式，建议项目以“礼周”为主题，分别以周文化博物馆、图书馆和未来社区承载国际文化交流和世界文明互鉴、文明城市形象窗口和市民文艺潮流策源三项主体功能。

“赋者，敷也，敷陈其事而直言之者；比者，以彼物比此物也；兴者，先言他物以引起所咏之词也。”建议项目以“恋歌”为概念，赋意周文化图书馆，以“雅”与诗经里小镇的“风”建立联系，可谓“赋”；以“咏叹”为概念，赋能周文化博物馆，以“颂”与镐京遗址建立联系，可谓“兴”；以“圆舞曲”为概念，赋形周文化未来社区，

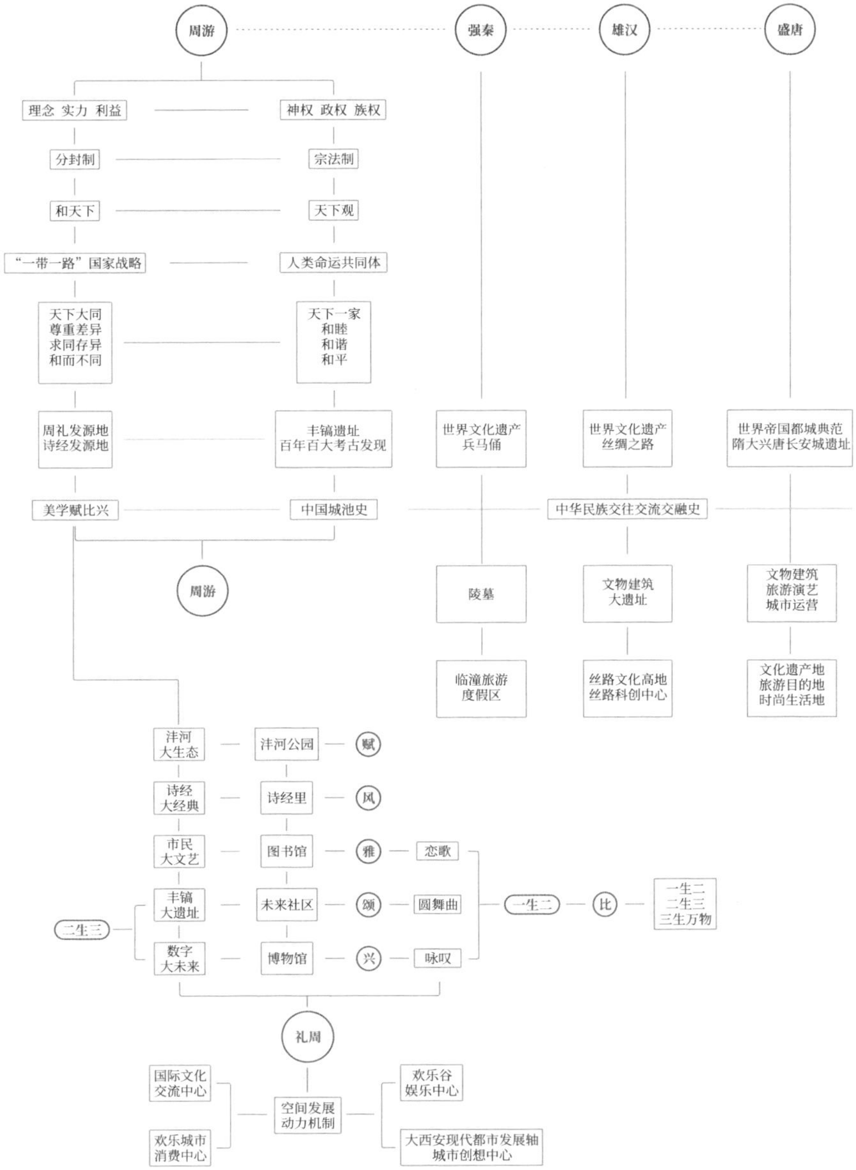

图 44 "和周—周游—礼周"思维逻辑图

促进项目以东西向轴线发展要素的流动和优化组合，完成“周文化图书馆—周文化博物馆—周文化未来社区”空间发展动力机制的构造，印证“一生二、二生三、三生万物”的发展规律，可谓“比”。

综上所述，以三大关键问题为导向，初步梳理完成以“和周—周游—礼周”为主线的思维导图（见图 44），以“周文化国际交流中心—欢乐城市消费中心—欢乐谷娱乐中心—大西安现代都市发展轴城市创想中心”为引擎的现代文化空间发展动力机制，靶向“丝路文化高地”城市主体功能落位，促进中省市外事活动和民间文化交往活动城市服务功能升级。

二、政策索引

（一）文物保护利用改革

2016 年，国务院发布《关于进一步加强文物工作的指导意见》，提出六大拓展利用方向：一是为培育和弘扬社会主义核心价值观服务；二是为保障人民群众基本文化权益服务；三是为促进经济社会发展服务；四是大力发展文博创意产业；五是为扩大中华文化影响力服务；六是合理适度利用。

2018 年，中共中央办公厅、国务院办公厅印发《关于加强文物保护利用改革的若干意见》，提出 16 大主要任务：一是构建中华文明标识体系；二是创新文物价值传播推广体系；三是完善革命文物保护传承体系；四是开展国家文物督察试点；五是建立文物安全长效机制；六是建立文物资源资产管理机制；七是建立健全不可移动文物保护机制；八是大力推进文物合理利用；九是健全社会参与机制；十是激发博物馆创新活力；十一是促进文物市场活跃有序发展；十二是深化“一带一路”文物交流合作；十三是加强科技支撑；十四是创新人才机制；十五是加强文物保护管理队伍建设；十六是完善文物保护投入机制。

2019 年，国家文物局组织编制《博物馆馆藏资源著作权、商标权和品牌授权操作指引（试行）》，明确了“坚持把社会效益放在首位、社会效益和经济效益相统一”的基本原则，并指出：加强文物保护利用和文化遗产保护传承，充分利用市场规律和各项政策，不断激发博物馆的活力，推动文化事业和文化产业发展。

（二）实体书店扶持

2013 年，原国家新闻出版广电总局和财政部办公厅首次联合发布通知，在北京、上海等 12 个城市试点，给予实体书店奖励扶持，并于 2014 年向 56 个实体书店发放共计 9000 万元的中央文化产业发展专项资金。

为进一步推动实体书店发展，2016 年 6 月 16 日，中宣部、原国家新闻出版广电总局和国家发展改革委等 11 部门联合印发《关于支持实体书店发展的指导意见》，重点提出完善规划和土地政策、加强财税和金融扶持、提供创业和培训服务、简化行政审批管理、规范出版物市场秩序 5 项政策措施，鼓励实体书店改革创新。

截至 2021 年年初，全国共有 21 个省级行政区出台了关于支持实体书店发展实施意见的政策文件，重点在网点拓展、业务创新、智慧发展、财政支持、场地落实、创业支持、政务简化、市场规范、组织实施等方面积极践行。

（三）未来社区

2019 年，浙江省政府印发《浙江省未来社区建设试点工作方案》，将未来社区定义为聚焦人本化、生态化、数字化三维价值坐标，以和睦共治、绿色集约、智慧共享为内涵特征，突出高品质生活主轴，构建以未来邻里、教育、健康、创业、建筑、交通、低碳、服务和治理等九大场景创新为重点的集成系统，打造有归属感、舒适感和未来感的新型城市功能单元。并明确 9 大主要任务：一是打造未来邻里场景；二是打造未来教育场景；三是打造未来健康场景；四是打造未来创业场景；五是打造未来建筑场景；六是打造未来交通场景；七是打造未来低碳场景；八是打造未来服务场景；九是打造未来治理场景。未来社区建设是浙江省在新发展阶段，省委省政府为推进城市更新，实现“人民美好幸福家园”决策而部署的创新举措。

三、谋划布局

（一）总体思路：行归于周，万民所望

望周。

小雅・都人士

彼都人士，狐裘黄黄。其容不改，出言有章。行归于周，万民所望。

彼都人士，台笠缁撮。彼君子女，绸直如发。我不见兮，我心不说。

彼都人士，充耳琇实。彼君子女，谓之尹吉。我不见兮，我心苑结。

彼都人士，垂带而厉。彼君子女，卷发如虿。我不见兮，言从之迈。

匪伊垂之，带则有余。匪伊卷之，发则有旟。我不见兮，云何盱矣。

行归于周，万民所望。项目策划工作明确“望周”一个总体思路，以周文化在物质文明、精神文明、制度文明三个层次所创造的人类文明成果为选题，结合现代消费业态，靶向美学艺库、东方经典书库、礼乐文明图库、华夏智慧智库 4 个公共文化服务功能，提出古拙天真、文以载道、小国寡民、经世致用 4 个文化要素识别关键词，建构了集文化财富、文化意向和文化功能于一身的总体思路框架，旨在满足广大市民和游客凝望周文化美学、瞻望周文化经典、守望周文化根脉、博望周文化未来的需要（见表 40）。

表 40　总体思路框架结构

望周				
文化财富	凝望	瞻望	守望	博望
	物质文明	精神文明	制度文明	轴心时代元典城市
	青铜时代	诗书礼易	宗法制与分封制	华夏智慧
	狞厉美学	东方经典	礼乐文明	儒道互补
	青铜器	诗经 尚书 礼记 易经 论语 道德经	小国寡民 仁义礼智信 天人合一 君权神授	儒家 道家 道教
文化意向	古拙天真	文以载道	小国寡民	经世致用
文化功能	美学艺库	东方经典书库	礼乐文明图库	华夏智慧智库

（二）核心理念：文以载道，经世致用

载周。

梳理文化财富的历程正所谓“文化苦旅”，直须刨根问底；输出文化意向和功能的过程又可谓“文以载道”，务必经世致用。项目以文化功能为导向，以旅游凝视理

论为依据，在“和周”文化浩瀚海洋中独取一瓢饮，构建文化机制，凝练文化价值。同时，必须构建文化机制，兑现文化价值，促进文化消费，赓续文化使命。“望周”固然重要，“载周”更为可贵。

以虚务实：以非物质文化遗产作品和技艺展示为窗口，回顾物质文化遗产环境、文物信息、保护和利用工作成果、创造性发展实践成果，创建美学艺库。

以新博古：以“数字国图”计划为引导，创建古籍检索中心、传世经典图书全版本博览空间和古旧书店。

以利说理：讲述经典故事、礼制仪轨和文化遗产背后的实力抗衡、利益角逐故事，以及礼乐文明形成和演进的动力机制，创建礼乐文明图库。

以外观内：以国际汉学家为主导，创建东方智慧智库（见表 41）。

表 41　核心理念框架结构

望周				
文化财富	凝望	瞻望	守望	博望
	物质文明	精神文明	制度文明	轴心时代元典城市
	青铜时代	诗书礼易	宗法制与分封制	华夏智慧
	狞厉美学	东方经典	礼乐文明	儒道互补
	青铜器	诗经 尚书 礼记 易经 论语 道德经	小国寡民 仁义礼智信 天人合一 君权神授	儒家 道家 道教
文化意向	古拙天真	文以载道	小国寡民	经世致用
文化功能	美学艺库	东方经典书库	礼乐文明图库	华夏智慧智库

续表

望周				
文化机制	以虚务实	以新博古	以利说理	以外观内
	以非物质文化技艺展演物质文化遗产故事，以物质文明阐释精神文明，创建美学艺库	以“数字国图”计划为引导，创建古籍检索中心、传世经典图书全版本博览中心、古籍书店	揭秘礼乐文明形成和演进的动力机制，创建礼乐文明图库	以国际汉学家为主导，创建东方智慧智库
文化价值	创造	溯源	明理	聚变
文化消费	时尚消费	在线消费	新媒体消费	MICE 会奖旅游消费
文化使命	载誉	载途	载道	载德
载周				

（三）核心策略：以物化形，以技丰产

“周”转。

文旅融合策划需要精准研判核心策略，以物质文化遗产梳理、评价和转化为主线，结合地方传统经典产业，以物化形，以“大文化”促进文化财富生产性保护；以非物质文化遗产梳理、评价和转化为辅线，结合地方战略性新兴产业，以技丰产，以“大创意”促进战略性新兴产业创造性发展。全方面系统把握项目发展要素，策动资源，把握“拐点”、促进“周转”，让要素在流动中提升单元效率、组合几率和优化功率，方能提高项目整体成功概率。

1. 物质文化遗产

项目甄选 8 件具有典型性的国家级文物（见表 42），解析文物信息中所蕴含的原初意义和时代价值。以物言志，原创文物所承载的当代使命和未来愿景，提炼文物本体可识别要素。以物化形，精准配型应用场景，赋意场所精神，指导专项设计。

表 42　西周物质文化遗产清单

文物选型	文物级别	馆藏	可识别要素	应用场景
多友鼎	国家 一级文物	陕西历史博物馆		会议中心
“利”青铜簋	国家 一级文物	中国国家博物馆		会议中心
五祀卫鼎	国家 一级文物	陕西历史博物馆		文化产权交易所
牛尊	国家 一级文物	陕西历史博物馆		宴会中心
何尊	国家 一级文物	宝鸡青铜器博物院		宴会中心
墙盘	国家 一级文物	宝鸡青铜器博物院		亲子教育
大克鼎	国家 一级文物	上海博物馆		博物馆
石鼓	国家 一级文物	北京故宫博物院		教培中心

2. 非物质文化遗产

项目系统梳理陕西省范围国家级非物质文化遗产 91 项，重点锁定 13 项（见表 43）。

表 43　国家级非物质文化遗产清单

名称	类别	申报地区
同盛祥牛羊肉泡馍制作技艺	传统技艺	陕西省 西安市
澄城刺绣	传统美术	陕西省 澄城县
汉调桄桄	传统戏剧	陕西省 汉中市
（眉户） 华阴迷胡	传统戏剧	陕西省 华阴市
同州梆子	传统戏剧	陕西省 大荔县
紫阳民歌	传统音乐	陕西省 紫阳县
白云山道教音乐	传统音乐	陕西省 佳县
凤翔泥塑	传统美术	陕西省 凤翔县
安塞腰鼓	传统舞蹈	陕西省 安塞县
洛川蹩鼓	传统舞蹈	陕西省 洛川县
洋县悬台社火	民俗	陕西省 洋县
陕北说书	曲艺	陕西省 延安市
眉户曲子	曲艺	陕西省 鄠邑区

资料来源：中国非物质文化遗产网。

3. 战略性新兴产业

项目所在地西咸新区沣东新城是西安市创建国际化大都市的重要承载地，高新技术产业、战略性新兴产业是支撑全域乃至西安市经济发展的重中之重。因此，项目的首要任务是以文化的力量感召吸引高新技术和战略性新兴产业人才落户、企业聚集，促进文化与科技融合、生产与生活融合、经典与未来融合。

2017 年 1 月，为贯彻落实《“十三五”国家战略性新兴产业发展规划》，引导全社会资源投向，国家发展改革委同相关部门组织编制了《战略性新兴产业重点产品和服务指导目录（2016 版）》，涉及战略性新兴产业五大领域 8 个产业 40 个重点方向下的 174 个子方向近 4000 项细分产品和服务。

项目规划以物质文化遗产保护和利用为导向，创建基于 IP 产业链集成运营的泛都市娱乐业引擎项目；以非物质文化遗产生产性保护为导向，创建风景园林式创意园区；以战略性新兴产业集聚发展为导向，创建未来社区，创新九大场景（见表 44）。

表 44　项目产业协同发展模型

<table>
<tr><th>九大场景</th><th>物质文化遗产保护和利用</th><th>非物质文化遗产生产性保护</th><th>战略性新兴产业</th></tr>
<tr><td>创意场景</td><td>文物</td><td>传承人及其代表作品</td><td>数字文化创意
技术装备
软件
内容制作
新媒体</td></tr>
<tr><td>服务场景</td><td>博物馆</td><td>技艺和器物</td><td>工业设计
内容应用服务</td></tr>
<tr><td>交通场景</td><td rowspan="2">文物建筑</td><td rowspan="2">生产方式</td><td rowspan="2">人居环境设计</td></tr>
<tr><td>建筑场景</td></tr>
<tr><td>健康场景</td><td rowspan="2">大遗址</td><td rowspan="2">生活方式</td><td rowspan="2">研发服务</td></tr>
<tr><td>低碳场景</td></tr>
<tr><td>教育场景</td><td>遗址公园或考古遗址公园</td><td>历史经典产业</td><td>知识产权服务</td></tr>
<tr><td>邻里场景</td><td rowspan="2">文化遗产地</td><td rowspan="2">人居示范地</td><td rowspan="2">双创服务</td></tr>
<tr><td>治理场景</td></tr>
</table>

（四）核心产品：望周

通过梳理相关物质文化与非物质文化资源，综合研判文博产业与文旅产业融合的发展趋势，因势利导，项目整体定性为文博创意园区，案名建议为“望周台”。经过沣东华侨城审慎研判，明确四大开发原则：

一是顶层策划与落地实践相结合。基于“周游”全域发展确定先导区选址。

二是片区规划与点状实践相结合。基于“望周”总体思路确定形象先导区建筑设计。

三是高位谋划与基层实践相结合。基于“望周”形象先导区空间载体先行先试关于美学艺库、东方经典书库、礼乐文明图库和华夏智慧智库的文化讲堂、艺术展览、国际交流活动，在对话和沟通的动态过程中寻找共识、表达共识、强化共识、落实共识。

四是团队刻画与个人实践相结合。基于动态开发过程的人流、信息流、意识流等，持续建设文旅融合核心运营团队。

文旅融合产品是奢侈品，运营团队必须兼具科学的认知能力、企业的运营能力和艺术的品鉴能力，要对个人职业发展负责、对拥有参与项目的历史机遇负责、对所运用的历史文化资源负责。

——沣东华侨城副总经理　张红林

1. 形象先导区 · 望周

目前，“望周”形象先导区已经建成，建筑定性为历史文化建筑、当代艺术建筑，建筑设计通过对周朝建筑的深入解读，以一块坐落在草坡上的历史碑石为概念，寓意对“周”历史文化的回望。建筑本体以极简线条回应总体策划方案中“寂美”的意向，以内外光影对建筑的动态“雕刻”体现总体策划方案中“和周”的理念（见图 45、图 46）。以公共艺术和公知教育提前介入，持续沉淀文化和艺术资产。

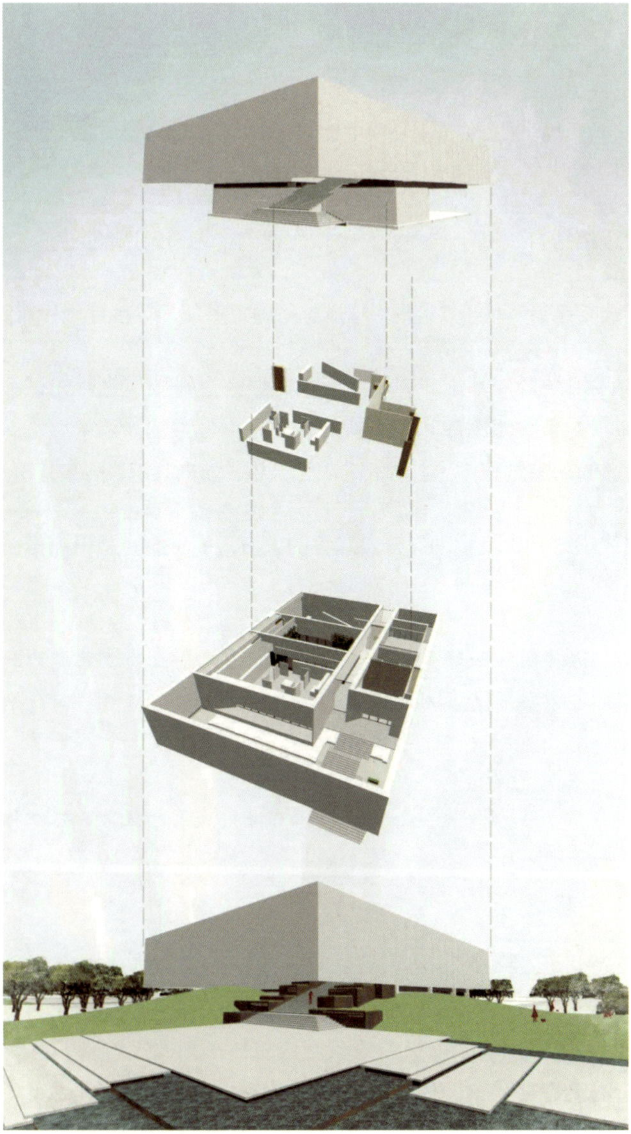

图 45　望周形象先导区模型图

资料来源：沣东华侨城。

图 46　望周实景图

图片来源：沣东华侨城。

2. 周文化主题图书馆 · 阅周

图书馆位于博物馆与诗经里小镇之间，向东则进入“文化朝圣”的殿堂，向西则逍遥漫步进入“文化小镇”的尘世。文化圣殿需要源源不断的内容供给和产业链支撑，文化小镇需要生生不息的生活方式型旅游企业供养和循环经济支撑。处于中间位置的图书馆，需要解决文化生产线、艺术生产力、品牌发展力的深层次问题，补齐生活消费业态、生产服务要素和商业服务场馆三大缺项。

图书馆定位为数字出版产业孵化器，以“数字国图”古籍检索中心、古籍书店、文化产权交易所为三个抓手，竖向建构“阅周”立体体验空间，打造成为国家级数字出版产业示范基地（见表 45）。

一层建议为“古籍缮本 · 数字检索”主体功能区，以“石鼓”的文化内涵起兴，不定期举办汉字设计专题展览，提供藏品、阅读、知识付费、在线教育、论文的数字检索服务，并设置古旧书屋、线装书店、金石书画、茶室、轻餐等经营业态。

二层建议以国际汉学经典起兴，设置“最美的书”专题展览，承担中华经典、国际汉学、史地文哲、音乐美术、艺术设计图书的展销功能，以“世界最美的书”年度专题展览起兴，以“设计改变生活”为概念，整合艺文书店、咖啡酒廊、文创商品、画廊餐厅、景观阳台等生活美学业态。

三层建议以“礼乐教坊”为概念，以中国童话绘本起兴，开办“诗歌的样子”专题展览，承担中华童话、国际绘本、诗歌童谣、音乐美术、玩具手工图书展销功能，并整合各类音乐、美术、科学教育培训机构聚集，配套成长中心、美术教室、文具商店、健体中心、探索中心等亲子教培机构。

顶层为空中花园，设置亲子花园餐厅业态。地下为采用自然采光的小剧场及管理办公用房等。

表 45　周文化主题图书馆功能设计

分层	关键要素	空间载体	实物载体	主要功能	分层主题	配套业态
一层	数字国图	数字图书馆	石鼓	汉字设计专题展览，并提供藏品、阅读、知识付费、在线教育等服务	层的艺术	会议室、小型展场、多功能厅、联合办公、咖啡、茶、简餐、短期驻留
二层	古籍缮本	古籍书店	四书五经	中华经典、国际汉学、史地文哲、音乐美术、艺术设计图书	最美的书	古旧书屋、线装书店、金石书画、茶室、轻餐、艺文书店、咖啡酒廊、文创商品、画廊餐厅、景观阳台
三层	文化产权交易	商务中心	论坛学宫	中华童话、国际绘本、诗歌童谣、音乐美术、玩具手工图书	诗歌的样子	成长中心、美术教室、文具商店、健体中心、探索中心等亲子教培机构；顶层为空中花园，设置亲子花园餐厅

3. 周文化主题博物馆 · 礼周

周文化主题博物馆遵循西汉以前高古礼序“以东为上”，成为项目面向镐京大遗址的“龙头”，其文化意向、建筑风貌、主体功能都呼应和支撑“望周”主题，主展策展纲要详见表 46。

表 46　周文化主题博物馆主展策展纲要

关键要素	实物载体	当代价值	主要功能	分层主题	外部资源
中国第一个“京”	大遗址	城市建设	大遗址沙盘演示、考古文献展览、走进大遗址研学旅游	顶流 天子六驾 时尚生活	镐京车马坑出土文物 《时尚》
中国第一座城市	中国城池	城市建设 / 管理 / 运营 / 服务	中国城池史研究和展示、西周史学研究和展示、中国城池数字内容创意和应用	中坚 九州风物 钟鸣鼎食	中国城防联合申遗
中国第一个“中国”	何尊	美学 / 世界观 / 人类命运共同体	数字创意内容应用、非物质文化遗产生产性保护示范、工业设计 / 人居示范设计成果展示和应用	基石 宅兹中国 礼乐东方	文物何尊 许倬云《西周史》

图 47　西咸沣东文化中心效果图

资料来源：沣东华侨城。

(五) 空间布局：和周

周文化艺术主题社区东西接驳博物馆及图书馆，全程连通，形成地下通道、地面廊道、顶面花园3个层次的立体空间（见图47）。空间上划分为“市”主题内街、“台”主题外街和“宅”主题社区，强化“产业孵化”“城市舞台”和“人居示范”3大概念和功能。设计中将以竖向LOFT和横向SALON弹性空间组合为特色。LOFT可竖向切分单元，拥有完整的自然采光地下空间、仓储式一层空间，魔方式二层空间及顶楼天街独立露台。SALON可横向组合二层、局部三层及顶楼天街露台。

“市”主题内街配套生活服务、商务服务、旅游服务功能，满足在地产业人群、居住人群、旅游人群早市、午市、夜市等不同场景下的消费需求，通过天街串联形成24小时综合配套服务。

“台”主题外街南侧入口设立OCAT艺术馆，聚焦造型艺术、新媒体艺术、数字创意研究与国际资源整合，复合地下交通枢纽公共画廊及国际人才公寓会所功能，并力邀非国有博物馆落户，复合茶馆、餐厅、酒馆、民宿等功能，实现展示、会客、款待（食宿）及礼遇（会务）多元复合功能。

“宅”主题社区以主题酒店式公寓为主体功能，配套艺术工坊，针对高古级藏家、艺术家、学者、企业家定制空中院落，打造具有“传家”价值的人文行馆，项目将突出“空中合院”一梯一户概念，可独享“归心”之静好，结合立体街坊式构造，可分享“交心”之众乐，满足居住、工作、收藏、社交等场所需求。

四、合作导引

成周。

周人起源之地为“宗周”，丰镐二京都城所在之地为“成周”。基于“成周”文化共同体的发展理念，本着“成事在人”的人文思想和“成人之美”的社群服务理念，望周台必将成为更多企业及个人高光时刻的服务者、支持者和见证者，也必将因此成就自身品牌。

政策导向　基层首创

文博产业创意园区

事业导向　央地合作

守望历史望周台

创想生活华侨城

产业导向　彼此成就

成就望周台

Enjoy the perfect moment in the Joy resort

基于出版数字化、文博科技化、艺术生活化、创意产业化、品牌个性化五大原则，着眼于《乐记》美学思想所涵盖的音乐、诗歌、舞蹈、绘画、雕镂、建筑、仪轨、田猎、肴馔九大艺术领域，项目将会在舞台表演、经典著作、数字创意、文博科技、艺术设计、出版传媒、影视动漫、会议展览、体育休闲、酒店餐饮十个产业界别衍生大量合作和发展机会，力争打造城市大舞台、促进经典永流传（见表 47）。

表 47　合作导引

功能分区	设计概念	艺术合作领域	产业合作领域
博物馆公园	咏叹	音乐、建筑、仪轨、绘画	舞台表演、数字创意、文博科技、会议展览
开放街区	圆舞曲	舞蹈、雕镂、肴馔	艺术设计、体育休闲、酒店餐饮
图书馆广场	恋歌	诗歌、田猎	经典著作、出版传媒、影视动漫

五、借鉴启示

本项目聚焦“文博产业创意园区”定性和相关定位，整合文化生产、创意生活和环境艺术三条主线资源，完成了产品模型策划和设计整体框架，对于历史场景生活化、文物信息产品化、创意产业人文化具有借鉴意义。

六、系统观念

项目系统梳理了相关的物质文化、非物质文化可识别要素，瞄定战略性新兴产业相关界别，构建“文博产业创意园区”整体结构，明确博物馆公园、开放街区、图书馆广场三大功能分区，分解市、台、宅三类空间单元，分层落实基于 IP 产业链集成运营的泛都市娱乐业引擎、风景园林式创意园区和未来社区三个属性和九类场景，是未来社区的垂直延展创新实践。

道	法	术	器	势
核心理念	政策抓手	核心策略	核心产品	借鉴启示
行归于周 万民所望	文物保护利用改革 实体书店扶持 未来社区	以物化形 以技丰产	望周 阅周 礼周	文博产业创意园区

面对大遗址，置身于宏大史地场域中，
于无声处听惊雷，于无形中知气象。
面对大生态，置身于阔景诗画长卷中，
于无序中立景序，于无限中惜有限。
面对大时代，置身于先知理性光芒中，
于无情中道有情，于无畏中知敬畏。

无声、无形、无序、无限，一片混沌。
有道、有序、有福、有情，无限光明。

作品名称：混沌

作者：周德忠

尺寸：3m×2.5m

历史文化名城（镇、村）· 神游

2001年，中国加入世界贸易组织（World Trade Organization），成为WTO第143个成员国家。截至2021年年底，历时20年，中国推动了多边贸易体制的发展，改变了全球经贸体系，为世界经济繁荣做出了突出贡献，在对外开放中展现了大国担当。总结过去，从碰撞走向融入；面向未来，从融入走向互动。

2003年至今，住房和城乡建设部、文物局共同评定七批312座中国历史文化名镇（见表48）、487座中国历史文化名村。伴随经济发展浪潮，关于社会矛盾、文化价值、生活方式等方面的思想浪潮此起彼伏。为了“固本”，一系列关于历史文化名城（镇、村）的“保卫战”打响。

2020年，《国家新型城镇化规划（2014—2020年）》完美收官，在工业化、现代农业化、新型城镇化、信息化4个方面的规划指标如期达成，景德镇陶溪川、无锡田园东方综合体、杭州良渚文化村、杭州西湖云栖小镇等项目起到了良好的引领示范作用。

2016—2020年，国家发展改革委、财政部、住房和城乡建设部共同发起、推动和评定两批共406座特色小镇（见表49）。从基层实践的角度看，此举应为国家推动《国家新型城镇化规划（2014—2020年）》普及、深入和催化的一次“行动”，切实起到了聚焦、集结和战略落地的作用。

正如安仁论坛，创始于2016年，由国务院参事室主办，成都市人民政府、华侨城集团协办。对标博鳌论坛，聚焦新型城镇化。连续6年，分别以“文化与新型城镇化”“发展中的特色小镇”“新时代与特色文化小镇”“新型城镇化与乡村振兴”“新型城镇化与康旅产业”“新发展格局下的乡村振兴”六个课题展开政策与市场的对话和沟通。

同期，曲江智造发起创办了中华文化促进会文化名镇协作体（2019年更名为“中华文化促进会文化城镇协作体”），重点关注传统文化赓续、生活方式延续、特色产业承续的中国历史文化名镇和特色小城镇。2018年至今，已经连续举办四届中华文化促进会文化城镇博览会，成为华侨城集团“文化+旅游+新型城镇化”战略实践成果的年度展示平台、中华文化促进会文化城镇协作体会员单位的要素流动通道、轮值小镇的招商引智窗口、政产学研高效合作的价值链接基质。

城市让生活更美好，乡村让美好更鲜活。城乡统筹，统筹的是产业、土地、资本、信息和人力资源五项要素；统筹的是业态、人脉、地脉和文脉四种律动；统筹的是家国同构、家城共建和家业比兴三项机制；统筹的是未来社区、幸福社区、理想社区三类范式；统筹的是中国4亿流动人口的生产方式、生活方式和生态资源。

综上所述，在城市、小镇和乡村构成的空间动力机制中，小镇承上启下，以产业转移落实人的城镇化，意义重大，使命必达。

表 48 国家历史文化名镇名录

地区	国家历史文化名镇
辽宁省（4）	东港市孤山镇、海城市牛庄镇、绥中县前所镇、新宾满族自治县永陵镇
吉林省（2）	吉林市龙潭区乌拉街镇、四平市铁东区叶赫镇
黑龙江省（2）	海林市横道河子镇、黑河市爱辉镇
北京市（1）	北京市密云区古北口镇
天津市（1）	天津市西青区杨柳青镇
山西省（15）	平定县娘子关镇、襄汾县汾城镇、汾阳市杏花村镇、临县碛口镇、灵石县静升镇、曲沃县曲村镇、寿阳县宗艾镇、天镇县新平堡镇、阳城县横河镇、阳城县润城镇、翼城县西阎镇、泽州县大阳镇、泽州县高都镇、泽州县周村镇、长治市上党区荫城镇
河北省（8）	永年县广府镇、邯郸市峰峰矿区大社镇、井陉县天长镇、涉县固新镇、蔚县代王城镇、蔚县暖泉镇、武安市伯延镇、武安市冶陶镇
内蒙古自治区（5）	内蒙古自治区多伦县多伦淖尔镇、内蒙古自治区丰镇市隆盛庄镇、内蒙古自治区喀喇沁旗王爷府镇、内蒙古自治区库伦旗库伦镇、内蒙古自治区牙克石市博克图镇
上海市（11）	上海市青浦区朱家角镇、上海市宝山区罗店镇、上海市嘉定区嘉定镇、上海市嘉定区南翔镇、上海市金山区枫泾镇、上海市金山区张堰镇、上海市浦东新区川沙新镇、上海市浦东新区高桥镇、上海市浦东新区新场镇、上海市青浦区金泽镇、上海市青浦区练塘镇
江苏省（31）	东台市安丰镇、昆山市千灯镇、南京市高淳区淳溪镇、常熟市古里镇、常熟市沙家浜镇、常州市新北区孟河镇、东台市富安镇、高邮市界首镇、高邮市临泽镇、海门市余东镇、江阴市长泾镇、昆山市巴城镇、昆山市锦溪镇、昆山市周庄镇、如东县栟茶镇、苏州市吴江区黎里镇、苏州市吴江区同里镇、苏州市吴江区震泽镇、苏州市吴中区东山镇、苏州市吴中区光福镇、苏州市吴中区甪直镇、苏州市吴中区木渎镇、太仓市沙溪镇、泰兴市黄桥镇、泰州市姜堰区溱潼镇、无锡市锡山区荡口镇、兴化市沙沟镇、扬州市江都区大桥镇、扬州市江都区邵伯镇、宜兴市周铁镇、张家港市凤凰镇
山东省（4）	桓台县新城镇、泰安市岱岳区大汶口镇、微山县南阳镇、淄博市周村区王村镇
安徽省（11）	肥西县三河镇、六安市金安区毛坦厂镇、东至县东流镇、黄山市徽州区西溪南镇、泾县桃花潭镇、六安市裕安区苏埠镇、青阳县陵阳镇、铜陵市郊区大通镇、歙县许村镇、休宁县万安镇、宣城市宣州区水东镇
江西省（13）	鹰潭市龙虎山风景区上清镇、浮梁县瑶里镇、广昌县驿前镇、贵溪市塘湾镇、横峰县葛源镇、吉安市青原区富田镇、吉安县永和镇、金溪县浒湾镇、萍乡市安源区安源镇、铅山县河口镇、铅山县石塘镇、修水县山口镇、樟树市临江镇

续表

地区	国家历史文化名镇
浙江省（27）	江山市廿八都镇、宁海县前童镇、绍兴市越城区东浦镇、义乌市佛堂镇、慈溪市观海卫镇（鸣鹤）、岱山县东沙镇、德清县新市镇、海宁市盐官镇、杭州市富阳区龙门镇、湖州市南浔区菱湖镇、湖州市南浔区南浔镇、湖州市南浔区双林镇、嘉善县西塘镇、景宁畲族自治县鹤溪镇、临海市桃渚镇、龙泉市住龙镇、宁波市江北区慈城镇、平阳县顺溪镇、绍兴市柯桥区安昌镇、嵊州市崇仁镇、松阳县西屏镇、桐乡市乌镇、仙居县皤滩镇、象山县石浦镇、永嘉县岩头镇、永康市芝英镇、诸暨市枫桥镇
福建省（19）	安溪县湖头镇、古田县杉洋镇、晋江市安海镇、南靖县梅林镇、宁德市蕉城区霍童镇、宁德市蕉城区三都镇、宁德市蕉城区洋中镇、宁化县石壁镇、平和县九峰镇、屏南县双溪镇、上杭县古田镇、邵武市和平镇、顺昌县元坑镇、武平县中山镇、武夷山市五夫镇、永安市贡川镇、永春县岵山镇、永定县湖坑镇、永泰县嵩口镇
广东省（15）	开平市赤坎镇、陆丰市碣石镇、珠海市唐家湾镇、大埔县茶阳镇、大埔县三河镇、东莞市石龙镇、佛山市南海区西樵镇、广州市番禺区沙湾镇、惠州市惠阳区秋长镇、梅州市大埔县百侯镇、梅州市梅县区松口镇、普宁市洪阳镇、吴川市吴阳镇、中山市黄圃镇、珠海市斗门区斗门镇
广西壮族自治区（9）	阳朔县兴坪镇、昭平县黄姚镇、广西灵川县大圩镇、防城港市防城区那良镇、恭城瑶族自治县恭城镇、贺州市八步区贺街镇、鹿寨县中渡镇、兴安县界首镇、阳朔县福利镇
海南省（4）	三亚市崖城镇、儋州市中和镇、定安县定城镇、文昌市铺前镇
河南省（10）	社旗县赊店镇、光山县白雀园镇、滑县道口镇、郏县冢头镇、开封县朱仙镇、确山县竹沟镇、遂平县嵖岈山镇、淅川县荆紫关镇、禹州市神垕镇、郑州市惠济区古荥镇
湖北省（13）	洪湖市瞿家湾镇、监利县程集镇、郧西县上津镇、当阳市淯溪镇、红安县七里坪镇、监利县周老嘴镇、麻城市歧亭镇、潜江市熊口镇、随县安居镇、咸宁市汀泗桥镇、阳新县龙港镇、宜都市枝城镇、钟祥市石牌镇
湖南省（10）	东安县芦洪市镇、洞口县高沙镇、花垣县边城镇、临湘市聂市镇、浏阳市文家市镇、龙山县里耶镇、泸溪县浦市镇、绥宁县寨市镇、望城县靖港镇、永顺县芙蓉镇
陕西省（7）	澄城县尧头镇、宁强县青木川镇、神木县高家堡镇、石泉县熨斗镇、铜川市印台区陈炉镇、旬阳县蜀河镇、柞水县凤凰镇
甘肃省（8）	古浪县大靖镇、永登县连城镇、榆中县青城镇、宕昌县哈达铺镇、临潭县新城镇、秦安县陇城镇、永登县红城镇、榆中县金崖镇
新疆维吾尔自治区（3）	霍城县惠远镇、新疆鄯善县鲁克沁镇、富蕴县可可托海镇
青海省（1）	青海省循化撒拉族自治县街子镇

续表

地区	国家历史文化名镇
四川省（31）	成都市双流区黄龙溪镇、古蔺县太平镇、合江县尧坝镇、自贡市沿滩区仙市镇、巴中市巴州区恩阳镇、成都市龙泉驿区洛带镇、崇州市元通镇、达州市达川区石桥镇、大邑县安仁镇、大邑县新场镇、富顺县赵化镇、古蔺县二郎镇、广元市元坝区昭化镇、合江县福宝镇、洪雅县柳江镇、犍为县清溪镇、金堂县五凤镇、阆中市老观镇、隆昌县云顶镇、平昌县白衣镇、屏山县龙华镇、邛崃市平乐镇、三台县郪江镇、通江县毛浴镇、雅安市雨城区上里镇、宜宾市翠屏区李庄镇、宜宾县横江镇、资中县罗泉镇、自贡市大安区牛佛镇、自贡市大安区三多寨镇、自贡市贡井区艾叶镇
重庆市（23）	重庆市北碚区金刀峡镇、重庆市江津区塘河镇、重庆市綦江区东溪镇、重庆市巴南区丰盛镇、重庆市涪陵区青羊镇、重庆市合川区涞滩镇、重庆市江津区白沙镇、重庆市江津区石蟆镇、重庆市江津区吴滩镇、重庆市江津区中山镇、重庆市九龙坡区走马镇、开县温泉镇、重庆市黔江区濯水镇、重庆市荣昌区路孔镇、石柱县西沱镇、重庆市铜梁区安居镇、重庆市潼南区双江镇、重庆市万州区罗田镇、巫溪县宁厂镇、重庆市永川区松溉镇、酉阳土家族苗族自治县、酉阳土家族苗族自治县龚滩镇、重庆市渝北区龙兴镇
云南省（11）	剑川县沙溪镇、腾冲县和顺镇、宾川县州城镇、洱源县凤羽镇、凤庆县鲁史镇、禄丰县黑井镇、蒙自县新安所镇、孟连县娜允镇、通海县河西镇、文山市平坝镇、姚安县光禄镇
贵州省（8）	黄平县旧州镇、雷山县西江镇、安顺市西秀区旧州镇、赤水市大同镇、贵阳市花溪区青岩镇、平坝区天龙镇、松桃苗族自治县寨英镇、习水县土城镇
西藏自治区（5）	山南市乃东区昌珠镇、定结县陈塘镇、贡嘎县杰德秀镇、日喀则市萨迦镇、札达县托林镇

表 49 住建部特色小镇名录

批次	地区	特色小镇
第一批	北京市（3）	房山区长沟镇、昌平区小汤山镇、密云区古北口镇
	天津市（2）	武清区崔黄口镇、滨海新区中塘镇
	河北省（4）	秦皇岛市卢龙县石门镇、邢台市隆尧县莲子镇镇、保定市高阳县庞口镇、衡水市武强县周窝镇
	山西省（3）	晋城市阳城县润城镇、晋中市昔阳县大寨镇、吕梁市汾阳市杏花村镇
	内蒙古自治区（3）	赤峰市宁城县八里罕镇、通辽市科尔沁左翼中旗舍伯吐镇、呼伦贝尔市额尔古纳市莫尔道嘎镇
	辽宁省（4）	大连市瓦房店市谢屯镇、丹东市东港市孤山镇、辽阳市弓长岭区汤河镇、盘锦市大洼区赵圈河镇
	吉林省（3）	辽源市东辽县辽河源镇、通化市辉南县金川镇、延边朝鲜族自治州龙井市东盛涌镇
	黑龙江省（3）	齐齐哈尔市甘南县兴十四镇、牡丹江市宁安市渤海镇、大兴安岭地区漠河县北极镇
	上海市（3）	金山区枫泾镇、松江区车墩镇、青浦区朱家角镇
	江苏省（7）	南京市高淳区桠溪镇、无锡市宜兴市丁蜀镇、徐州市邳州市碾庄镇、苏州市吴中区甪直镇、苏州市吴江区震泽镇、盐城市东台市安丰镇、泰州市姜堰区溱潼镇
	浙江省（8）	杭州市桐庐县分水镇、温州市乐清市柳市镇、嘉兴市桐乡市濮院镇、湖州市德清县莫干山镇、绍兴市诸暨市大唐镇、金华市东阳市横店镇、丽水市莲都区大港头镇、丽水市龙泉市上垟镇
	安徽省（5）	铜陵市郊区大通镇、安庆市岳西县温泉镇、黄山市黟县宏村镇、六安市裕安区独山镇、宣城市旌德县白地镇
	福建省（5）	福州市永泰县嵩口镇、厦门市同安区汀溪镇、泉州市安溪县湖头镇、南平市邵武市和平镇、龙岩市上杭县古田镇
	江西省（4）	南昌市进贤县文港镇、鹰潭市龙虎山风景名胜区上清镇、宜春市明月山温泉风景名胜区温汤镇、上饶市婺源县江湾镇
	山东省（7）	青岛市胶州市李哥庄镇、淄博市淄川区昆仑镇、烟台市蓬莱市刘家沟镇、潍坊市寿光市羊口镇、泰安市新泰市西张庄镇、威海市经济技术开发区崮山镇、临沂市费县探沂镇
	河南省（4）	焦作市温县赵堡镇、许昌市禹州市神垕镇、南阳市西峡县太平镇、驻马店市确山县竹沟镇
	湖北省（5）	宜昌市夷陵区龙泉镇、襄阳市枣阳市吴店镇、荆门市东宝区漳河镇、黄冈市红安县七里坪镇、随州市随县长岗镇

续表

批次	地区	特色小镇
第一批	湖南省（5）	长沙市浏阳市大瑶镇、邵阳市邵东县廉桥镇、郴州市汝城县热水镇、娄底市双峰县荷叶镇、湘西土家族苗族自治州花垣县边城镇
	广东省（6）	佛山市顺德区北滘镇、江门市开平市赤坎镇、肇庆市高要区回龙镇、梅州市梅县区雁洋镇、河源市江东新区古竹镇、中山市古镇镇
	广西壮族自治区(4)	柳州市鹿寨县中渡镇、桂林市恭城瑶族自治县莲花镇、北海市铁山港区南康镇、贺州市八步区贺街镇
	海南省（2）	海口市云龙镇、琼海市潭门镇
	重庆市（4）	万州区武陵镇、涪陵区蔺市镇、黔江区濯水镇、潼南区双江镇
	四川省（7）	成都市郫县德源镇、成都市大邑县安仁镇、攀枝花市盐边县红格镇、泸州市纳溪区大渡口镇、南充市西充县多扶镇、宜宾市翠屏区李庄镇、达州市宣汉县南坝镇
	贵州省（5）	贵阳市花溪区青岩镇、六盘水市六枝特区郎岱镇、遵义市仁怀市茅台镇、安顺市西秀区旧州镇、黔东南州雷山县西江镇
	云南省（3）	红河州建水县西庄镇、大理州大理市喜洲镇、德宏州瑞丽市畹町镇
	西藏自治区（2）	拉萨市尼木县吞巴乡、山南市扎囊县桑耶镇
	陕西省（5）	西安市蓝田县汤峪镇、铜川市耀州区照金镇、宝鸡市眉县汤峪镇、汉中市宁强县青木川镇、杨陵区五泉镇
	甘肃省（3）	兰州市榆中县青城镇、武威市凉州区清源镇、临夏州和政县松鸣镇
	青海省（2）	海东市化隆回族自治县群科镇、海西蒙古族藏族自治州乌兰县茶卡镇
	宁夏回族自治区（2）	银川市西夏区镇北堡镇、固原市泾源县泾河源镇
	新疆维吾尔自治区（3）	喀什地区巴楚县色力布亚镇、塔城地区沙湾县乌兰乌苏镇、阿勒泰地区富蕴县可可托海镇
	新疆生产建设兵团（1）	第八师石河子市北泉镇

续表

批次	地区	特色小镇
第二批	北京市（4）	怀柔区雁栖镇、大兴区魏善庄镇、顺义区龙湾屯镇、延庆区康庄镇
	天津市（3）	津南区葛沽镇、蓟州区下营镇、武清区大王古庄镇
	河北省（8）	衡水市枣强县大营镇、石家庄市鹿泉区铜冶镇、保定市曲阳县羊平镇、邢台市柏乡县龙华镇、承德市宽城满族自治县化皮溜子镇、邢台市清河县王官庄镇、邯郸市肥乡区天台山镇、保定市徐水区大王店镇
	山西省（9）	运城市稷山县翟店镇、晋中市灵石县静升镇、晋城市高平市神农镇、晋城市泽州县巴公镇、朔州市怀仁县金沙滩镇、朔州市右玉县右卫镇、吕梁市汾阳市贾家庄镇、临汾市曲沃县曲村镇、吕梁市离石区信义镇
	内蒙古自治区（9）	赤峰市敖汉旗下洼镇、鄂尔多斯市东胜区罕台镇、乌兰察布市凉城县岱海镇、鄂尔多斯市鄂托克前旗城川镇、兴安盟阿尔山市白狼镇、呼伦贝尔市扎兰屯市柴河镇、乌兰察布市察哈尔右翼后旗土牧尔台镇、通辽市开鲁县东风镇、赤峰市林西县新城子镇
	辽宁省（9）	沈阳市法库县十间房镇、营口市鲅鱼圈区熊岳镇、阜新市阜蒙县十家子镇、辽阳市灯塔市佟二堡镇、锦州市北镇市沟帮子镇、大连市庄河市王家镇、盘锦市盘山县胡家镇、本溪市桓仁县二棚甸子镇、鞍山市海城市西柳镇
	吉林省（6）	延边州安图县二道白河镇、长春市绿园区合心镇、白山市抚松县松江河镇、四平市铁东区叶赫满族镇、吉林市龙潭区乌拉街满族镇、通化市集安市清河镇
	黑龙江省（8）	绥芬河市阜宁镇、黑河市五大连池市五大连池镇、牡丹江市穆棱市下城子镇、佳木斯市汤原县香兰镇、哈尔滨市尚志市一面坡镇、鹤岗市萝北县名山镇、大庆市肇源县新站镇、黑河市北安市赵光镇
	上海市（6）	浦东新区新场镇、闵行区吴泾镇、崇明区东平镇、嘉定区安亭镇、宝山区罗泾镇、奉贤区庄行镇
	江苏省（15）	无锡市江阴市新桥镇、徐州市邳州市铁富镇、扬州市广陵区杭集镇、苏州市昆山市陆家镇、镇江市扬中市新坝镇、盐城市盐都区大纵湖镇、苏州市常熟市海虞镇、无锡市惠山区阳山镇、南通市如东县栟茶镇、泰州市兴化市戴南镇、泰州市泰兴市黄桥镇、常州市新北区孟河镇、南通市如皋市搬经镇、无锡市锡山区东港镇、苏州市吴江区七都镇
	浙江省（15）	嘉兴市嘉善县西塘镇、宁波市江北区慈城镇、湖州市安吉县孝丰镇、绍兴市越城区东浦镇、宁波市宁海县西店镇、宁波市余姚市梁弄镇、金华市义乌市佛堂镇、衢州市衢江区莲花镇、杭州市桐庐县富春江镇、嘉兴市秀洲区王店镇、金华市浦江县郑宅镇、杭州市建德市寿昌镇、台州市仙居县白塔镇、衢州市江山市廿八都镇、台州市三门县健跳镇

续表

批次	地区	特色小镇
第二批	安徽省（10）	六安市金安区毛坦厂镇、芜湖市繁昌县孙村镇、合肥市肥西县三河镇、马鞍山市当涂县黄池镇、安庆市怀宁县石牌镇、滁州市来安县汊河镇、铜陵市义安区钟鸣镇、阜阳市界首市光武镇、宣城市宁国市港口镇、黄山市休宁县齐云山镇
	福建省（9）	泉州市石狮市蚶江镇、福州市福清市龙田镇、泉州市晋江市金井镇、莆田市涵江区三江口镇、龙岩市永定区湖坑镇、宁德市福鼎市点头镇、漳州市南靖县书洋镇、南平市武夷山市五夫镇、宁德市福安市穆阳镇
	江西省（8）	赣州市全南县南迳镇、吉安市吉安县永和镇、抚州市广昌县驿前镇、景德镇市浮梁县瑶里镇、赣州市宁都县小布镇、九江市庐山市海会镇、南昌市湾里区太平镇、宜春市樟树市阁山镇
	山东省（15）	聊城市东阿县陈集镇、滨州市博兴县吕艺镇、菏泽市郓城县张营镇、烟台市招远市玲珑镇、济宁市曲阜市尼山镇、泰安市岱岳区满庄镇、济南市商河县玉皇庙镇、青岛市平度市南村镇、德州市庆云县尚堂镇、淄博市桓台县起凤镇、日照市岚山区巨峰镇、威海市荣成市虎山镇、莱芜市莱城区雪野镇、临沂市蒙阴县岱崮镇、枣庄市滕州市西岗镇
	河南省（11）	汝州市蟒川镇、南阳市镇平县石佛寺镇、洛阳市孟津县朝阳镇、濮阳市华龙区岳村镇、周口市商水县邓城镇、巩义市竹林镇、长垣县恼里镇、安阳市林州市石板岩镇、永城市芒山镇、三门峡市灵宝市函谷关镇、邓州市穰东镇
	湖北省（11）	荆州市松滋市洈水镇、宜昌市兴山县昭君镇、潜江市熊口镇、仙桃市彭场镇、襄阳市老河口市仙人渡镇、十堰市竹溪县汇湾镇、咸宁市嘉鱼县官桥镇、神农架林区红坪镇、武汉市蔡甸区玉贤镇、天门市岳口镇、恩施州利川市谋道镇
	湖南省（11）	常德市临澧县新安镇、邵阳市邵阳县下花桥镇、娄底市冷水江市禾青镇、长沙市望城区乔口镇、湘西土家族苗族自治州龙山县里耶镇、永州市宁远县湾井镇、株洲市攸县皇图岭镇、湘潭市湘潭县花石镇、岳阳市华容县东山镇、长沙市宁乡县灰汤镇、衡阳市珠晖区茶山坳镇
	广东省（14）	佛山市南海区西樵镇、广州市番禺区沙湾镇、佛山市顺德区乐从镇、珠海市斗门区斗门镇、江门市蓬江区棠下镇、梅州市丰顺县留隍镇、揭阳市揭东区埔田镇、中山市大涌镇、茂名市电白区沙琅镇、汕头市潮阳区海门镇、湛江市廉江市安铺镇、肇庆市鼎湖区凤凰镇、潮州市湘桥区意溪镇、清远市英德市连江口镇
	广西壮族自治区（10）	河池市宜州区刘三姐镇、贵港市港南区桥圩镇、贵港市桂平市木乐镇、南宁市横县校椅镇、北海市银海区侨港镇、桂林市兴安县溶江镇、崇左市江州区新和镇、贺州市昭平县黄姚镇、梧州市苍梧县六堡镇、钦州市灵山县陆屋镇
	海南省（5）	澄迈县福山镇、琼海市博鳌镇、海口市石山镇、琼海市中原镇、文昌市会文镇
	重庆市（9）	铜梁区安居镇、江津区白沙镇、合川区涞滩镇、南川区大观镇、长寿区长寿湖镇、永川区朱沱镇、垫江县高安镇、酉阳县龙潭镇、大足区龙水镇

续表

批次	地区	特色小镇
第二批	四川省（13）	成都市郫都区三道堰镇、自贡市自流井区仲权镇、广元市昭化区昭化镇、成都市龙泉驿区洛带镇、眉山市洪雅县柳江镇、甘孜州稻城县香格里拉镇、绵阳市江油市青莲镇、雅安市雨城区多营镇、阿坝州汶川县水磨镇、遂宁市安居区拦江镇、德阳市罗江县金山镇、资阳市安岳县龙台镇、巴中市平昌县驷马镇
	贵州省（10）	黔西南州贞丰县者相镇、黔东南州黎平县肇兴镇、贵安新区高峰镇、六盘水市水城县玉舍镇、安顺市镇宁县黄果树镇、铜仁市万山区万山镇、贵阳市开阳县龙岗镇、遵义市播州区鸭溪镇、遵义市湄潭县永兴镇、黔南州瓮安县猴场镇
	云南省（10）	楚雄州姚安县光禄镇、大理州剑川县沙溪镇、玉溪市新平县戛洒镇、西双版纳州勐腊县勐仑镇、保山市隆阳区潞江镇、临沧市双江县勐库镇、昭通市彝良县小草坝镇、保山市腾冲市和顺镇、昆明市嵩明县杨林镇、普洱市孟连县勐马镇
	西藏自治区（5）	阿里地区普兰县巴嘎乡、昌都市芒康县曲孜卡乡、日喀则市吉隆县吉隆镇、拉萨市当雄县羊八井镇、山南市贡嘎县杰德秀镇
	陕西省（9）	汉中市勉县武侯镇、安康市平利县长安镇、商洛市山阳县漫川关镇、咸阳市长武县亭口镇、宝鸡市扶风县法门镇、宝鸡市凤翔县柳林镇、商洛市镇安县云盖寺镇、延安市黄陵县店头镇、延安市延川县文安驿镇
	甘肃省（5）	庆阳市华池县南梁镇、天水市麦积区甘泉镇、兰州市永登县苦水镇、嘉峪关市峪泉镇、定西市陇西县首阳镇
	青海省（4）	海西州德令哈市柯鲁柯镇、海南州共和县龙羊峡镇、西宁市湟源县日月乡、海东市民和县官亭镇
	宁夏回族自治区（5）	银川市兴庆区掌政镇、银川市永宁县闽宁镇、吴忠市利通区金银滩镇、石嘴山市惠农区红果子镇、吴忠市同心县韦州镇
	新疆维吾尔自治区（7）	克拉玛依市乌尔禾区乌尔禾镇、吐鲁番市高昌区亚尔镇、伊犁州新源县那拉提镇、博州精河县托里镇、巴州焉耆县七个星镇、昌吉州吉木萨尔县北庭镇、阿克苏地区沙雅县古勒巴格镇
	新疆生产建设兵团（3）	阿拉尔市沙河镇、图木舒克市草湖镇、铁门关市博古其镇

文旅坐镇　人之为人

安仁共识

引言

安仁中国博物馆小镇，位于四川省成都市大邑县东南部坝区，距离成都市区 41 千米，距离双流国际机场 38 千米，距离大邑县城 8 千米，全域面积 57.29 平方千米，核心区规划面积 16.8 平方千米。这里曾是汉唐时期“窗含西岭千秋雪，门泊东吴万里船”的原景地；这里曾是近代中国刘氏家族和乐氏家族所创造的“川西外滩”生活地；这里曾是中国近代超现实主义艺术作品《收租院》的诞生地。这里是中国最大的非国有博物馆聚落“建川博物馆”的生长地，这里是成都文化旅游发展集团有限责任公司（以下简称“成都文旅集团”）、四川日报报业集团（以下简称"四川报业集团”）、华侨城集团等领军企业探索文化产业、旅游业、新型城镇化创新协同发展的策源地。

2005 年，安仁镇入选第二批中国历史文化名镇。同年，成都建川实业集团有限公司入驻，创建了中国最大的民间博物馆聚落——“建川博物馆”。

2006 年，四川报业集团入驻，与成都建川实业集团有限公司共同成立四川安仁镇老公馆文化发展有限公司，系统开发安仁镇 14 座老公馆。

2009 年，成都文旅集团入驻，开展土地整理、开发建设、提档升级、招商引资、营销宣传等工作，完善了文博体验、田园观光、商务会客、娱乐休闲等配套服务设施。同年，安仁镇被中国博物馆学会授予唯一的“中国博物馆小镇”称号。

2010 年，四川电影电视学院入驻。至今，已经建设成为集教学实训、影视产业、影视旅游于一身的创意园区。

2016 年，华侨城集团有限公司入驻，提出将其打造成为“世界文博小镇”的发展愿景，并开展“文化 + 旅游 + 新型城镇化”战略实践工作。同年，安仁镇入选住房和城乡建设部“第一批中国特色小镇名录”。

2021 年，安仁镇入选首批成都市乡村文化振兴样板村镇名单，并向国家 5A 级旅游景区全力冲刺。

2022 年 7 月，文化和旅游部确立安仁古镇景区为国家 5A 级旅游景区。

安仁中国博物馆小镇的现代化旅游发展进程可概括为三个阶段：一是 2005—2008 年，从中国第二批历史文化名镇提升为中国唯一的博物馆小镇；二是 2009—2015 年，从中国博物馆小镇充实为中国首批特色小镇；三是 2016—2022 年，从中国首批特色小镇涵养成为首批成都市乡村文化振兴样板村镇，并成功入选国家 5A 级旅游景区。

一、项目介绍

（一）项目背景

安仁中国博物馆小镇现代旅游业开发的历史阶段性和主体多元性，导致全域旅游资源碎片化、旅游目的地形象不清晰、产业链发展要素不健全，缺乏产业引擎型、流量入口型产品，内生动力和外延张力不足。

立足现状，华侨城西部投资有限公司从2015年开始介入并于2016年正式进驻安仁，综合运用国家 5A 级旅游景区创建标准和国家新型城镇化建设指标，统筹完成特色小镇总体策划规划工作。经过 6 年摸索实践，华侨城西部投资有限公司逐步从点状探寻到长驱直入，文旅坐镇“安仁古镇”并带动“南岸美村”高质量发展的路线清晰、成果显著、口碑已成。

早在 2015 年，华侨城西部投资有限公司就明确了对安仁中国博物馆小镇的投资意向，并展开了充分的前期调研和筹备工作。

2016 年 3 月，前期工作组率先完成了《安仁中国博物馆小镇总体策划方案》，明确提出“四海安仁 · 仁者归田”的总体定位，总体厘清“东部景区（以刘氏庄园为核心）、南部景区（以建川博物馆为核心）、西部景区（以公馆老街为核心）”的“三分格局”（见图 48），精准建议“以博物馆度假村弥合三分景区，以田园风光保鲜川西生活方式”的实施策略，尤其强调“以动补静”的儿童和女性主题相关博物馆产品策略、“以商育产”的开放式影视园区产品策略和“以农养康”的现代农业融合产品策略，最终实现“化零为整”的空间发展动力机制和营建目标。

图 48　核心旅游区“三分格局”（策划方案）

2016 年 5 月，华侨城集团与大邑县人民政府签订了安仁项目合作协议，计划投资 100 亿元打造安仁“世界文博小镇”项目。同年 12 月，成立成都安仁华侨城文化旅游开发有限公司。当时，华侨城集团刚刚提出“文化 + 旅游 + 城镇化”创新发展模式，安仁华侨城依照这一战略的核心思想，为安仁量身定制“文博、文旅、文创”三文产业规划。

2017 年 3 月，成都安仁华侨城文化旅游开发有限公司先后与大邑县人民政府协同完成了《大邑县安仁镇控制性详细规划》和《大邑县安仁古镇核心区创 5A 级旅游景区规划设计方案》，针对 11.48 平方千米国土空间作了深入细致的研究，规划人口 10.5 万。总体风貌定位为“临盘环绕、乔木簇拥、水网密布、花巷纵横”，总体空间格局为“一河两岸，文博核心区、旅游服务核心区、影视文创区存量提升，休闲娱乐体验区、花海游赏区、林盘庄园区增量发展，老场镇提升区、生活居住区、康养区联合拱卫”，产业发展规划为“文化博览、影视文创、文科演艺、会议创展、教育康养”。

同年 9 月，进一步完善《大邑县安仁镇城市设计方案》，产业生态圈规划优化为“文博（博览收藏、科普教育、休闲娱乐、文化交流）、文创（文艺创作、工业设计、广告装潢、软件服务）、文旅（餐饮、住宿、购物、游玩）”，总体空间布局为“国际文化交流区、主题文化博览区、民国风情体验区、田园观光体验区、旅客接待区、滨水休闲文创区、国际综合教育区、智慧科技体验区”（见图 49）。

图 49 总体空间布局

迄今为止，历经6年摸索实践，成都安仁华侨城文化旅游开发有限公司以点带线、以线促面，创建众多具有个体生命意义的特色文化空间，融通产业、流量和时代地标的新轴线，点线面结合，形成了安仁中国博物馆小镇高质量可持续发展的基本面。

（二）核心资源

1. 刘氏庄园

民国初年，从安徽徽州入川的刘氏家族，于战乱中雄起，云集三军九旅十八团，占据四川军政半壁江山。最有影响力的便是国民革命军第二十一军军长刘湘、第二十四军军长刘文辉和大地主刘文彩。他们的往昔，均化为保存至今27座老公馆墙壁上的斑驳时光（见表50）。

其中，刘氏庄园（刘文彩庄园）最具知名度，是全国重点文物保护单位，占地面积约为7万平方米，建筑面积约为21 055平方米。其建筑、馆藏文物、泥塑、遗存是认识和研究中国半殖民地半封建社会政治、经济、文化以及四川军阀史、民俗学、近代民居建筑的重要实物，也是中国近现代社会发展史的一个断面。

表50　安仁古镇主要公馆建筑一览表

序号	名称	序号	名称
1	刘氏祖居	15	陈月生公馆
2	刘文彩公馆	16	刘树成公馆
3	刘文渊公馆	17	乐自能公馆（小乐院）
4	刘文成公馆	18	乐述言公馆（大乐院）
5	刘文昭公馆	19	刘体仁公馆
6	刘文辉公馆	20	廖玉廷公馆
7	刘湘公馆	21	张旭初公馆

续表

序号	名称	序号	名称
8	郑子权公馆	22	廖维公馆
9	刘体忠公馆	23	李育滋公馆
10	刘元汤公馆	24	郑小康公馆
11	高明轩公馆	25	刘元瑞公馆
12	杨孟高公馆	26	刘季珍公馆
13	刘元琥公馆	27	刘红生公馆
14	刘元瑄公馆		

2. 建川博物馆

2005 年至今，由樊建川先生创建的建川博物馆簇生成为国内民间资本投入最多、建设规模和展览面积最大、收藏内容最丰富的非国有博物馆聚落。博物馆占地面积 500 亩，建筑面积近 10 万平方米，拥有藏品 800 余万件，其中，国家一级文物 404 件（见表 51）。

为了和平，收藏战争；为了未来，收藏教训；为了安宁，收藏灾难；为了传承，收藏民俗。2021 年，新建改革开放馆，收藏风起云涌 40 年。

表 51　建川博物馆主要展馆一览表

馆藏系列	规模	具体展馆
抗战系列	7 个展馆	中流砥柱馆、正面战场馆、不屈战俘馆、飞虎奇兵馆、川军抗战馆、日本侵华罪行馆、红军长征在四川纪念馆
	3 个广场	中国壮士群雕广场、抗战老兵手印广场、援华义士广场
	2 个雕塑	俞大维纪念雕像、南下解放纪念碑
红色系列	8 个展馆	知青生活馆、中航工业航空三线博物馆、李振盛摄影博物馆、红色年代瓷器陈列馆、红色年代章钟印陈列馆、红色年代生活用品陈列馆、邓公祠、红色年代镜面馆
地震系列	5 个展馆	“5 · 12”汶川大地震博物馆、地震美术作品馆、“5 ·1 2”抗震救灾纪念馆、胡慧珊纪念馆、“猪坚强之家”

续表

馆藏系列	规模	具体展馆
民俗系列	5 个展馆	长江漂流纪念馆、老公馆家具陈列馆、三寸金莲文物陈列馆、国防兵器馆、刘文辉旧居陈列馆
其他	2 个广场	改革开放名士群雕广场、邓小平广场
	3 个展览	辉煌巨变（1978—2018）主题展、“我们走在大路上——四川民营企业成就”巡礼展、奋斗与辉煌——中国共产党百年礼赞展

3. 安仁老街

安仁镇位于大邑、邛崃、新津、双流、崇州五县交界处，是大邑县的传统商贸集镇，其繁荣程度在民国时期达到鼎盛。古镇现存最古老的街道是东西向的中心街，其余街巷都是随着刘氏家族的繁衍逐渐兴建的。迄今为止，保存完整的老街有维新街、裕民街、树人街，街区犹如血脉，联系着古今，流动着情感，滋养着生活。

4. 川西林盘

安仁镇地处都江堰精华灌区腹地，地势平坦，斜江河、桤木河穿镇而过，坐拥大大小小 1 600 多个林盘，密度居成都市首位。

5.《收租院》群雕

《收租院》群雕是新中国艺术史上最具影响力的作品之一，原作被永久性收藏在刘文彩庄园博物馆，作品曾于 1966 年被《人民日报》推选为当时文艺界唯一的艺术界“样板”；又于 1979 年在中国文学艺术工作者第四次代表大会上，与《人民英雄纪念碑》一起被誉为中华人民共和国成立以来两大优秀作品。后续，为了满足国内外展览需求，进行了 5 次复制和修改，共有 6 个版本。

版本一：1965 年《收租院》群雕大邑原作（泥塑）。

版本二：1966 年《收租院》群雕故宫奉先殿版（泥塑）。

版本三：1967 年《收租院》群雕故宫文华殿版（泥塑后翻制石膏）。

版本四：1970 年《收租院》群雕大邑增塑版（泥塑）。

版本五：1973 年《收租院》群雕重庆市劳动人民文化宫版（石膏作泥塑效果）。

版本六：1978 年“复制再创作”的《收租院》群雕（玻璃钢镀铜）以及 2010 年铸铜翻制的 1978 年版（铸铜）[①]。

(三) 核心问题

1. 资源碎片化

由于历史原因，安仁中国博物馆小镇核心资源的所有权、管理权、运营权较为分散：一是老公馆资源分属大邑县政府文物局、西岭雪山管理委员会、安仁镇政府、成都文旅集团、四川报业集团等不同单位，各自为政；二是建川博物馆属于非国有博物馆，自成体系；三是历史文化街区和主要交通干道两侧均为民居，林盘散落周边，自由生长；四是以《收租院》为代表的现代文化艺术作品普遍带有批判性，自我“寓言”。

实体资源对于中老年观光旅游团队引流效果明显且长盛不衰，文化资产、风物资产、品牌资产、数字资产均有所缺失。因此，游客结构单一且旅游渗透力极低、配套服务设施不足、过夜消费产品匮乏三个问题交织成为“资源陷阱”。

2. 要素散点化

在文化产业层面，27 座民国老公馆文化资源未转化为文化产品，建川博物馆聚落文化产品未形成企业聚集，四川影视大学教育培训产业资源未产生外溢效应，《收租院》相关近现代艺术作品的版权合作未建立平台和渠道。

在旅游产业层面，铛铛车、安仁书院等旅游产品，非流量端口型产品，缺乏规模

①王文娟．再论《收租院》群雕原作的中国民间泥塑造型语言 [J]. 艺术评论 .2021(05):119-131.

效应；核心区周边生态资源、现代农业和食品加工业资源，缺乏协同效应。

在文旅融合层面，文化产业和旅游产业各自未形成闭环，更无法精准靶向“焦圈”，造成时间成本、沟通成本和资金成本较高。

3. 品牌胶着化

文化向内行走，品牌对外表达。由于资源碎片化、要素散点化，导致品牌内涵逻辑不清、外延路径不清、表达语意不清。多年来，安仁中国博物馆小镇甚至是世界文博小镇的无限理想基本围绕“馆藏中国”“穿着旗袍去安仁”有限开展，势能不足，爆发力不够。

二、政策索引

（一）新型城镇化

城镇化是指随着一个国家或地区社会生产力的发展、科学技术的进步以及产业结构的调整，其社会由以农业为主的传统乡村型社会向以工业（第二产业）和服务业（第三产业）等非农产业为主的现代城市型社会逐渐转变的历史过程；是伴随工业化发展，非农产业在城镇集聚、农村人口向城镇集中的自然历史过程；是人类社会发展的客观趋势和国家现代化的重要标志。

2014 年，中共中央、国务院印发《国家新型城镇化规划（2014—2020 年）》，明确指出：城镇化的关键是农业现代化、工业化、信息化和新型城镇化。要按照控制数量、提高质量，节约用地、体现特色的要求，推动小城镇发展与疏解大城市中心城区功能相结合、与特色产业发展相结合、与服务“三农”相结合；要有重点地发展小城镇，对具有特色资源、区位优势的小城镇，要通过规划引导、市场运作，培育成为文化旅游、商贸物流、资源加工、交通枢纽等专业特色镇[①]。

（二）乡村振兴

2017 年 10 月 18 日，习近平总书记在党的十九大报告中提出乡村振兴战略。党的十九大报告指出，农业农村农民问题是关系国计民生的根本性问题，必须始终把解决好“三农”问题作为全党工作重中之重，实施乡村振兴战略[②]。

2018 年 3 月 5 日，国务院总理李克强在《政府工作报告》中提倡“大力实施乡村振兴战略”。2018 年 9 月，中共中央、国务院印发《乡村振兴战略规划（2018—2022 年）》，并要求各地区各部门结合实际认真贯彻落实[③]。

2021 年 2 月 21 日，《中共中央 国务院关于全面推进乡村振兴加快农业农村现代化的意见》即中央一号文件发布。这是 21 世纪以来第 18 个指导“三农”工作的中央一号文件[④]。随后，挂牌成立了国务院直属机构国家乡村振兴局。

2021 年 3 月，中共中央、国务院发布了《关于实现巩固拓展脱贫攻坚成果同乡村振兴有效衔接的意见》[⑤]，并于十三届全国人大常委会第二十八次会议表决通过《中华人民共和国乡村振兴促进法》[⑥]。

---

①中共中央 国务院印发《国家新型城镇化规划（2014 — 2020 年）》 [EB/OL].(2014-03-16)[2022-11-19].http://www.gov.cn/gongbao/content/2014/content_2644805.htm.

②习近平强调，贯彻新发展理念，建设现代化经济体系 [EB/OL].(2017-10-18)[2022-11-19].http://www.gov.cn/zhuanti/2017-10/18/content_5232647.htm.

③中共中央 国务院印发《乡村振兴战略规划（2018 — 2022 年）》 [EB/OL].(2018-09-26)[2022-11-19].http://www.gov.cn/zhengce/2018-09/26/content_5325534.htm.

④中共中央 国务院关于全面推进乡村振兴加快农业农村现代化的意见 [EB/OL].(2021-02-21)[2022-11-19].http://www.gov.cn/zhengce/2021-02/21/content_5588098.htm.

⑤中共中央 国务院关于实现巩固拓展脱贫攻坚成果同乡村振兴有效衔接的意见 [EB/OL].(2021-03-22)[2022-11-19].http://www.gov.cn/zhengce/2021-03/22/content_5594969.htm?ivk_sa=1024320u.

⑥中华人民共和国乡村振兴促进法 [EB/OL].(2021-04-29)[2022-11-19].http://www.npc.gov.cn/npc/c30834/202104/8777a961929c4757935ed2826ba967fd.shtml.

（三）知识产权强国

2021 年，中共中央、国务院印发《知识产权强国建设纲要（2021—2035 年）》，提出了“我国从知识产权引进大国向创造大国转变、知识产权工作从追求数量向提高质量转变全面提速”的总体目标。同年，国务院印发《“十四五”国家知识产权保护和运用规划》，明确提出实施商业秘密保护工程、数据知识产权保护工程、知识产权保护机构建设工程、植物新品种保护体系建设工程、地理标志保护工程、一流专利商标审查机构建设工程、专利导航工程、中小企业知识产权战略推进工程、商标品牌建设工程、版权创新发展工程、知识产权助力乡村振兴工程、知识产权公共服务信息化智能化建设工程、“一带一路”知识产权合作工程、对外贸易知识产权保护工程和知识产权普及教育工程等 15 项重点工程。

之后，为贯彻落实《知识产权强国建设纲要（2021—2035 年）》和《“十四五”国家知识产权保护和运用规划》，国家知识产权局明确 2021—2022 年度重点任务和工作措施。其中，“文旅坐镇”相关工作应重点关注六类“基地”建设工作：一是推进商业秘密保护基地（园区、企业、指导站）建设；二是加强“互联网 + 旅游”领域知识产权保护；三是启动国家知识产权保护示范区；四是加快建设一批产业知识产权运营中心；五是推进全国版权示范城市、示范园区（基地）、示范单位创建和国家版权创新发展基地试点工作；六是建设知识产权服务出口基地。

三、谋划布局

（一）核心理念：四海安仁，凡人史诗

走读安仁千年热土、百年传奇，刘氏家族、樊建川分别构建起“川西外滩”和“馆

藏中国”的地方意义框架。

复盘《收租院》和相关艺术作品，持续追问“意义”“表征”和“语境”的边界，以及历史的真相和情节的虚构。

创想“知识产权强国”未来愿景，整合安仁论坛、中华文化促进会文化城镇博览会、安仁双年展平台资源，创建知识产权示范园区和创新发展基地试点建设，促进“版权 + 商标 + 地理标志产品”知识产权与现代服务业协同发展，基层首创示范“知识产权服务 +MICE 会奖旅游 + 特色小镇”发展路径，深化“文化 + 旅游 + 新型城镇化”发展范式。

再看中国历史文化名镇、中国博物馆小镇、中国特色小镇、世界文博小镇等阶段性定位和标签，几乎所有名号和标签均建立在 27 座民国老公馆的实体基础上，牢固又脆弱。

基于全域发展视角，视安仁镇整体为“博物馆”，不难发现：西岭雪山、千年热土项目缺乏文脉传承的现代化表征系统，持续孵化的安仁论坛、中华文化促进会文化城镇博览会、安仁双年展、大邑雪山国际音乐节和山一电影节等缺乏常驻工作机制和永久会址；馆藏中国、百年传奇项目忽略《收租院》超级文化 IP 与超现实主义等相关艺术家、艺术思想、作品和展览的定向互动，未形成其他老公馆“活化”的场所精神。

基于可持续发展目标，视安仁镇整体为“展场”，或可实现：依托《收租院》的艺术感召力和影响力，强化展览主线，持续拓展特色展场，重点针对版权、艺术家和设计师原创或联名商标、地理标志产品三类知识产权创建和维护综合服务平台，扶持艺术家和设计师相关非国有博物馆落地并统一管理运营。由此，从“历史的真相、情节的虚构”延伸至社会学、艺术学、民族志等领域的“创见，创所未见”，吸引更多有识之士和同道中人到访、驻留甚至定居安仁镇，共同慨叹“数风流人物，还看今朝”。以“四海安仁”改变“川西外滩”所隐含的时空坐标，以“凡人史诗”消解“馆藏中国”的宏大命题，以“耕读传家”调制“千年热土、百年传奇”的沉香。

基于“文化 + 旅游 + 新型城镇化”的战略落地规划，视安仁镇整体为“双创基地”，必须兑现：安仁论坛、中华文化促进会文化城镇博览会、安仁双年展、大邑国际雪山音乐节、山一电影节等品牌活动导入的发展要素与本地文化旅游资源耦合共生的机制、平台和体系，切实做好展览会议、教育培训和会奖旅游服务三个主导产业链，完善“商务服务 + 知识产权服务 + 旅居服务”三个价值链，创建“知识产权示范园区（创新发展试点）+ 生活方式型旅游企业聚集区 + 中国历史文化名镇”发展范式，赋予安仁特色小镇充实的内涵、清晰的外延和无限的活力。

（二）核心策略：仁者安仁，安仁乐道

华侨城西部投资有限公司入驻安仁镇之初，一边统筹规划全域，一边开展田野调研，一边承担民生工程，一边尝试存量盘活。以保护古镇历史街区格局为原则，修缮改造红星街、树人街、裕民街、安惠里等街巷及沿街建筑，对街道景观提升美化，对道路路面铺装进行整治，并对沿街公馆、商铺进行活化。累计提升古镇街区风貌面积约 7 万平方米，修复历史街区 860 米，活化 13 座公馆，累计修复老公馆建筑 4 100 多平方米，改造 210 余间商铺。2017 年“五一”期间，“安仁美食街”全面开业，街区以“安仁乐道”为概念形成区域闭环，引进和扶持超过百家安仁地理标志产品经营者和地方特色餐饮企业。

同期，项目工作组撰写《安仁食单》，原创《安仁乐道公约》，组织安仁乐道公社，创建美食旅游体系，意图以中心街区为原点，向外辐射式扩展网格化旅游服务空间格局。

安仁乐道，是文旅坐镇的首站介入方式，即针对特色小镇中心街区改造提升项目，采取“三产联动、六业协同、九品集群”的核心策略：“三产”即现代农业、食品加工和特色餐饮；“六业”即公共艺术介入、知识产权服务、会议展览、数字创意、教育培训、出版传媒；“九品”即艺术馆、博物馆、展览馆、观光工厂、复合餐厅、研学基地、书店 & 咖啡馆、创意园区、小剧场 & 酒吧。

安仁乐道，是城乡统筹的发展路径，即以交通为导向规划产业发展空间，采取“乡

间小道、哲学小路、康庄大道”的核心策略：乡间小路串联特色农庄、田园综合体、农业产业园、主题度假村；哲学小路复合乡道，一寻天地无名之山河岁月，二寻万物皆宾之美食天地，三寻沧海桑田之生活美学，康庄大道走向中心城市、走向在线经济、走向贸易出口绿色通道。

安仁乐道，是创新创业的合作机制，即针对多元市场主体，采取“六类合作方式、七项考核指标、八种专家评审”的核心策略：“六类合作方式”为自营、联营、租赁、原住民自营、原住民物业租赁本地人经营、原住民物业租赁外地人经营；“七项考核指标”指本地人、本地食材、本地烹饪方式、展演方式、包装形式、促销方式、网络评价；“八种专家”涵盖政府相关部门代表、开发商代表、运营商代表、管理者代表、供应商代表、行业协会或社团组织代表、商户代表、企业级客户代表。

安仁乐道公约

刘氏祖训：居家节俭，友善乡里；以孝为本，以礼为规；农桑持家，读书明理；敦崇仁爱，利济为怀；远孝继志，固守勇进。

乐氏家训：为人子要尽孝道，为人臣要做忠臣；耕读要勤奋，生活要节俭；善事要多做，恶事切莫为；劳作是强身之本，做事要有始有终；要做诚实勇敢的真君子，莫做偷奸耍滑的假丈夫；明事理谦忍让并非懦夫，做恶事逞豪强不算真英雄。平生要行先祖德，莫做乐氏忤逆人。

——吴宏远老师提供资料

厨道

厨者三乐。相济、调和、本味。

厨者安仁。五色、五味、五藏。

注释

1. 相济：水火相济。淡者配淡，浓者配浓，柔者配柔，刚者配刚。（《随园食单》）

2. 调和：五味调和。春多酸，夏多苦，秋多辛，冬多咸，调以滑甘。

3. 本味：食之本味。久而不弊，熟而不烂，甘而不浓，酸而不酷，咸而不减，辛而不烈，淡而不薄，肥而不腻。（《吕氏春秋·本味》）

4. 五色：中国五行色彩，即五土色彩、五谷色彩，乃养生之本。

5. 五味：酸、甜、苦、辣、咸。

6. 五藏：四时五藏。五谷为养，五果为助，五畜为益，五菜为充。（《黄帝内经·素问》）

艺道

艺者三乐。有念、无念、念念。

艺者安仁。看见、异见、渐渐。

注释

1. 有念：追求技法。

2. 无念：追求修养。

3. 念念：不忘初心。

4. 看见：见山是山。

5. 异见：见山不是山。

6. 渐渐：见山还是山。

师道

师者三乐。传道、授业、解惑。

师者安仁。继往、开来、大同。

注释

1. 传道：独立人格。

2. 授业：传授学业。

3. 解惑：学习方法。

4. 继往：继往世之绝学。

5. 开来：开万世之太平。

6. 大同：天下大同。

乐道

仁者三乐。乐礼、乐善、乐贤。

仁者安仁。安亲、安业、安居。

注释

1. 乐礼：礼节。

2. 乐善：善待他人，说他人善。

3. 乐贤：多交贤友。

4. 安亲：安仁适合康养双亲。

5. 安业：安仁适合创新创业。

6. 安居：安仁适合宜养安居。

安仁乐道公社章程

一、公社名称

创业者公社。

二、公社性质

安仁乐道公社是非营利的公益组织，是帮助落户安仁世界文博小镇创新创业的餐饮、农创、文创、教育培训机构对接导师，帮助投资人寻找优质项目，促进创新创业者与投资人之间交流合作的桥梁枢纽。

三、公社宗旨

IN 安仁，FOR 安仁。搭建安仁美食旅游体系，促进农业种植、食品加工和特色餐饮三产联动，衍生食学教育产业；搭建安仁文创产业体系，衍生艺术教育产业。

创新融合食学教育和艺术教育，助力安仁实现“世界文博小镇”发展目标。

四、公社使命

1. 根植安仁，赋能于人，创意生活

在地人文，采集生活，根植安仁；

知识共享，文化交流，赋能于人；

尊重民俗，创想未来，创意生活。

2. 艺术介入，激发地方，盘活存量

学术支持，会展经济，艺术介入；

文化创意，艺术教育，激发地方；

产业升级，时空置换，盘活存量。

3. 三产联动，提升价值，发展增量

一产种植，二产食品，三产联动；

食学教育，艺术教育，提升价值；

产业移民，生活移民，发展增量。

五、品牌活动

1. 论坛沙龙

依托国际慢食协会、中华文化促进会文化城镇协作体、成都国际美食节、安仁双年展等品牌活动，持续举办各类专业类、生活消费类论坛沙龙活动，促进国际国内交流。

2. 教育培训

依托中国烹饪协会、央视《舌尖上的古镇》栏目、那特艺术学院等平台，持续举办各类食学教育、艺术教育相关培训活动，促进综合素质提高。

3. 循环经济

依托安仁世界文博小镇发展平台，持续整合资源，打造食学教育和艺术教育产业生态，逐步实现街区、园区、社区循环经济。

4. 品牌运营

依托安仁乐道发展平台，精心总结基于地理标志产品文创IP产业集成运营式特色街区创建和提升模式，统一“走出去”，实现轻资产运营。

5. 互动活动

平均每2周组织1次内部互动活动，包含但不限于试餐会、头脑风暴会、项目考察、郊游等形式。

六、会员的权利和义务

1. 会员资格

（1）安仁乐道品牌所有签约合作商户；

（2）安仁双年展所有签约艺术家；

（3）安仁世界文博小镇国家5A级旅游景区所有签约合作商户；

（4）大邑县、安仁镇商会所有诚信会员单位；

（5）大邑县、安仁镇所有种植地理标志产品的现代农庄、农村合作社；

（6）大邑县、安仁镇所有加工地理标志产品的食品加工企业；

（7）大邑县、安仁镇所有文化教育培训机构。

2. 会员权利和义务

（1）对理事会理事长、副理事长、秘书长的选举权和被选举权；

（2）对公社活动的参与权；

（3）对公社管理工作的知情权和建议权；

（4）对公社公共资源的使用权；

（5）新增服务的申请权；

（6）遵守公社各项规章制度，履行岗位职责，积极参与活动；

（7）坦诚交流，热心服务，建立公信，维护公社声誉；

（8）尊重理事会决议，服从理事会管理，不推诿塞责；

（9）积极创新互联，推荐发展新的会员单位。

七、组织机构和职责

公社设立以会长负责，副会长、秘书长组成的理事会，对公社工作进行规划和决策。理事会由会长负责召开，每月至少召开1次会议。

1. 会长

负责公社的全面工作，制定组织整体发展规划，建立国际国内交流平台，完成公社发展目标，制订和执行年度工作计划和预算。

2. 副会长

负责处理公社的日常事务，贯彻落实公社章程，分解和执行年度工作计划和预算，办理理事长授权办理的重要事项。

3. 秘书长

负责协助理事长开展各项工作，直接对会长负责。会长缺席未能正常履职期间，代行会长职权，开展相关工作。

4. 名誉理事

安仁乐道行业导师。不直接参与公社日常活动。

5. 综合办公室

负责做好公社的后勤服务、会务工作、信息管理工作、计划管理工作、财务管理工作等。

6. 创新创业服务部

负责做好公社会员的创新创业指导工作，包含但不限于推荐行业导师、提供政策咨询、寻找资金支持等。

7. 循环经济促进部

负责做好公社会员的产品、服务评价、推荐和横向交流促进工作和配套服务工作。

8. 会务服务部

负责做好公社会员交流活动的策办工作，会员单位国内外参展参会外联服务工作。

9. 公社会长由上届会长提名，或 1/2 以上部长提名，民主测评选举产生

10. 副会长经会长提名，公社部长 3/4 以上同意，民主测评选举产生

11. 秘书长由会长提名产生

12. 各部门部长由公社会员担任，采用个人自荐和部门推荐方式，民主推荐选举产生

八、经费来源和管理

1. 经费来源

活动创收、企业赞助、会员捐款。

2. 预算管理

定期编制费用收支预算，综合管理部会计、出纳负责经费管理。

3. 创收鼓励

凡创收部门和个人，给予奖励，用于部门或个人活动。

4. 费用审批

由各部长提报计划和预算，经会长签批后执行，以发票为准报销，须由经办人、部长、副会长或秘书长、会长逐级签批。

5. 费用审查

进行年度专项审计并公布审计结果。

（三）核心产品

重建古镇时空坐标，擘画时代地脉孤本。

经过近 5 年的实践和摸索，华侨城西部投资有限公司谋定而动，确定安仁坝子广场的时空坐标位置和“一河两岸，北镇南村”的空间格局，逐年完成了安仁钟楼、华侨城安仁创意文化园、水西东临盘文化展示中心、南岸美村乡村客厅、锦绣安仁奇境花园、南岸美村宿集、大匠之门安仁文化中心、廖维公馆 8 个文化地标建筑的建设和产业孵化工作，打开了古镇发展新局面，迈入了城乡统筹新阶段。

1. 连点成线：创建流量新通道

针对刘文彩庄园博物馆、建川博物馆聚落流量自东侧门户区快进快出的现状，华侨城通过打造过夜旅行者流量入口西侧门户区，塑造安仁坝子广场门户新形象，营建大匠之门安仁文化中心多功能服务设施，改造安仁华侨城创意文化园、创意水西东临盘文化交流中心，连点成线，创建流量新通道，促进多元游客交叉消费。

（1）安仁坝子广场

图 50　安仁坝子广场

图片来源：安仁华侨城。

2017 年 9 月，安仁坝子广场改造工程竣工（见图 50）。将占地 29 184 平方米的停车场，改造成小镇的中心广场，塑造门户新形象，连接中心街区和高品质酒店等夜游服务设施。

（2）大匠之门安仁文化中心

大匠之门安仁文化中心（见图 51），用地规模约 20 亩，总建筑面积约 7 600 平方米。由中华文化促进会主席王石、副主席董亚平倡议，中华文化促进会文化城镇协作体副主席张大帆、庄莹前期策划，著名建筑设计师李兴钢担纲设计，华侨城西部投资有限公司投资建设。

项目以安仁古镇独有的公馆建筑类型作为历史参照，以地方历史优秀文化人物为主线，以人物志、地方志和城市礼物为基本要素，创新融合文化艺术作品和演出、公共文化服务、非遗保护传承和国际文化交流四大服务平台功能，是安仁古镇全新的文化地标。

图 51　大匠之门文化中心

图片来源：安仁华侨城。

大匠之门文化中心是安仁中国博物馆小镇进入全新发展阶段的新起点。在老公馆、老物件（博物馆）、老街坊（民居）的资源和产品基础上，经过“老瓶老酒”“老瓶新酒”“新瓶新酒”的发展历程，第一次“洄游”，开启“勾兑调香”时代。

（3）安仁华侨城创意文化园

2017 年 10 月，安仁华侨城创意文化园改造项目竣工（见图 52）。园区占地面积 28 310 平方米，在中国著名建筑师刘家琨的设计下，依托原有宁良老工厂土地和建筑资源，历时 48 天改造，成为西部最大的文创空间载体之一。

通过开展当代艺术品展陈和交易活动，引入深圳文化产权交易所、成都市锦城城乡社区发展治理培训学院、成都市蓉创城乡社区空间美学研究院，布局产业链上下游，成为安仁的艺术人文客厅。目前已成功举办三届“安仁双年展”，四届“中华文化促进会文化城镇博览会”，并开展草地音乐节、创意市集等文创活动，创意人才不断积聚，文化创意氛围持续增强。

图 52　华侨城创意文化园

图片来源：安仁华侨城。

（4）水西东林盘文化交流中心

2018 年，水西东林盘文化交流中心竣工（见图 53）。项目占地面积 6.6 万平方米，建筑面积 2 200 平方米，融入原有林盘景观，延续川西传统建筑材料、空间要素，在建筑结构性能化设计新思维和数字建造创新方法的指引下，有效融合了地方场所精神和未来建筑新观念、新技术。

图 53　水西东林盘文化交流中心

图片来源：安仁华侨城。

2. 跨河而兴：开辟流量新入口

（1）南岸美村乡村客厅

2019 年，南岸美村乡村客厅改造工程竣工（见图 54）。项目建筑面积 800 平方米，由一座 20 世纪 80 年代的中国第一批村镇企业代表——老酒厂改造而来，整体坚持原貌改造、艺术创新、尊崇自然等理念，以“呼吸”为设计理念，创建“多维呼吸”的公共空间，通过艺术手法焕发老酒厂的新生，开展艺术、设计、培训等系列活动，打造艺术乡建平台，串联艺术花田（见图 55），成为南岸美村营建的坚定起点。

图 54　南岸美村乡村客厅

图片来源：安仁华侨城。

图 55　艺术花田
图片来源：安仁华侨城。

(2) 锦绣安仁奇境花园

锦绣安仁奇境花园占地面积195亩，是以现代农业观光为主题的智慧型旅游景区，集观光休闲、科普教育、互动娱乐、创新运营于一身的复合型公园（见图56）。拥有4个超大立体花雕，12组精品绿雕，100余种花卉品类，2 400米精致花径，4 600平方米垂直花雕迷宫，2.2万平方米浩瀚花海，绿地率达92%。丰富的主题花海、夜游奇幻花园、科普教育探险、科技互动体验、花卉小镇节庆联欢、奇花主题活动等诸多特色，形成“花、水、人”互动实践的乡村新型主题乐园。目前，锦绣安仁现代花卉农业博览园已是中国西部花卉博览园选址地和花卉文化交流的平台，并已成为小镇生态建设形象的新标杆。

图56 锦绣安仁奇境花园

图片来源：安仁华侨城。

（3）民宿度假村落

为丰富南岸美村旅居体验，满足亲子家庭、青年社交、甜美闺蜜、休闲度假、艺术冥想等度假需求，安仁华侨城在南岸美村先后建设了一批精品民宿，包括溪地·阿兰若精品民宿、向野而生·安仁，咏归川·安仁等，2020年相继竣工并投入使用。据统计，华侨城西部投资有限公司整体投资运营的住宿服务设施超过3000间夜。

溪地·阿兰若度假村落为首批建设运营的民宿品牌，项目以“天府隐奢”为酒店定位，一期11间客房，同时配备高标准田园餐厅、林盘酒吧、无边泳池、亲子活动空间、综合接待大厅等休闲业态和公共配套。“溪地·阿兰若”以乡村客厅和民宿酒店为载体，聘用村民当地就业、组织村民培训学习、引导村民创新创业，探索并实践了“侨城领衔、多方互动、百姓参与”的乡村振兴安仁路径，为南岸美村后续建设积累了宝贵经验。

奇境花园酒店（原南岸乡苑酒店）紧邻斜江河，与锦绣安仁现代花卉博览园、薰衣草田园融为一体，拥有42栋独具特色的蜂巢亲子树屋，散布于占地3万平方米的薰衣草田园边，酒店还有儿童乐园、乡间趣味群落、停车场等配套设施，是区域野奢度假酒店的代表。

向野而生·安仁尊重当地自然生态原貌，充分保留了川西林盘原生树木，整体建筑依托林盘、荷塘、田野美景自然生长。是以住宿为核心业态，配套咖啡轻餐饮、文创集市、亲子等多种业态于一体的乡村度假社交空间。

咏归川·安仁坐落于村落之中，农房环绕，总建筑面积约5 500多平方米。项目建筑大部分采用双坡屋顶的结构，局部以平屋面进行穿插，整体反映了当地农房特色，平面布局根据不同功能分组团设置，以期打造一种城市近郊田园轻度假综合体模式。

3. 安仁乐道：整合流量新要素

（1）安仁绿道

2021 年，安仁绿道首期启动区全长约 1.5 千米落成开通（2016 年规划）（见图 57）。从北岸“水西东”到南岸“村锦绣”，历时 3 年。一条斜江河，隔不断沃野千里耕读传家，却隔得断旅游流、要素流和意识流。未来 120 千米全线建成开通，将会是安仁中国博物馆小镇跨越式发展的又一个新的拐点。

图 57　安仁绿道

图片来源：安仁华侨城。

（2）廖维公馆与安仁里

遵循“产业 + 城镇 + 人口”繁荣闭环的开发理念，联袂李兴钢，于廖维公馆之上重塑延展“安仁里”，以林盘、场镇、院落为主体场景呈现，以三溪五院十八巷为景观，再现东方园林意趣，勾勒出一幅沃野环抱、密林簇拥、小桥流水的川西林盘画卷，让项目在古镇场景中焕发新活力（见图 58）。

图 58 “安仁里”地产项目
图片来源：安仁华侨城。

综上所述，八大文化地标构成了全新的坐标和轴线，但硬件和软件的匹配度仍待进一步调整、修正和完善，具体建议（见图 59）如下：

第一，完善乡间小路产品组合。安仁绿道虽已串联老酒厂、锦绣安仁奇境花园、南岸美村等特色服务设施，然而大邑县地理标志产品种植和养殖示范基地资源尚未整合，红木家具和基酒加工产业资源尚未整合，观光工厂产品缺位。同时，以食学教育为特色的研学旅游分散在格林庄园、金谷域澳洲庄园等地，锦绣安仁奇境花园“汇流”功能导向的服务设施仍不完善。因此建议锦绣安仁奇境花园和南岸美村以“观光工厂”为突破点，配套更大规模的度假住宿服务设施。

第二，完善哲学小道产品组合。安仁坝子广场、大匠之门安仁文化中心、水西东林盘文化展示中心三项服务设施承担执行艺术馆、博物馆和展览馆三个功能，但是软件与硬件匹配度不高。经过逻辑推演，建议夯实大匠之门安仁文化中心“当代艺术馆”功能，配套艺术酒店；充实水西东林盘文化展示中心“川西生活博物馆”功能，复合博物馆酒店和工坊街区。同时，向刘文彩庄园反向渗透，带动德门仁里和周边商业资产，塑造哲学小道。

第三，完善康庄大道产品组合。安仁绿道尚未串联廖维公馆和安仁里，安仁本地优质教育资源（安仁中学、孔裔公学、四川影视大学）尚未整合，安仁书院和方知书院无法满足区域新型城镇化发展需求；《今时今日安仁》情境式演出作为数字创意引擎产品，与康佳之星尚未形成链接、协同和交互；安仁华侨城创意文化园未靶向主导产业和发展目标。因此建议安仁华侨城创意文化园与廖维公馆、安仁里联动，发挥“安仁双年展”品牌效应，面向艺术家、设计师和生活家，导入教育培训、出版传媒产业引擎产品，创建文化出口贸易基地、知识产权示范园区和创新服务试点，促进安仁里向艺塾、商塾转型发展，最终形成生活方式型旅游企业聚集区。

（四）空间布局

一河两岸，南北通衢。北岸名镇，南岸美村。在斜江河北岸，以安仁镇中心 3.2 平方千米历史街区为本体，建设开放式运营的文旅小镇；在斜江河南岸，以清源村、新华社区、蔡山村三个行政村为中心，进行景区化改造，实施乡村振兴，建设 14 平方千米的南岸美村。

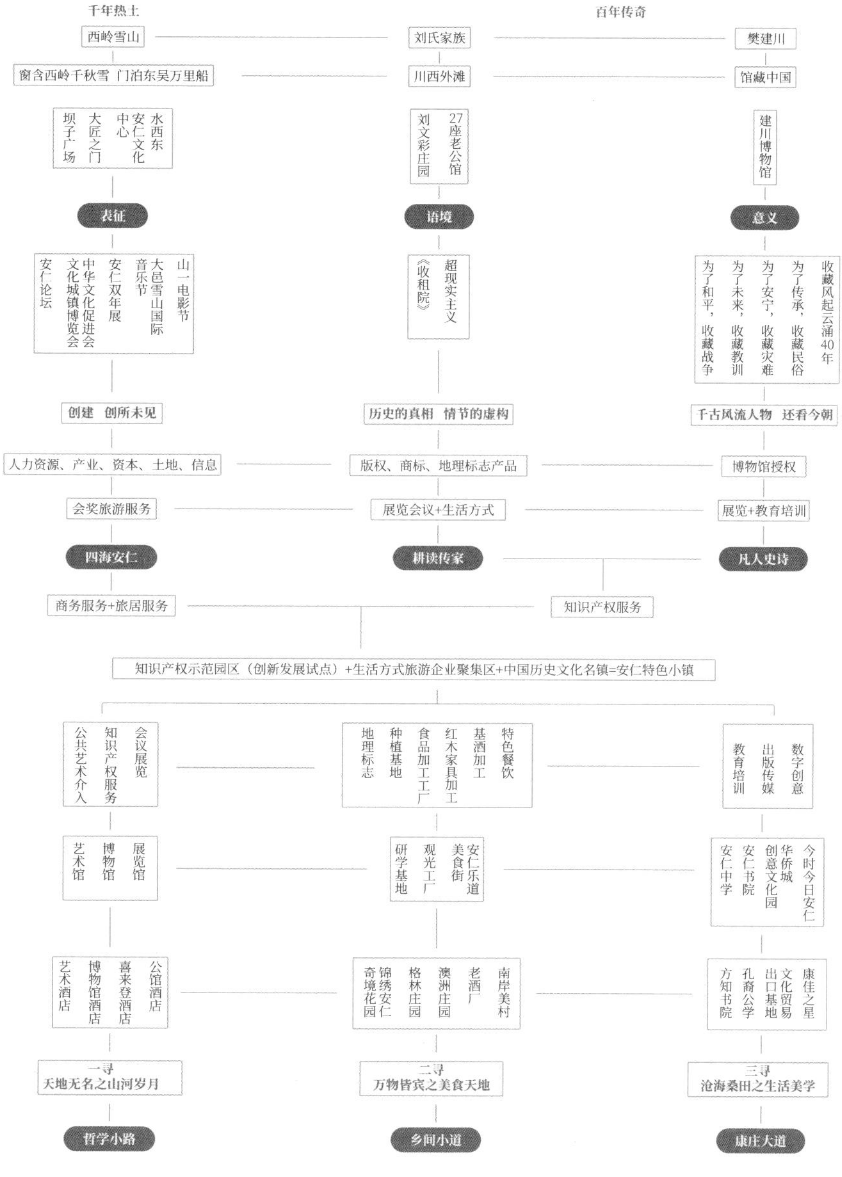
千年热土
百年传奇
西岭雪山
刘氏家族
樊建川
窗含西岭千秋雪 门泊东吴万里船
川西外滩
馆藏中国
水西东安仁文化中心
大匠之门
坝子广场
27座老公馆
刘文彩庄园
建川博物馆
表征
语境
意义
山一电影节
大邑雪山国际音乐节
安仁双年展
中华文化促进会文化城镇博览会
安仁论坛
超现实主义
《收租院》
收藏风起云涌40年
为了传承，收藏民俗
为了安宁，收藏灾难
为了未来，收藏教训
为了和平，收藏战争
创建 创所未见
历史的真相 情节的虚构
千古风流人物 还看今朝
人力资源、产业、资本、土地、信息
版权、商标、地理标志产品
博物馆授权
会奖旅游服务
展览会议+生活方式
展览+教育培训
四海安仁
耕读传家
凡人史诗
商务服务+旅居服务
知识产权服务
知识产权示范园区（创新发展试点）+生活方式旅游企业聚集区+中国历史文化名镇=安仁特色小镇
会议展览
知识产权服务
公共艺术介入
特色餐饮
基酒加工
红木家具加工
食品加工工厂
种植基地
地理标志
数字创意
出版传媒
教育培训
展览馆
博物馆
艺术馆
安仁乐道
美食街
观光工厂
研学基地
今时今日安仁
华侨城创意文化园
安仁书院
安仁中学
公馆酒店
喜来登酒店
博物馆酒店
艺术酒店
南岸美村
老酒厂
澳洲庄园
格林庄园
锦绣安仁
奇境花园
康佳之星
文化贸易出口基地
孔裔公学
方知书院
一寻
天地无名之山河岁月
二寻
万物皆宾之美食天地
三寻
沧海桑田之生活美学
哲学小路
乡间小道
康庄大道

图 59 安仁构想

四、合作导引

（一）安仁双年展

“安仁双年展”是华侨城西部投资有限公司在进驻安仁中国博物馆小镇之初开发的产业引擎类产品，旨在力推“文博”向“文创”跨越式发展。为了避免“纯艺术”思维，安仁双年展由华侨城西部投资有限公司主办，华侨城OCAT当代艺术馆群指导，西安曲江智造文化旅游产业股份有限公司承办，实施职业策展人负责制，在顶层设计阶段便创新思维跨界操作。

2017年，首届“安仁双年展”以“今日之往昔”为主题，设置了“谱系修辞”“十字街头”“回不去的未来”“四川故事——戏剧与历史”等板块，邀请陈丹青、方力钧、周春芽、Brinkmanis Andris、Condorelli Celine等来自18个国家和地区的189位艺术家参与了首届展览。

2019年，第二届“安仁双年展”以“共同的神话”为主题，在尊重不同文明的历史和传统的基础上，来自世界各地的71位优秀中外艺术家以绘画、摄影、装置、影像、雕塑、电影、文献及建筑作品等形式，深刻创想人类命运共同体的全球化时代新文明。

2021年，第三届“安仁双年展”以“变奏”为主题，拉开中国小城镇特色文化创新发展“变奏曲”的序幕（见图60）。以安仁“首秀”的“大匠之门文化中心”为主展场，分别设置“走向日常、自由花园、耦合共生、在华国际”四个平行展，发起关于中国当代艺术“主体之变、格局之变、时空之变、视野之变”四个焦点话题，重点促进在地艺术、观念艺术、数字艺术和青年艺术协同发展。五大展览板块汇聚了海内外151位艺术家的300余件（组）艺术作品（见图61～图63）。

安仁双年展举办三届以来，以其多层次的语言维度不断给予开发者和建造者新的启发，以其丰富的探索路径给予社会新的视角。作为国内唯一落地文化小镇的当代艺术展，在文化气候、思维方式等方面与中国文化城镇深度耦合，同时又以它自身的多元气息更新着小镇发展，使得艺术展与古镇安仁相互滋养、碰撞激荡。

图 60　第三届“安仁双年展”开幕式

图 61　安仁双年展作品《虫仓》（苏永健）

图 62　安仁双年展作品《被编辑的花园》（邓国源）

图 63　安仁双年展作品《凳子》（唐勇）

（二）中华文化促进会文化城镇博览会

中华文化促进会文化城镇博览会（简称“ICTE 镇博会”）是国内首创的“特色小城镇群英会”，ICTE 镇博会集中展示国内公共文化服务设施完备、文化产业发展体系健全、文旅融合发展效果良好、具有新型城镇化建设成果的特色小城镇重点项目，为文化城镇提供交流合作平台、品牌推广平台、投资促进平台和创新服务平台，致力于成为促进新型城镇“创、建、投、管、运”高质量一体化发展的行业盛会。

ICTE 镇博会由中华文化促进会主办，华侨城集团有限公司、康佳集团股份有限公司协办，成都大邑县人民政府、中华文化促进会文化城镇协作体、华侨城西部投资有限公司、西安曲江智造文化旅游产业股份有限公司承办。

2018 年，首届镇博会以“创见，创所未见”为主题，聚焦“资源整合”，力邀国内知名文旅城镇项目参展参会，周庄、同里、乌镇、西塘、台儿庄、奉节、横琴等诸多代表共聚安仁，为轮值小镇导入了国内顶级项目资源（见图 64）。

图 64　第一届 ICTE 镇博会

2019 年，第二届 ICTE 镇博会聚焦“资产运营”，力邀马来西亚云顶集团、韩国 EZworldwide 集团、英国 Disguise、中德 TUI 途易集团、歌华中奥投资有限公司、湖南卫视青春文旅研究院、咪咕音乐、自在传媒、东阿阿胶等企业共聚安仁，为轮值小镇集中导入了国际顶级产业资源和营销渠道资源（见图 65）。

图 65　第二届 ICTE 镇博会

2020 年，第三届 ICTE 镇博会聚焦“产业育成”，重点突出华侨城集团文化、旅游及城镇化协同发展过程中涌现的新型产品组合，结合时代特点和消费需求，聚焦文旅融合、康旅融合和商旅融合 3 个关键环节，为轮值小镇开创了国家政策宣讲、国家课题分享、Healing Fair 的先例（见图 66）。

图 66　第三届 ICTE 镇博会

2021 年，第四届 ICTE 镇博会聚焦“文旅营城观念艺术”，在上百个案例研究的基础上，归纳城市新区、城市更新区、历史文化名镇（村）、山水廊道、聚合空间 5 种空间类型，营造哲学、诗性、艺术的纯粹场域，将文旅营城的核心观点以前所未有的“观念艺术”方式呈现于世（见图 67）。

图 67　第四届 ICTE 镇博会

历经 4 年探索，ICTE 镇博会已经明确了“以展促会”的发展思路和“金秋十月，安仁之约”的发展节奏。明确了“创见，创所未见”的品牌主张，以及华侨城集团新型城镇化建设成果对外展示的唯一“窗口”、中华文化促进会文化城镇协作体会员单位的深度交流“端口”、研判和预示行业发展变局“风口”的重要作用。

4 年来，ICTE 镇博会陪伴安仁中国博物馆小镇共同成长，记录华侨城西部集团产业深耕的酸甜苦辣，见证“北镇南村”宏图阔景呈现。

五、借鉴启示

华侨城西部集团“文旅坐镇”安仁五年：

在“空间”层面，构建“一河两岸、南北通衢、北岸名镇、南岸美村”的整体格局和蓝绿交织的生态环境，充分发挥想象力和专业技术优势，化荒野为神奇，渲染大地艺术，雕镂文化地标，点染园林艺术、建筑艺术、景观艺术和光影艺术。

在“地方”层面，力促主客混体、主客共享，开放合作、扶持原住民业态升级、引进新移民业态根植、搭建绿色发展平台和要素交流通道，激活了人的创造力、文的自觉性和旅的渗透率，最大限度地包容一切关于创新创业的“行为艺术”。

在“品牌”层面，文星荟萃、游人如织，坚持强化政策宣讲与引导、行业交流与合作、艺术介入与青年扶持，在要素培育层面承担央企责任，在产品运营层面坚持市场原则，在共建共享层面展现开源格局，在游客凝视层面凸显文化多元特色。

在“市场”层面，剔除 2020 年疫情影响年份，2019 年安仁镇地区生产总值 20.02 亿元，比上年增加 6.38%；固定资产投资 10.7 万元，比上年增长 8.90%。旅游人次数从 2015 年的 551.4 万人次发展到 2019 年的 743.14 万人次，涨幅近 35%。旅游综合收入从 2015 年的 11.4 亿元发展到 2019 年的 23.67 亿元，4 年翻番（见表 52）。

表 52　2015—2019 年安仁镇旅游接待及收入一览表

年份	游客接待量 / 万人次	较 2015 年增长率	旅游总收入 / 亿元	较 2015 年增长率
2015	551	—	11.40	—
2016	590	7.27%	11.52	1.05%
2017	647	17.63%	14.01	22.89%
2018	658	19.64%	19.32	69.47%
2019	743	34.77%	23.67	107.63%

在“社会层面”，扶持了超过百家当地特色小吃、餐饮、现代农庄、非遗大师、手工艺人等落户老街经营，合计 210 间铺面；带动了以树人街、裕民街、红星街、半边街、中心街和安惠里为基础载体的商业服务体系，以及天福街、吉祥街的自我更新；形成了小镇核心区酒店、民宿、客栈等住宿服务设施超过 110 多家、3000 间夜的市场化增长。

仁者安仁，安仁乐道。安仁特色小镇最大的吸引力在于其文化层的丰富性、弹性和可能性。无论是地方政府还是开发企业，均充分尊重了地脉、人脉、文脉和业态。守住了原住民的安逸，留下了小业主的根基，托起了新青年的梦想，引来了新移民的进驻。人们共同的感受是：安仁像一块海绵，我的言行会在这里留下印记甚至引起变化。比起在大城市宏大史地场域中和光同尘的空灭感，这里的工作舒心、生活便捷，来自文化产业、旅游业、新型城镇化相关领域的人才、资讯和思想都是“顶流”，可谓“往来无白丁”“心远地自宽”。

凡人史诗，岁月如歌。以人为本的新型城镇化，正如安仁特色小镇：社会文明程度较高，经济稳步发展，文化传承有序。每一个普通人，都沉浸在祖训中、开放于山水间、根植在沃土里，努力活成自己想成为的样子，努力为子孙和宗族留下生命创意的物证，努力将平凡的生活过出仪式感。这一切如诗、如歌，极致浪漫，演绎着这个时代的地脉孤本。

此项目的发展路径、文化价值观、各阶段关键词和关键行动，对于众多历史文化名镇向特色小城镇转型升级，高质量发展具有借鉴意义（见表 53）。

表 53　安仁项目借鉴启示

发展路径	品牌口号	关键词	关键行动
空间层面	一河两岸　南北通衢	北岸名镇	建筑艺术、光影艺术、行为艺术
		南岸美村	大地艺术、园林艺术、景观艺术
地方层面	开放合作　旅游渗透	原住民	业态升级、主客共享，解放人的创造力
		新移民	业态根植、主客混体，发挥文的自觉性
品牌层面	四海安仁　凡人史诗	文星荟萃	三产六业九品
		游人如织	乡村小道、哲学小路、康庄大道
市场层面	安仁乐道　岁月如歌	会奖旅游	在地文化，往来无白丁
		亲子度假	美食旅游，心远地自宽
社会层面	生命创意　人生物证	特色餐饮	仪式感
		精品民宿	归属感

六、系统观念

关于“新型城镇化”的政策引导是时序清晰、观点鲜明的。基于《国家新型城镇化规划（2014—2020 年）》，第一阶段以“特色小镇”为抓手，鼓励社会各界参与共创；第二阶段以“特色小城镇”为抓手，发挥示范作用，引导规范发展；第三阶段以“城乡统筹，重点发展县域经济”为抓手，提倡高质量发展，引导空间合理布局。

关于“新型城镇化”的集成实践是需要尊重市场规律和基层首创精神的。华侨城安仁项目从蓝图到落地，从创想到实践，从微观到宏观，从空间、地方到品牌，从聚合到辐射，从起点到拐点……探索出了一条“文博 + 文艺 + 文创 + 文旅 + 文教 + 文科 + 文商 + 文资 + 文交”的发展路径，前瞻性地实践了国家知识产权示范园区和创新服务试验点的发展范式。

道	法	术	器	势
核心理念	政策抓手	核心策略	核心产品	借鉴启示
四海安仁 凡人史诗	新型城镇化 乡村振兴 知识产权强国	安仁乐道	流量新通道 流量新入口 流量新要素	以人为本的新型城镇化

1942年

刘文彩修建星廷戏院

大门楹联赫然醒目题书：人情现象，世界奇观

人之为人，情不知所起，一往而深

人之为人，神不知所踪，四向皆空

感性地创造理性的世界

理性地营建感性的意境

地气、人气、神气、活气、灵气、仙气

怎一个“气”字了得

作品名称：四神

作者：古原

作品材质及类别：布面油画

尺寸：1.8m×2m × 4m

大境门长歌

引言

长城是中国现存体量最大、分布最广的世界文化遗产，是中国悠久历史和灿烂文化的象征，是中华民族的精神象征，是增强人民群众文化自信和讲好中国故事的重要载体。长城分布于北京、天津、河北、山西、内蒙古、辽宁、吉林、黑龙江、山东、河南、陕西、甘肃、青海、宁夏、新疆15个省（自治区、直辖市）。2012年，国家文物局完成了长城资源认定工作，根据相关专业机构和专家意见，将春秋战国至明等各时代修筑的长城墙体、敌楼、壕堑、关隘、城堡以及烽火台等相关历史遗存认定为长城资源，将其他具备长城特征的文化遗产纳入《长城保护条例》的保护范畴，认定工作统计各类长城资源遗存总数43 721处（座/段）。

河北省作为长城国家文化公园试点省，初步确定了秦皇岛市山海关段、承德市金山岭段、张家口市大境门段和崇礼段长城为第一批长城国家文化公园建设试点段。

张家口长城及其长城附属物遍布全市各县区，是名副其实的历代长城博物馆。张家口长城具有五大显著特点：一是建造时代长，从战国延续到明代，有八个时代的长城；二是修筑里程长，总长度达1 804.846千米；三是建筑形制完备，有干插石垒、土夯、土石混夯、砖石结构等建筑形式；四是防御体系庞大，以明代为例，包括镇城、卫、所、堡、敌楼、烽火台和长城线性墙体等纵深防御体系；五是多个历史时期的长城以张家口为起点修筑，如燕北长城、赵北长城、北魏长川长城和“畿上塞围”等。

大境门长城与山海关、嘉峪关、居庸关齐名，被誉为“万里长城第一门”，始于张家口市东太平山，止于张家口市桥西区与张北县交界处的旱淖坝，全长约22.6千米。明成化二十一年(1485年)，明王朝在北魏长城和北齐长城的基础上修建了这段长城。清顺治元年(1644年)，清政府在此段长城开设大境门，以供通商之用。

大境门长城作为明代九边军事重地，具有完备的军事防御体系。作为蒙汉交流的重要阵地，代表了和平开放、文化交流和贸易互市的场所精神。大境门下的来远堡见证了蒙汉贸易互市繁荣，西沟绵延千里，驼铃声声，通往草原天路（今乌兰巴托），去向库伦（今莫斯科），形成中国最大的陆路商贸通道张库古道，与茶马古道、丝绸之路比肩；张家口堡（堡子里）与来远堡相互守望，是全国大中城市中保存最完整的明清建筑城堡之一，被誉为“明清建筑博物馆”，是张家口的城市原点。

一、项目介绍

项目地位于张家口市北城张承高速路口，距离高铁站和火车站 10 分钟车程，距离机场 20 分钟车程，距离崇礼冰雪小镇和张北草原天路均为 30 分钟车程，区位和交通优势明显（见图 68）。

图 68　区位交通分析图

以大境门长城为核心资源（见表54）的现代旅游业发展主要经历了以下三个阶段（见表55）：

起步阶段（2010—2013年），这一阶段以“国家4A级旅游景区”授牌（2010年）为起点，以“国家级文物保护单位”授牌（2013年）为节点，以基础配套服务设施建设为重点工作。

探索阶段（2014—2018年），这一阶段以“大境门仿古一条街”开街（2014年）为起点，以“大境门长城文化旅游区”总体策划和概念规划通过市政府专项会议审批（2017—2018年）为节点，以创新发展为重点课题，开始面向13.5平方千米的管控区规划范围谋发展。

表54　管控保护区（张家口）沿线全国重点文物保护单位一览表

序号	名称	批次	类型	备注
1	宣化古城	第六批	古建筑	
2	万全右卫城	第六批	古建筑	
3	大境门长城	第七批	古建筑	并入
4	张家口堡	第七批	古建筑	
5	洗马林城墙	第七批	古建筑	
6	马水口段	第八批	古遗址	3处
7	样边段	第八批	古遗址	并入

实践阶段（2019年至今），这一阶段以大境门长城被列入长城国家文化公园试点（2019年）为起点，大境门长城文化旅游区建设先导区“明德口街”开业和“来远堡遗址公园”开园（2021年）为节点，以消费升级、资源整合、全域发展为重点目标。项目启动先导区13.5平方千米的基础设施建设（见图69），并开始面向长城国家文化公园（大境门段）33.03平方千米谋发展。

图 69　大境门长城文化旅游区先导区

《大境门长城文化旅游区总体策划和概念规划》方案和创建长城国家文化公园（大境门段）的申报资料由张家口市文化和旅游局、桥西区政府指导，张家口建发集团主导，曲江智造主创，跨时 4 年，先后完成了项目全域顶层设计（逐步实施）、识别系统规划和应用指导（部分实施）、游客集散中心室内设计（未实施）、大境门长城文化旅游区明德口街景观提升设计（实施）、招商指导（完成）、开街辅导（完成）、文旅融合复合业态导入和落地（完成）七类重点工作。项目共识度极高，完成度不高，基本完成了观念的统一，亟待实现行动的统一。

第 24 届冬季奥林匹克运动会（Winter Olympic Games）于 2022 年在北京和张家口举行，大境门长城文化旅游区据守城市门户，是否能抓住历史机遇，按照策划规划有序实现战略发展目标，建设成为奥运名城旅游门户服务区、时代长城文化产业发展园区、中蒙俄国际文化交流基地，取决于市政府的决心和开发企业主体的实力。

表 55　大境门现代旅游业发展过程

阶段	起步阶段 （2010—2013 年）	探索阶段 （2014—2018 年）	实践阶段 （2019 年至今）
标志事件	2010 年国家 4A 级旅游景区授牌	2014 年大境门仿古一条街开街（后关闭）	2019 年，大境门长城被列入长城国家文化公园试点
	2013 年国家级文物保护单位授牌	2017—2018 年，大境门长城文化旅游区总体策划和概念规划	2021 年，大境门长城文化旅游区明德口街开业，来远堡遗址公园开园
重要举措	基础配套服务设施建设	游客集散中心室内设计	明德口街景观提升设计 招商指导 开街和开业辅导 文旅融合复合业态导入和落地

（一）核心资源

1. 文物和文化资源

（1）长城文物资源丰富

据河北省长城资源调查勘测，张家口境内修筑长城总长度达 1 804.846 千米，现存可辨长城遗迹累计长 1 303.285 千米，其中 344.664 千米存在历代叠压关系，累计消失段落 156.897 千米。张家口境内明代长城全长 720.74 千米，占河北省明长城总长度的 53.8%。现存遗迹 361 段、敌台 456 座、烽火台 2 273 座、马面 111 座、关堡 136 座，相关遗存 21 处，涉及赤城县、沽源县、怀来县、宣化区、崇礼区、桥东区、桥西区、下花园区、万全区、张北县、怀安县、尚义县、涿鹿县、阳原县 14 个县（区），分布呈线长、点散、面宽的特点，且基本保持原生态，仅有大境门段长城对外开放（见表 56）。

表 56　张家口境内明长城遗存

序号	位置	长度 / 千米	遗存 / 特点
1	怀安县	35	
2	尚义县	22.62	
3	万全区	87	
4	张北县	100	
5	桥西区	3	土墙、石墙、烽火台、关隘、城堡
6	桥东区	10.5	
7	宣化区	52	宣府镇城
8	崇礼区	51.252	山险墙、山险、敌台、烽火台
9	赤城县	280	石片垒砌
10	涿鹿县赵家蓬区	17.2	条石砌墙
11	阳原县、涿鹿县、下花园区	—	烽火台
12	沽源县	64	烽火台
13	怀来县	54	镇边城、横岭城
小计		720.74 千米	

（2）长城沿线旅游资源丰富

张家口拥有国家级文物保护单位 53 处，省级文物保护单位 110 处，全国十大考古新发现 4 处，是河北省文物大市之一。以大境门、阳原泥河湾、涿鹿、蔚县古城、鸡鸣驿等为代表的遗址和文物建筑内涵丰富。以蔚县剪纸、蔚县秧歌、打树花、拜灯山等为代表的非遗及民俗旅游资源传承有序，以张北草原音乐节、中国蔚县剪纸艺术节、中国怀来葡萄采摘节、尚义赛羊会等为代表的节庆旅游资源外延广阔。

（3）商堡文化底蕴深厚

大境门是蒙古族、汉族、回族、藏族等多元文化友好交流的场所，是张库商道和草原丝路的东方起点、万里茶道的重要节点，被誉为“北方商都”“路陆商埠”“皮都”。

由于张家口经济繁荣，1909 年，清政府从北京至张家口修建了“京张铁路”。

（4）红色文化资源众多

大境门周边有察哈尔农民协会旧址、晋察冀军区司令部旧址、冯玉祥故居、吉鸿昌烈士纪念馆、察哈尔烈士陵园等红色资源，被誉为“边区首府”“红山城”。

2. 文化主题

大境门长城位于东、西太平山之间的隘口内，沿山脊蜿蜒延伸，勾勒出关口山势的轮廓，形成了“山在闹市中，市在长城下”的独特景观，其建筑结构与工艺体现了建筑技术和防御技术的科学性，体现了古代劳动人民的智慧与创造力，反映了游牧民族与农耕民族之间的交流与冲突。

（1）金戈铁马的战争线

1211 年，成吉思汗在野狐岭大败 40 万金兵，奠定了消灭金朝的基础；1449 年，“土木堡之变”是明王朝由盛到衰的转折点；清代康熙皇帝率大军由独石口长城出塞，征讨噶尔丹，彰显了清王朝的强盛；苏蒙联军野狐岭歼灭日军之战，谱写了国际主义的壮丽凯歌；八路军收复张家口，“天翻地覆慨而慷”。这些改变历史进程的军事事件，演绎出一幕幕可歌可泣的历史故事。

（2）各民族互市的经贸线

明代隆庆年间，蒙汉民族之间化干戈为玉帛，张家口的来远堡、怀安县的马市口成为蒙汉人民“茶马互市”的场所。清朝初年，大境门又成为“茶叶之路——张库大道”的起点与贸易集散地。长城一线大动干戈的时间要比长城两边人民和平相处的时间短得多、少得多。长城在经济贸易方面的作用丝毫不亚于军事防御作用。

（3）草原游牧文化与农耕文化的交汇线

以长城为界，以北为游牧文化区，以南为农耕文化区。长城两边的各族人民创造了富有特色的地域文化，在长城一线相互交流、相互学习、相互融合，形成了张家口地区民族文化交通的特色：既有燕赵文化的慷慨悲歌，也有三晋文化的勤俭朴素，更有草原文化的豪爽大方。

（4）自然气候与地理的天然分界线和风景线

长城之内，丘陵起伏，河川奔流，青山耸翠，林茂粮丰；长城之外，天苍苍，野茫茫，风吹草低见牛羊，地势广阔平坦，气候凉爽。张家口拥有距离北京最近、保存最完好的原始草原，还拥有大海陀国家自然保护区、小五台自然保护区、鸡鸣山、黑龙山国家森林公园等多彩多姿的山林资源。

通过系统梳理文物和文化资源、文化载体可识别要素，项目组试图探寻和归纳古今中外各界人士对于“长城”的通感：一是代表“战争”的长城，本体意义消弭，从现实走向虚无；二是代表“地理分界线和风景线”的长城，本体价值被忽视，亟待“记忆的重构”，从历史走进生活；三是代表“交会线和经贸线”的长城，本体意义消弭，尘封“永恒的瞬间”，应从曾经“必然的偶然”追求“当代可能的必然”；四是代表“故事线”的长城，本体价值被忽视，沟通“天地和山河”，将“大好河山”的文学意境变为“时代长城”的创新创业场景（见表 57）。

表 57　长城时代价值

文物和文化资源	可识别要素	文化题材
早期长城	长城博物馆	战争线
明长城	万里长城第一门	自然地理分界线 风景线
商堡	张库古道、草原丝路、万里茶道、皮都、京张铁路	交会线 经贸线
红色文化	边区政府、红山城	故事线

（二）核心问题

1. 文物与文化资源本体价值消弭，未形成旅游属性

项目长期存在大境门长城文物保护管理单位、大境门长城国家 4A 级旅游景区管理单位、大境门文化旅游管理有限公司、桥西区政府、张家口文化和旅游局等单位交叉管理的问题，导致资源未统筹，片区未联动，集散功能未形成，要素未流通，旅游产品未成形。

通过田野调研和网络数据统计分析，发现项目地存在非旅游目的地城市、知名度低、文化资源产品化程度低、旅游渗透度低等问题。

2. 文物和文化资源的本体意义消弭，业脉未延续，未形成产业属性

大境门长城所承载的建筑文化、军事文化、商贸文化、红色文化，当今并无对应延续的生产方式和赓续的生活方式，独特的“干插石垒”相关建筑技术企业、军民融合企业、“皮都”及“万里茶道”相关国际贸易领军企业缺位，中小企业未在市区形成聚集效应。与“奥运名城”“皮都”“草原绿都”三个显性城市形象标签强关联的目的地分别为崇礼冰雪小镇、阳原县、张北草原，与主城区关联度极低；“北方商都”“万里茶道”和红山城三个隐性城市形象标签无任何支撑产品落位。城市精神标识向上未能支撑城市形象的塑造，向下未能发挥城市窗口和会客厅功能，中心城区向心力不足，无法引流和汇流（见表 58）。

表 58　项目产业属性情况

城市文化资源和形象标签	支撑形象 / 主导产业	强关联目的地	与主城关联度
奥运名城	冬奥会——冰雪运动	崇礼冰雪小镇	无
皮都	制皮和贸易	阳原县	无
北方商都	万里茶道茶叶贸易	无	无
草原绿都	生态涵养绿色环保	张北草原	无
红山城	红色血脉教育培训	无	无

3. 昭示文化主题并延续业脉的文化支点作用尚未发挥，未形成城市服务属性

在城市总体发展层面，大境门长城应发挥精神标识昭示作用，配套公共文化设施，积累文化财富，促进文化生产。但迄今为止，仅有长城博物馆项目立项且在建，当代艺术馆亟待补位。

在城市文化产业发展层面，大境门长城文化旅游区应首位承担文化产业示范园区和基地功能，创建城市展览和会议中心，引导中蒙俄国际文化交流，深耕国际文化贸易，配套商务会议型酒店，补位文化功能，理顺文化机制。

在城市旅游发展层面，大境门长城文化旅游区应着力打造张家口城市旅游门户服务区，完善交通换乘服务、游客集散服务、创新创业服务三个服务体系，领衔构建“大境门长城文化旅游区—崇礼冰雪小镇—张北草原天路”的“金三角”结构，完善驿站、营地和研学旅游三个基地系统，促进要素流动，兑现文化价值（见表 59）。

表 59　项目未来发展方向

文化主题	文化支点	文化功能	公共文化服务设施
战争线	大境门长城	精神标识	长城历史博物馆 当代艺术馆
经贸线	来远堡、堡子里、水母宫	展览会议	中蒙俄国际文化交流中心 文化产业示范园区
交汇线	大境门长城	会奖旅游	
自然地理分界线	东西太平山	体育休闲	郊野公园 山地运动公园
风景线	草原天路	交通换乘服务 游客集散服务 创新创业服务	综合服务中心 驿站系统 营地系统
故事线	察哈尔总督府	教育培训	研学基地

二、政策索引

（一）长城国家文化公园

2019 年，中央全面深化改革委员会会议审议通过了《长城、大运河、长征国家文化公园建设方案》，以长城、大运河、长征沿线一系列主题明确、内涵清晰、影响突出的文物和文化资源为主干，全面推进国家文化公园建设。2021 年 8 月，国家文化公园建设工作领导小组印发《长城国家文化公园建设保护规划》，整合长城沿线 15 个区（市）文物和文化资源，重点建设管控保护、主题展示、文旅融合、传统利用四类主体功能区，实施长城文物和文化资源保护传承、长城精神文化研究发掘、环境配套完善提升、文化和旅游深度融合、数字再现工程。

作为长城国家文化公园重点建设区，河北省委省政府坚持科学编制规划，突出优势特色，深入挖掘长城文化价值、景观价值和精神内涵，统筹推进项目建设和公共服务提升，推动长城国家文化公园（河北段）建设取得阶段性成效。先后编制完成了《河北省明长城保护规划》《河北省早期长城保护规划》《长城国家文化公园（河北段）建设保护规划》。

（二）京津冀协同发展

2014 年 2 月，习近平总书记在北京主持召开座谈会并发表重要讲话，强调实现京津冀协同发展是优化国家发展区域布局、优化社会生产力空间结构、打造新的经济增长极、形成经济发展新方式的需要。2015 年 6 月，中共中央、国务院印发实施《京津冀协同发展规划纲要》，从战略意义、总体要求、定位布局、有序疏解北京非首都功能等方面描绘了京津冀协同发展的宏伟蓝图。2018 年 11 月，中共中央、国务院明确要求以疏解北京非首都功能为“牛鼻子”推动京津冀协同发展，调整区域经济结构和空间结构。

京津冀协同发展是重大国家战略，核心是疏解非首都核心功能、解决北京“大城市病”。作为京津重要的绿色生态屏障，张家口市优越的地理位置和良好的生态环境，在疏解首都功能、发挥服务和保障作用、承接北京产业辐射等方面具有得天独厚的优势。

三、谋划布局

（一）总体思路

风口大时代，风光大境门。

遵循《长城、大运河、长征国家文化公园建设方案》，大境门长城文化旅游区总体规划应进一步细化为建设管控保护区、主题展示区、文旅融合区和传统利用区。

依据《河北省明长城保护规划》《河北省早期长城保护规划》和《长城国家文化公园（河北段）建设保护规划（送审稿）》，大境门长城文化旅游区主题展示区应重点利用来远堡遗址公园和西太平山，以演艺和节庆产品来呈现战争线、经贸线和交汇线三个文化主题，打造流量型旅游产品；文旅融合区整合东西太平山、堡子里、水母宫、西沟、察哈尔总督府等资源，搭建长城文旅创新创业平台、资产运营平台和资本运作平台，促进旅游业与农业、体育、健康和互联网协同发展；传统利用区重点利用西沟沿线民居，发展“长城人家”旅居带，塑造人文和生态并举的风景线。

以人为本，发展社群经济，以“时代长城”概念迎接“冬奥名城”城市风口，成就创新创业青年理想。以城为本，完善要素市场，以“绿色长城”概念营建“红山边城”城市风景，再现“大好河山”风光无限。

（二）核心理念

风物张家口，风尚卡拉根。

防御与开放时代交替，大境门是“历史”的记录者。

游牧与农耕文化交融，大境门是“文化”的布道者。

山门与水口锁钥交接，大境门是“城市”的守护者。

大境门长城五百年岿然不动，中蒙俄长歌三万里悠然不绝。

在风光大境门的总体风貌和史地场景中，放眼张家口绵延不绝的长城所到之处，有草原、森林、冰雪、湖泊、河流……大好河山，物产丰富。赋予“大境”以“开放”之意，复合“门”以“窗口”功能，将位于城市门户的大境门文化旅游区打造成为张家口市现代农业、林业、畜牧业、养殖业等优质地理标志产品的展示窗口，塑造“风物张家口”区域公共品牌。寓情于物，借物言志，讲述大好河山古老的故事。

在风口大时代的创新创业场景中，回味张库古道、草原丝路、万里茶道上中蒙俄各族人民的欢声笑语，长调、呼麦、马头琴、手风琴、芭蕾舞、交响乐、油画、雕塑……独具北方风情的“卡拉根”①，堪比如今的丽江古城。创造流行文化，方能引领旅游流量。塑造“风尚卡拉根”文化消费品牌，整合音乐 LIVE HOUSE、酒吧、音乐节、舞蹈节、欢乐巡游等体验产品集成落地，唱年轻人今天的歌。

（三）核心策略

风情来远堡，风骨太平山。

在育成风物张家口区域公共品牌的基础上，进一步以大境门长城文化旅游区为中

①卡拉根（KALGAN），是百年张家口的国际称谓。俄罗斯联邦布里亚特共和国恰克图市博物馆馆藏一枚俄国商人在 100 年前绘制在羊皮上的茶叶之路地图，图中用俄文标出了中国背景、黄河、长江、库伦（乌兰巴托）和张家口；光绪三十四年（1908 年）上海商务印书馆出版的《英华大辞典》和宣统三年（1911 年）出版的《英汉辞典》中，“张家口”一词对照的词条均为“KALGAN”；宣统元年（1909 年），詹天佑主持修建的京张铁路建成通车，起点北京，终点张家口，张家口车站名匾的英文亦为“KALGAN”。

心和基地，创建美食旅游体系，整合地理标志产品风物超市、创意餐厅、意境餐厅、融合餐厅、轻餐、快餐等优质品牌集成落地和迭代更新，形成聚集效应，发展在线经济，实现三产联动。强化来远堡遗址公园引流功能，植入演艺产品，完善住宿服务设施，打造夜间消费集聚区，树立“风情来远堡”特色子品牌。

在育成“风尚卡拉根”文化消费品牌的基础上，进一步整合大境门广场、大境门长城、西太平山等资源，引流上山，延长游客逗留时间，盘活存量资产。强化西太平山长城郊野公园导流功能，完善特色交通、观光和休闲服务设施，形成“来远堡—大境门长城—西太平山—元宝村”局部闭环动线，突出沧桑、冷峻、孤独的品牌“人设”，树立“风骨太平山”特色子品牌（见表 60）。

表 60　项目核心思路

规划与实践	管控保护区	主题展示区	文旅融合区	传统利用区
河北规划	大境门长城 崇礼长城	长城文旅创新创业平台，旅游业与互联网协同发展	负责资源整合和资本运作的混合所有制文旅集团，旅游业与体育协同发展	旅游业与工业、农业、健康协同发展
大境门规划	大境门长城统一运营 西太平山文化旅游区	西沟文体产业园区 来远堡遗址公园 明德口街 都统署社区遗址公园 堡子里文化商务区	东太平山体育休闲旅游区 建立资源整合、资产运营、资本运作 3 个平台	西沟生态度假区 长城人家旅居带和风景线
大境门实践		完成来远堡遗址公园风貌治理——文旅局 完成明德口街景观提升和重新开业——建发旅投 完成都统署文物建筑运营权合作——建发旅投		完成西沟风貌治理 完成金宝街开街 完成大境门影视城开业——桥西区政府
经验总结		**风口大时代**		**风景大境门**
核心理念		**风尚卡拉根**		**风物张家口**
核心策略	**风骨太平山**	**风情来远堡**		

(四) 核心产品

2017—2019 年，曲江智造开展《大境门长城文化旅游区总体策划和概念规划》工作，基于“大好河山”和城市发展格局，提出“重整河山，营建场域”“山水营城，透水透绿”的基本原则（见图 70），指出城市交通和景区交通组织的关键问题和解决策略，创新“融岸交通，隐车于景”“延山引景，串景拾绿”“大街小巷，显山露水”的设计理念，明确“创建来远堡遗址花园为夜间消费引流型观光景区”的产品定位，改造大境门广场，完善景区停车、游客服务等功能和设施，形成“大境门广场—小境门—南门—明德口街—大境门长城—元宝村—大境门广场”的游客闭环动线。同时，建议创建西沟文化体育产业园区，落位城市展览会议、商务会议酒店、人才公寓和创意园区服务设施，完善城市文化功能。

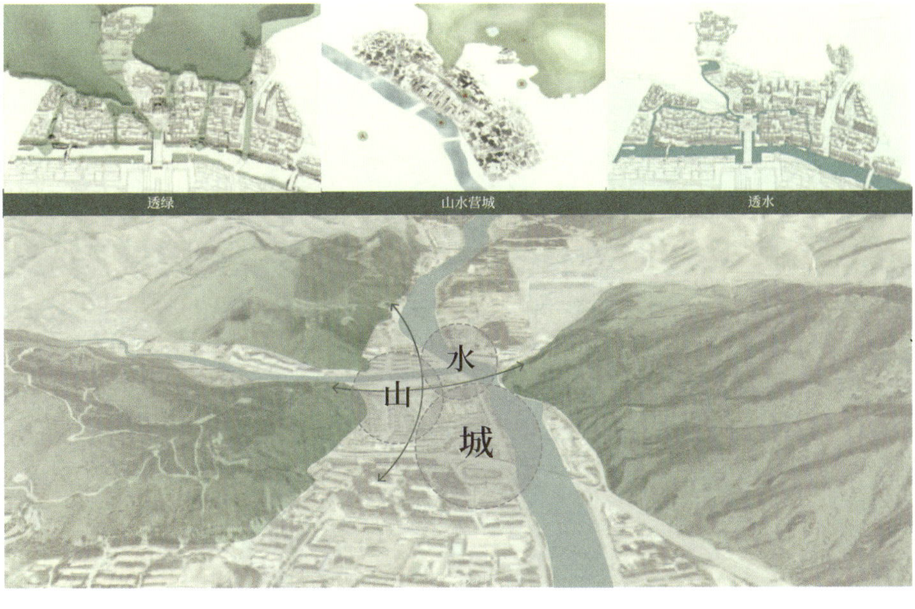

图 70　“山水营城，透水透绿”基本原则示意图

1. 来远堡遗址花园

项目规划以“贡市”为题材，以来远堡遗址公园遗存的条石、块垒为要素，以西太平山为背景、城墙为中景、子城文化景观建筑为近景，塑造兼顾古代战争、互市经贸、民族交汇、山河风光的宏大史地场域，沿大街布局移步换景的光雕景观，最大限度地延展由大境门长城、烽火台、城墙、中轴大街联合拱卫的视觉轴线。通过环境艺术、景观艺术、光影艺术、行为艺术四类主要手段，促进“历史感”的来远堡遗址公园向生态、自然、科技、活力、希望的来远堡花园转型升级（见图 71、图 72）。

图 71　大境门来远堡花园夜景鸟瞰图

图 72　大境门来远堡花园雪景鸟瞰图

2020 年 8 月 28 日，来远堡遗址公园正式开园，完成了从“0”到“1”的突破。后续将改善大境门广场功能，完善并提升品质，落位遗址公园内的实景演艺和节庆活动，真正实现消费联动和引流功能，让市民休闲、游客夜游得以分时、分众有序展开，有利于实现项目高质量发展。

2. 大境门长城郊野公园

针对西太平山提出了“龙脊绿野”的规划概念，结合品牌规划，创意绿野八景（见图 73、表 61），将其定位为休闲型城市郊野公园，计划带动西沟国际康养旅游度假区全域发展。

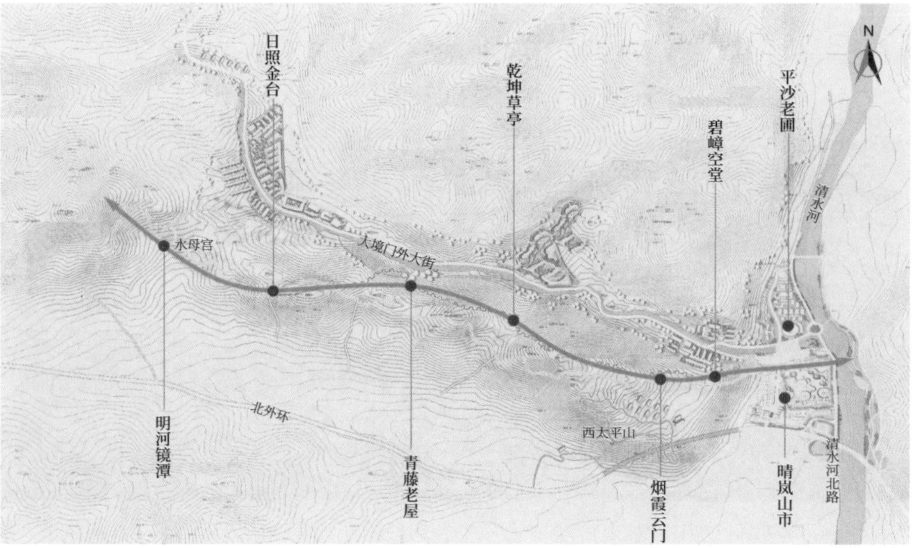

图 73 “绿野八景”分布图

表 61 “绿野八景”功能与设施列表

景序	功能	设施
平沙老圃	集散	俯仰楼、立体停车场、超市、会议会展中心、快捷酒店、商务酒店
晴岚山市	遗址公园	来远堡
碧嶂空堂	文化景观	山神庙
烟霞云门	观景、户外营地	卧云亭、野奢酒店
乾坤草亭	野餐、野奢度假村	卧龙亭、帐篷酒店
青藤老屋	绿道、体育休闲	点翠轩、运动场馆
日照金台	观光、运动、摄影	洒金台、露营地
明河镜潭	亲子公园、度假	水母宫、冯玉祥纪念馆、吉鸿昌纪念馆、水景公园、森林公园、亲子度假酒店

在“龙脊绿野”之上，形成六条南北向的轴线，沿着驳岸、街区、山体到水母宫景区。这六条轴线在文化主题选择上各有特色，从交通串线上，能够联动山体南北麓城市干线（见图 74）。

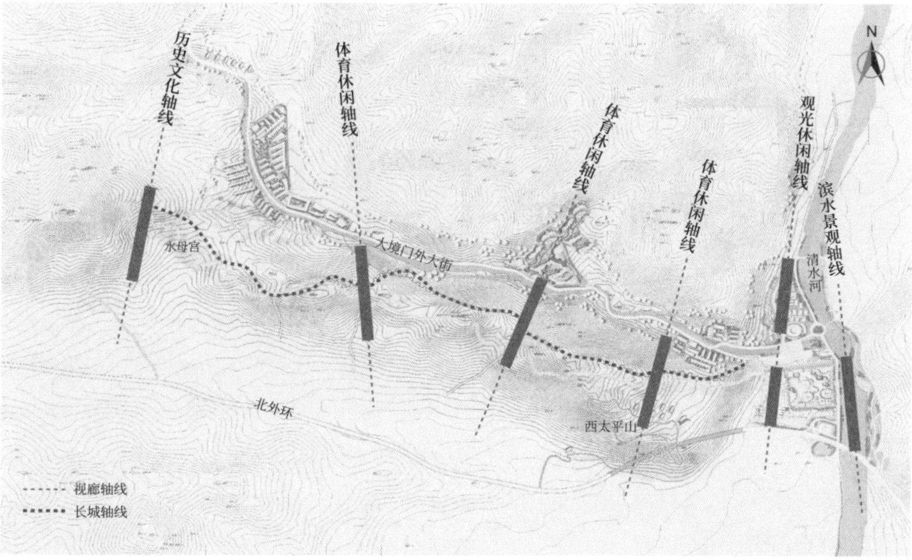

图 74　景观轴线示意图

项目组提出打造“绿野五陉”特色步道，在东西向延展的大境门长城和西太平山山脊风景线基础上，整合山顶主题景序、山脚长城人家等相关旅游资源，梳理南北向五类特色交通动线，即滨水观光蓝道、缆车观光快道、体育休闲绿道、历史文化漫道、哲学思考林道（见图 75）。

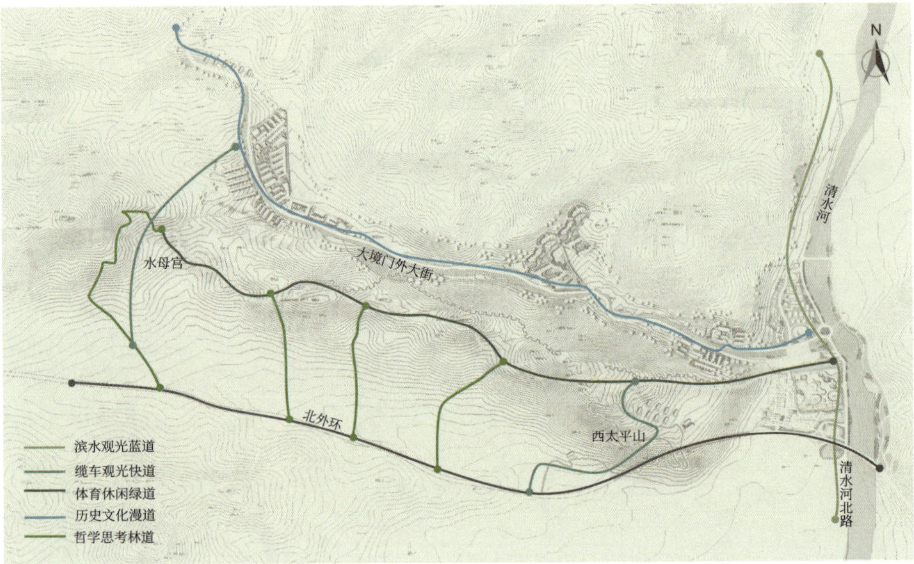

图 75　交通示意图

3. 明德口街

明德口街位于东西太平山之间，东西连接来远堡遗址公园和大境门长城，与西沟形成山、城、沟、河历史廊道；南北衔接大境门广场、都统府遗址和堡子里城市更新区。

不二大境门，乾坤一口街。项目组以“艺术化”手法，以“时代长城”为号召，建构仪式感表意系统。以“口街”冠以历史沿革之地名“明德”，合称“明德口街”，以表达“亲民至善、德邻不孤”的美好愿景，希冀带动“同道中人”共谋社群经济发展，在共同探索和发展的过程中寻找文化的意义，共创共享创意经济。

（1）开放街区空间动力机制

线性空间。

明德口街在设计阶段尊重现实，服从上位总体策划和概念规划，以“大街小巷”规划理念系统定位街巷线性空间，即将来远堡北城墙的马道巷、中心街，来远堡西城墙的顺城巷，西太平山的斜街、风雨街和城墙高线步道，分别赋予文化休闲、文化展示、文化娱乐、文化观光四个主体功能（见图 76、图 81）。

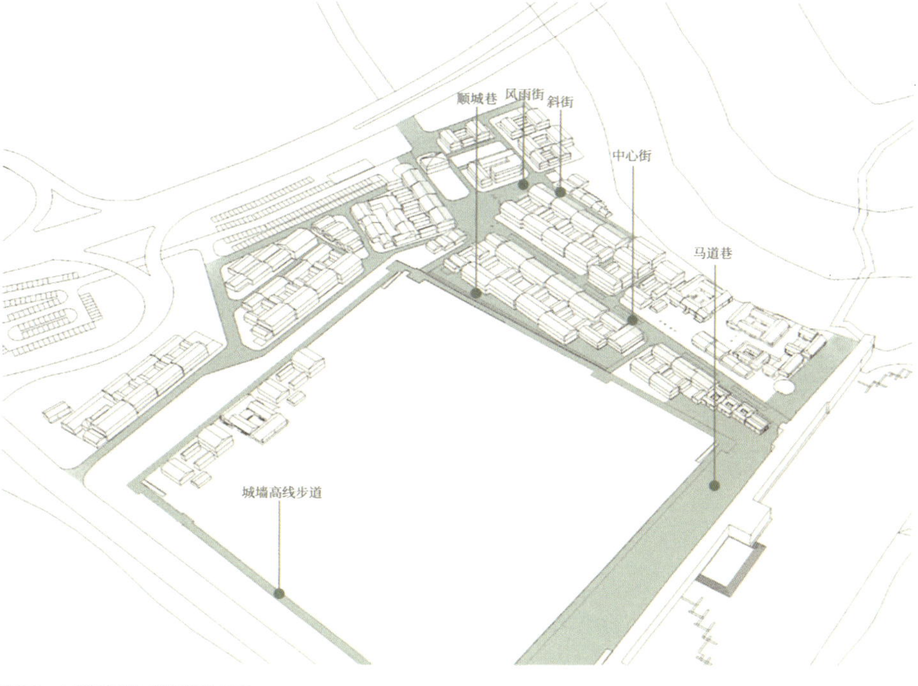

图 76　大境门明德口街线性空间图

马道巷长 334 米，宽 15 米，沿来远堡北墙和西墙交界处隔离阻断，形成“小境门—马道巷—来远堡花园—永顺门”常规游客动线。巷道功能突出便捷性和关联度，针对观光游客、VIP 接待、快速通道、管理和服务动线分置安排（见图 77）。

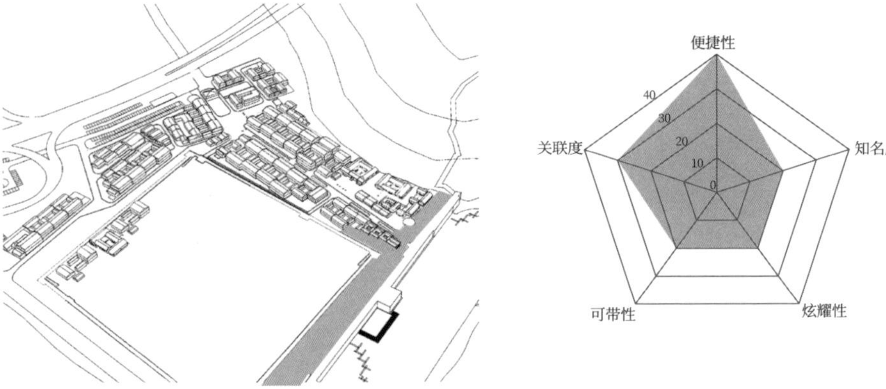

图 77　马道巷位置和功能示意图

中心街长 340 米，宽 14.5 米，自大境门至来远堡城墙南墙延伸线交界，沿线两侧存量建筑面积 12 791 平方米。街区功能突出便捷性、可带性和炫耀性，重点考虑进店率、提袋率和打卡率较高的业态类型（见图 78）。

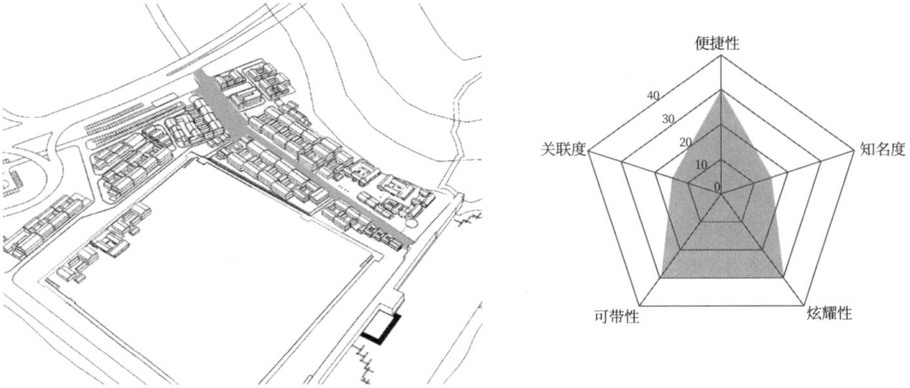

图 78　中心街位置和功能示意图

顺城巷长 148 米，宽 3.8 米，自永顺门至马道巷，巷道功能突出关联度、炫耀性、便捷度和知名度，重点考虑进店率、打卡率、好评率和复购率较高的业态类型（见图 79）。

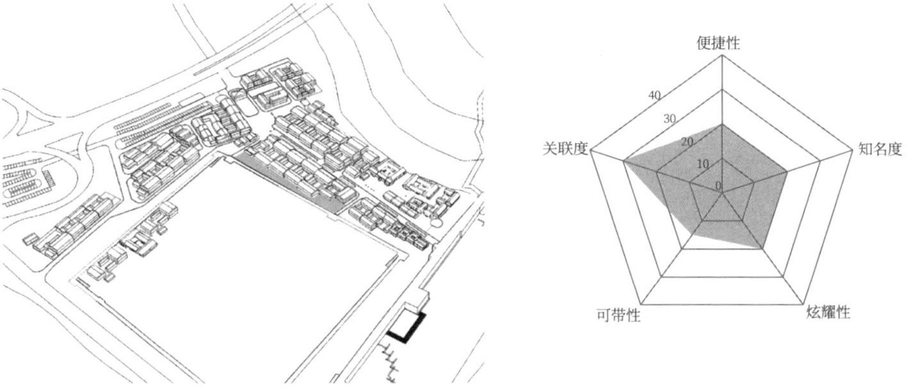

图 79　顺城巷位置和功能示意图

斜街长 166 米，宽 5.3 米。街区功能突出炫耀性和知名度，重点选择打卡率和好评率较高的业态类型，引导夜间消费业态聚集并迭代发展（见图 80）。

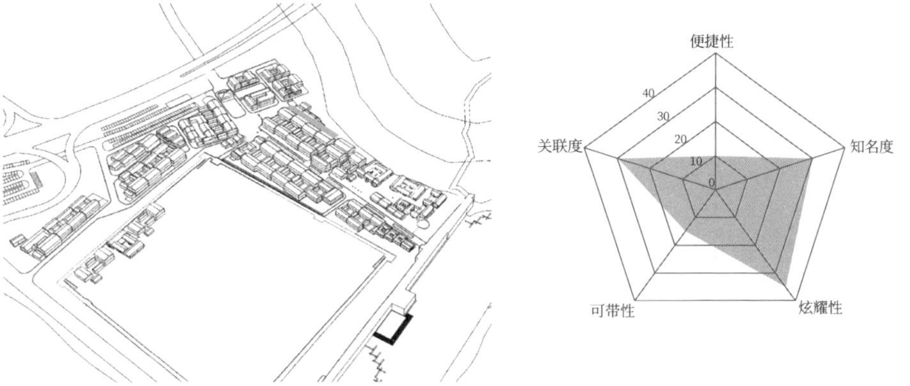

图 80　斜街位置和功能示意图

风雨街，自西太平山山脚至景区东门。街区功能突出关联度和知名度，业态选择重点考虑复购率和好评率，引导夜间消费业态聚集并迭代发展。

城墙高线步道，建议修复和连通东、南、西三面城墙，并接驳北侧大境门长城，总体形成“来远堡遗址花园—明德口街—大境门长城”的游憩动线，配套服务业态突出便捷性和关联度，以长城驿站作为节点服务载体。

图 81　街区设计效果图

点状空间。

明德口街点状空间在设计阶段服从上位规划，践行总体思路与核心理念，通过来远堡遗址花园引流和联动，梳理出“官、军、商、学、民、修”六个文化主题空间，精准匹配四个运营主体和业态，示范“时代长城”概念落地，引导明德口街整体构建长城创新创业发展平台，吸引文化生产型创意企业和生活方式型旅游企业聚集于此。

长安牧人东方禅意空间（以下简称“长安牧人”），代表“修为”，建筑面积 413.04 平方米，院落面积 189 平方米，由曲江智造创办并运营（见图 82）。长安牧人基于“独啸”画廊、“无名”书房、“皆宾”厨房、“随园”茶室和“闲话”酒屋五项服务功能，联合拱卫“河山”院落空间，规划“艺术沙龙 + 美食创意 + 定制旅行”复合业态，持续策办文化艺术沙龙活动，并以张家口地理标志产品、历史经典产业和非遗美食技艺为素材，创意新口菜，引领新生活，定义新旅游。目前，长安牧人邀约艺术家古原先生，联合视觉引力数字科技有限责任公司，共同打造“长安牧人光影游宴餐厅”，计划按年度推出 24 节气食单和特色风物礼包。

图 82　长安牧人实景图

司木集木作为文创集合店（以下简称“司木集”），代表“研学”，建筑面积 1 565.70 平方米，院落面积 111 平方米，由司木文旅创办并运营（见图 83）。“铸魂时代长城，集结创意力量”，司木集以设计师文创产品集合店、设计师社交沙龙、亲子互动空间为载体，引进北京海淀区西山创新设计联合会，常态举办“冬奥”主题相关展览和互动活动、中国传统木结构和手作体验活动，让外地游客在舟车劳顿之后，享受慢时光的快乐。同时，司木集成为张家口周末亲子互动的标杆项目。

图 83　司木集实景图

苏酶咖啡声音博物馆（以下简称“苏酶咖啡”），代表“官宣”，建筑面积 470.04 平方米，由河北闻莺餐饮文化有限公司开办并运营（见图 84）。“听张家口故事，讲国际张未来”，苏酶咖啡以“一杯可以聆听的咖啡”为主题，以山河直播间和专业录音棚为阵地，常态化举办“音乐思想会”活动。生活消费升级代表产品苏酶咖啡，成为明德口街内餐饮业的标杆，不定期推出的驻场歌手、录音棚心声等活动，见证了张家口当代发展历程，话不尽山河冷暖，品不竭境门时光。

图 84　苏酶咖啡实景图

蔚 · 花园光影互动空间（以下简称“蔚 · 花园”），代表“民生”，建筑面积 1 413.71 平方米，由张家口大境门景区管理公司管理并运营（见图 85）。“蔚”寓意蔚县剪纸，“花园”指向沉浸式艺术馆，蔚 · 花园以裸眼 3D 剧场、光影互动体验和儿童光影互动为主题，为游客呈现一场沉浸式光影体验，促进民间艺术与数字创意融合发展。目前，蔚 · 花园在抖音自建话题“大境门明德口街”“蔚花园”“蔚花园沉浸式艺术馆”，累积曝光超过 3 500 万次，成为旅游景区快速引流和快速消费的代表产品。

图 85　蔚·花园实景图

2020—2021 年，在资源整合、引流产品缺位，零营销经费的条件下，街区实现了 14 206 平方米招商、1 434 平方米联营的招商成果，开业率达到 59%（见表 62）。目前，仅余 9 958 平方米，定向邀请精品民宿品牌落位。

表 62　四大空间带动业态情况

四大空间	带动商户名称	商铺面积 / 平方米	业态类型
长安牧人	冬奥特许工艺品店	103.6	休闲、娱乐、购物
	蜜雪冰城	247.06	休闲、娱乐、购物
	凡仔汉堡	61.91	餐饮
	牧童皮业	93.39	休闲、娱乐、购物
	闹不机密	26.16	休闲、娱乐、购物
	燕云州	53.61	休闲、娱乐、购物
	大境门长城文创店	696.94	休闲、娱乐、购物
	长城之味传承工坊	1 027.64	餐饮
	赤壁青砖茶运营中心	599.36	休闲、娱乐、购物
	带动面积合计：2 909.67		
苏酶咖啡	走东口小吃大院	1 169.02	餐饮
	境曲社	1 358.35	休闲、娱乐、购物
	筱品堂	191.66	餐饮
	镜门涮肉	1 191.66	餐饮
	深夜居酒屋	185.4	休闲、娱乐、购物
	牌坊老酒馆	107.58	休闲、娱乐、购物
	寻酒吧	170.46	休闲、娱乐、购物
	深夜居酒屋	185.4	休闲、娱乐、购物
	丰 · 拾穗餐饮	883.86	餐饮
	带动面积合计：5 443.39		

续表

四大空间	带动商户名称	商铺面积 / 平方米	业态类型
司木集	大境门古玩城	1 191.66	文化消费
	民俗展品馆	1 191.66	文化消费
	来远书院	260.38	文化消费
	镜门书院	349.90	文化消费
	带动面积合计：2 993.6		
蔚 · 花园	万全会馆	725.92	酒店、民宿
	进口商品超市	336.67	休闲、娱乐、购物
	悦耳湾湾	190	休闲、娱乐、购物
	古装艺苑	186	休闲、娱乐、购物
	民宿酒店	13 729	酒店、民宿
	带动面积合计：15 167.59		

综上所述，明德口街通过规划落实开放街区动力发展空间，为发展社群经济奠定了扎实的基础：一是完善线状空间服务功能，促进了要素流动；二是彰显点状空间昭示功能，探索提高单元要素效率的方法并持续优化；三是带动存量资产分类落位和聚集，以人为本，从软件和硬件两个层面合力建设“市圈”。

（2）公共区域仪式感表意系统

“大好河山”场域重塑，“山河长廊”现代表达。在研究街区空间动力发展机制的基础上，植入仪式感表意系统，适度营造商业氛围和时尚消费场景。街区景观提升设计主要经历了两个阶段：一是基于“场景革命”思路的“沟通”设计，意在探底张家口市各界权威人士的接受度；二是基于“传统景序”方法的“落地”设计，旨在文化赋意、景观赋能，力争实现从景观到风景资产的转型升级。

方案一：一带三区，门当户对。

方案一总体规划“一带两门三区”的景观结构，即一条中心景观带、两个门户服务区、三个主体功能区。其中，两个门户区分别为面向游客的旅游服务门户和面向市民的城市服务门户，三个主体功能区分别为大境门长城文化展示区、历史文化街区核心区和商旅服务区（见图 86、图 87）。

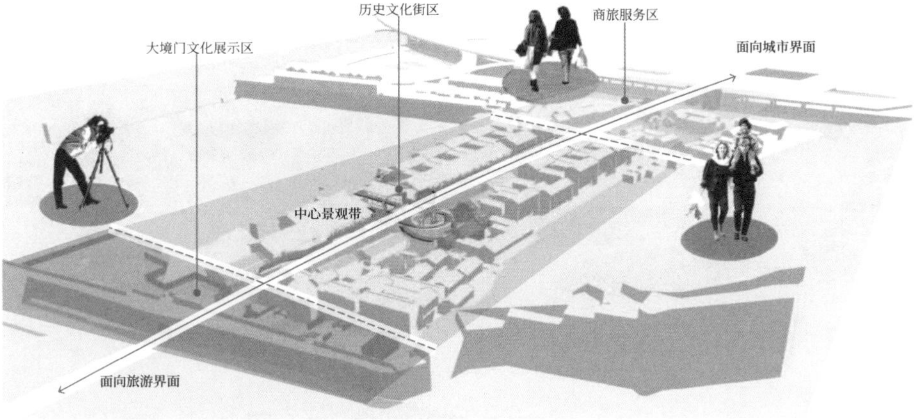

图 86 “一带两门三区”示意图

街区景观设计主要落实四个核心策略：一是延展高线步道，增加观光旅游产品消费权益，为观光游客提供观城、观院、观街、观山、观河的综合视觉体验；二是收紧中心街区，通过加建两侧骑廊和阳台、中心摊档的方式，改善“宽街无市”现状，有效分流快速消费和黏性消费客群，在促进主客共享交叉消费的前提下，保护不同主体客群的消费行为习惯和心理特征；三是建立对话关系，提升大境门旅游门户形象，再造南门城市服务形象，双向倒逼街区南北渗透、古今交融、时空交错；四是强化中心广场导流功能，东西方向导入长城文化、山神文化，实现中心街区由北段快速消费向南段慢生活消费的过渡和转换。

图 87　方案一街区设计效果图

方案二：一门两街，四区十景。

方案一在核心策略方面获得充分认可，但由于综合文保建设控制、施工可行性等方面的限制性条件，提出方案二的设计思路。

方案二总体规划“一门两街、四区十景”的景观结构，提炼和运用奥运冰雪、万里长城、民俗艺术等可识别要素（见图 88），创意策划和系统设计“境门十景”，即亘古悠长、白桦绿屿、山河游廊、涧壑余清、澄泉绕石、九州清宴、琴声伴月、镜影云岑、万壑松风、镜门掠影（见图 89）。

图 88　景观示意图

景观结构附着空间动力机制，串联起山河长廊情景街、慢行生活体验街两个主题街区，弥合民俗文化体验区、特色餐饮文化区、微特博物馆聚集区和民宿聚集区四个主体功能区，突出大境门“龙头”牵引功能，烘托南门余韵悠长的氛围。

图 89　方案二“境门十景”效果图

（五）空间布局

大境门，关山、锁水、守土。大境门长城旅游景区据守东西太平山为城市山门，清水河为城市龙脉，形成大境天成的城市门户空间格局（见图 90）。

大境门明德口街镇守西太平山长城郊野公园、东太平山山地运动公园，发挥张家口市城市旅游集散服务功能，以“文物长城”吸引观光旅游客群，以“时代长城”吸引生活方式型旅游企业聚集，以便捷交通服务设施、特色餐饮服务设施、主题住宿服务设施提升游客过夜率和复游率，与张北草原旅游和崇礼冰雪旅游形成“金三角”。

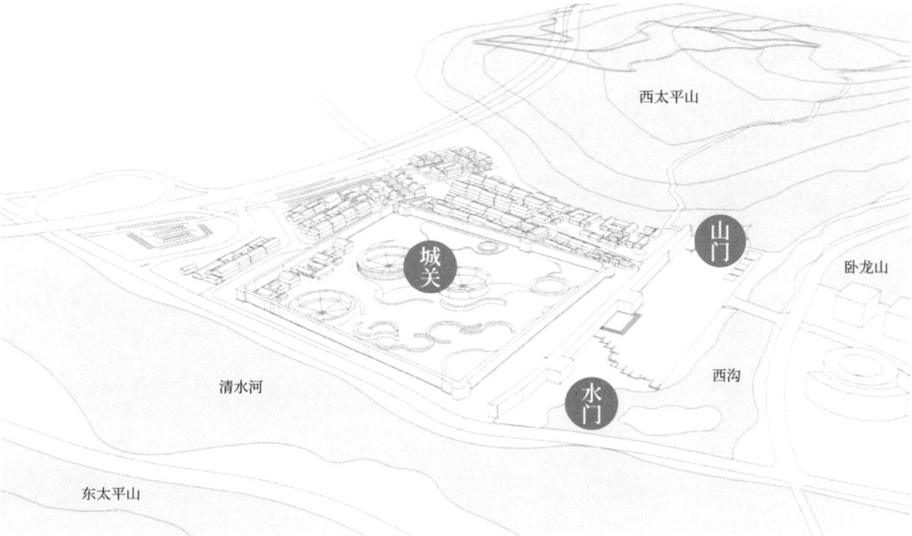

图 90　大境门城关、水门和山门示意图

四、借鉴启示

“长城”是中华民族的精神标识，“大好河山”是口口相传但并非全民皆知出处的区域文化精神标识，“大境门”相比居庸关、山海关、嘉峪关等知名度较低，文化内涵远大于品牌内涵、文化意义远大于品牌价值的精神标识，应首先从“时代价值”入手，梳理其原初意义、时代价值、当代使命和未来愿景，基于城市发展战略，以文化构建整体意义框架，强化文化资源的城市服务属性。

“冬奥”是世界级赛事和国家行动，“崇礼冰雪小镇”是国际性运动旅游和赛事旅游目的地，“张家口”相比“崇礼”知名度和关联度均较低。项目品牌高于城市品牌，应着力从“城市服务”入手，梳理旅游集散服务与旅游目的地服务的差异化竞合关系，以文化构建城市表意系统，强化城市服务的中心作用。

“万里茶道”是正在申报的世界文化遗产，“张家口”是中蒙俄古代通商的“风口”，张库古道、草原丝路均由此开启。“大境门”作为“文化国门”的历史意义远大于项目本身的旅游价值，应重点从“会奖旅游”入手，导入中蒙俄国际文化交流中心的城市文化功能和配套服务设施，以“时代长城”为文化主张，率先创建长城文化创新创业服务平台，以文化构建空间动力发展机制，强化长城国家文化公园示范段的示范引领作用。

五、系统观念

基于项目的成功实践，张家口建发旅投集团董事长李鸿伟如此感慨：

该项目从2010年起，到2020年向游人开放，再到2021年被批准为长城国家文化公园。这期间历经坎坷，有最开始进行房地产项目的自我否定，有再现明清历史辉煌的清华大学规划和巅峰智业策划……但直到2016年，才与曲江智造合作，完成了《大境门长城文化旅游区总体策划和概念规划》《大境门文化旅游综合改造工程景观提升工程》，以及项目的施工图设计、建设咨询和建设完成后的景区运营工作规划。

在整个策划规划过程中，曲江智造紧紧抓住了大境门段长城的文化底蕴，以金戈铁马的战争线、茶马互市的经贸线、游牧文化与农耕文化的交流线、自然气候与地理天然分界和风景线四条主线，提炼出了官、商、军、民、修、学六个文化主题，设计了长安牧人、苏酶咖啡、司木集、蔚·花园、弓矢道、左右客六个文化空间，支撑了文化会客厅的初始设想，并起到了引流、带动景区发展的作用。

在项目实施过程中，曲江智造又以其独特的视野、高度负责的工匠精神和孜孜不倦的敬业精神，给张家口、给河北，留下了浓墨重彩的一个中蒙俄文化交流中心、一个国际友人会客厅。

在如此高的甲方评价反馈下，曲江智造对长城国家文化公园（大境门段）申报和创建工作的阶段深刻复盘，总结出三个系统观念，即长城上下、长城古今、长城内外。

长城上下，是指通过保护传承和功能完善赋予“长城”旅游产品属性。一个管控保护区：以长城本体为主线，一般以长城城墙墙基外缘为基线向两侧各扩150米（含保护范围和管控地带），独立设施以其基础外缘为基线，向四周各外扩150米（含保护范围和管控地带）。N个核心展示点：以长城下存量或增量景区景点为依托，做好转型升级或开发建设工作，完善文化展示和文化消费服务功能。

长城古今，是指通过顶层设计和基层首创赋予“长城”产业引擎属性。一条集中展示带：以核心展示园为基点的长城文化载体密集地带，联系主题展示区和文旅融合区。一个主题展示区：由一系列主题明确、内涵清晰、边界明确、功能完善的公共文化空间组成，包括核心展示园、集中展示带、特色展示点三种形态，以长城本体主线两侧河流、道路、沟谷、基本农田为主要边界。一个文旅融合区：整合主题展示区周边现有发展基础较好或资源开发潜力较大的区域，保护和培育“长城人家”品牌，串联优质旅游资源，建设一批文旅融合示范项目，连点、成线、建网，优化旅游线路和附属设施，构建网格化全域旅游发展空间和机制。

长城内外，是指通过完善公共文化服务设施赋予“长城”城市文化服务属性。一座长城博物馆：以遗址本体价值利用为原则，一点（段）一馆，溯源历史文化脉络，凸显精神标识；配套建设非物质文化遗产博物馆、遗址公园、旅游休闲街区和度假区等服务设施，彰显场所精神，多方位强化文化向心力。一座当代艺术馆：以遗址相容使用为原则，一城一馆，秉承“时代长城”理念，倡导“艺术发现问题，策划回答问题，设计解决问题”，集结文化、艺术、科技等各界有识之士，重构长城文化当代记忆，配套会议展览、创意园区等服务设施，促进国际交流和会奖旅游协同发展，多角度强化文化张力。

道	法	术	器	势
核心理念	政策抓手	核心策略	核心产品	借鉴启示
风物张家口 风尚卡拉根	长城国家文化公园 京津冀协同发展	风情来远堡 风骨太平山	来远堡遗址花园 大境门长城郊野公园 明德口街	时代长城

“历史必然性”的“无用”之用

“过程偶然性”的“有用”之用

作品名称：以为的真实

作者：周超伟

作品材质及类别：板面丙烯

尺寸：1m×1m

山水廊道·心游

山为水之根，昆仑山脉、秦岭山脉、太行山脉……孕育了中华璀璨文明。长城国家文化公园、长征国家文化公园寻山创建，择水草而据。

水为山之灵，长江、黄河、海河、淮河贯通，构建了全新水脉格局。大运河国家文化公园、黄河国家文化公园缘水落位，揽山林而立。

山水廊道是历史廊道的根脉水源，是城市发展的宏大场域，是美好生活的生态基底，是“创建世界级旅游景区、世界级旅游度假区、世界级旅游城市”的资源依托，是世界级经典旅游线路的诗画现场。

在推行标准化服务的“国家A级旅游景区和星级旅游饭店”时代，自然面书、人文背书，独有唯一型旅游资源的垄断型运营必然产生“文旅上山、文旅围水”的资源陷阱型产品。

在倡导个性化消费的“国家级旅游度假区和高品质步行街区”时代，人文面书、自然背书，生活方式型旅游企业的集群化运营体系必然催生“文旅下山、文旅绣水”的社群型旅游产品。

文旅下山，向生活方式型旅游逆袭；文旅绣水，树立内河型、湖泊型城市旅游产品标杆。

文旅下山　人们对自然的敬畏和行为往往相悖

武当问心

引言

武当山是中国道教圣地之一，被誉为“亘古无双胜境，天下第一仙山”，金殿、紫霄宫、“治世玄岳”石牌坊、南岩宫、玉虚宫遗址，先后于1961年、1982年、1988年、1996年、2001年被列为国家重点文化保护单位。2006年，武当山古建筑群被整体列为全国重点文物保护单位。武当山迄今保存较为完好的古建筑有129处、庙房1 182间、珍贵文物7 400多件，被誉为“中国古代建筑博物馆”和“道教文物宝库”。

1982年，武当山被评为“国家重点风景名胜区”。

1994年12月17日，武当山古建筑群被列入世界文化遗产名录。联合国教科文组织专家考斯拉评价：“武当山古建筑中的宫阙庙宇集中体现了中国元、明、清三代世俗和宗教建筑的建筑学和艺术成就，顺应道教‘天人合一’的思想，展现出古代中国劳动人民的聪明才智和艺术创造力，堪称中国‘古代建筑史上的奇观’。”

2011年5月，武当山风景名胜区被评为“国家5A级旅游景区”。

2012年，武当山风景名胜区先后设立“国家森林公园”“国家地质公园”。

1980年至今，历经40多年的励精图治，武当山的发展实现了三次飞跃：一是1994年成功申报世界文化遗产，中国道教圣山文化价值在国际社会形成共识；二是2003年创造性地构建了“旅游经济特区”的机制，实现了从山城小镇向国家政策创新前沿阵地的跨越；三是推进全域旅游发展，形成了风景名胜区与十堰市一体化发展的基本格局。

一、项目介绍

2021年6月6日，西安曲江文化旅游集团有限公司与湖北省十堰市武当山特区管理委员会签署了《武当山五龙宫景区战略合作协议》。根据协议约定，双方将以武当山五龙宫景区为核心，通过投资开发游客服务中心、文化产业引擎项目、特色交通和人文度假服务设施，实现武当山景区的高质量可持续发展。

历史上，五龙宫与玉虚宫、紫霄宫、南岩宫共同构成了武当山的“天路历程”（见图91）。

项目拟开发面积860亩，建筑面积约10万平方米，计划以创造未来文化遗产为目标，首创武当山道教古代“天路历程”和现代“心路历程”协同发展的总体思路，力争带动环山度假、文旅融合、景城一体化全域发展。

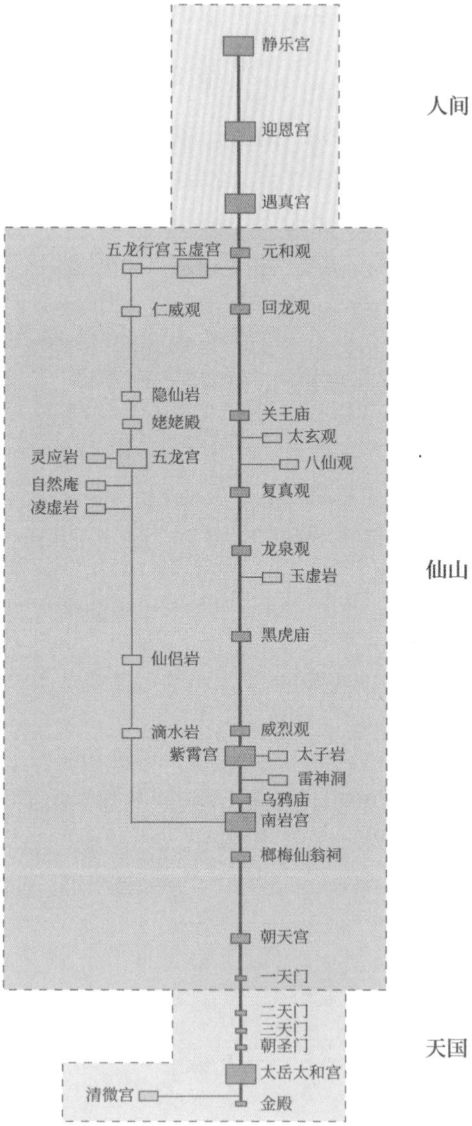

图91　武当山“天路历程”

资料来源：杜雁．明代武当山风景名胜理法研究[D]．北京：北京林业大学，2015。

（一）资源禀赋

1. 古代智慧

武当山，又名太和山、谢罗山、参上山、仙室山，古有“太岳”“玄岳”“大岳”之称，被誉为“五岳之首”“武当福地”和“治世玄岳”。历经春秋战国、隋唐、宋元及明几个时代发展，在2000多年历史沉淀中，武当山作为中原道教的活动中心和皇室家庙“告天祝寿”的重要场所，所发生的历史事件与人物、科学、生产、文化和政治活动、道教科仪、文学和艺术、民俗和时尚，形成了独特的“天路历程”（见图92）。

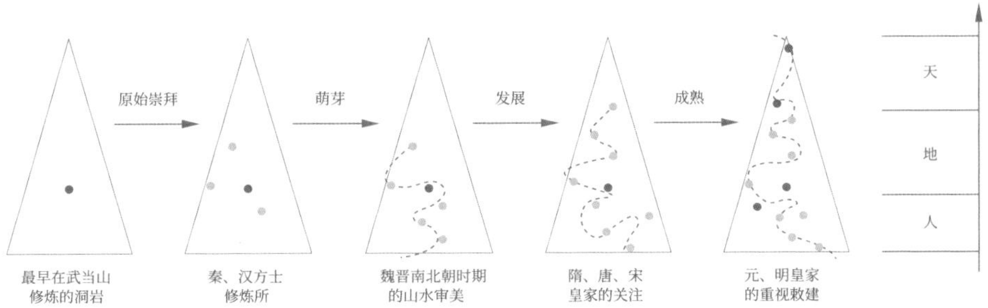

图92　武当山“天路历程”模式演变示意图

资料来源：万晶.武当山天路历程景象空间艺术研究[D].西安：西安建筑科技大学，2012。

2. 历史建筑

“五里一庵十里宫，丹墙翠瓦望玲珑。”武当山古建筑从唐代开始兴建，明代达到鼎盛，曾建有9宫、8观、36庵、72岩庙、39桥、12亭的宫观建筑群（见图93），外加一条长达70余千米的登山神道，规模之大、规制之高、构造之严谨、装饰之精美，在中国建筑中实属罕见，被誉为“万古之奇观”。

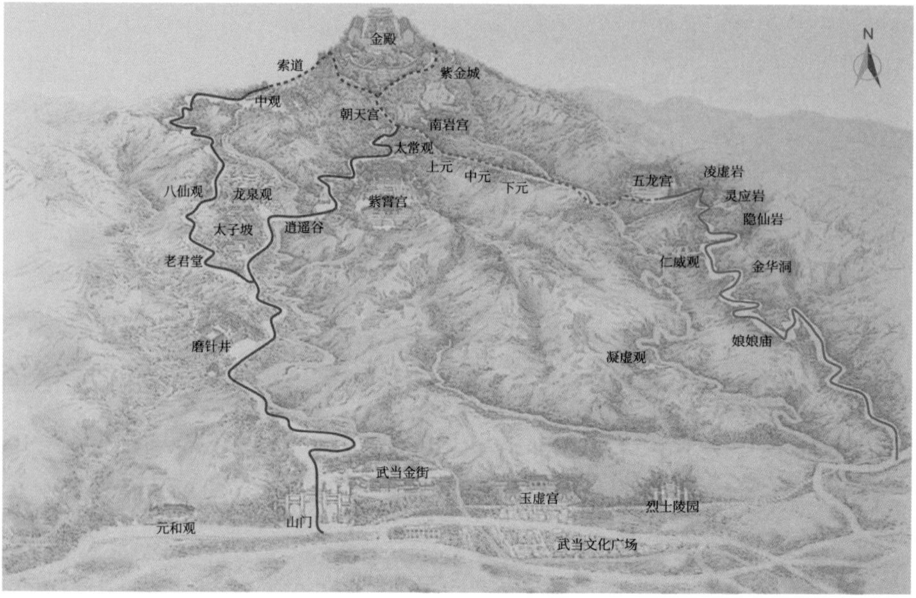

图 93　武当山历史建筑资源点

3. 自然美学

武当山坐拥 72 峰、36 岩、24 涧、11 洞、3 潭、9 泉、10 池、9 井、10 石、9 台等胜景。主峰天柱峰，海拔 1 612 米，被誉为“一柱擎天”，四周群峰向主峰倾斜，形成“万山来朝”的奇观，既有泰山之雄，又有华山之险，悬崖、深涧、幽洞、清泉星罗棋布。武当山处于亚热带季风气候区，森林覆盖率达 90%，全域现有植物 758 种、鸟类 130 种、兽类 49 种、昆虫 1 055 种，药用植物丰富，有“天然药库”之称；空气 PM2.5 平均浓度为 26 微克 / 立方米，优良率为 96.3%，负氧离子含量高达 9 800 个 / 立方厘米，气候“冬寒而不寒，夏热而不热”，是中国八大避暑胜地之一。人文与自然的高度和谐与统一，创造了自然美和人文美高度融合的名山景观，是名副其实的“东方康养名都”（见图 94、图 95）。

图 94 “东方康养名都”武当山
图片来源：视觉中国。

（二）核心问题

1.“天路历程”传统旅游线路的“顶部”承载力不足，接待能力有限

项目组对马蜂窝、携程网等 3 000 余份游记文本进行统计分析发现：武当山一日游游客普遍早上登山，中午登顶，下午遗址观光，晚上在山下过夜；相当多的游客推荐在山上过夜、次日清晨观日出的景区内“两日游”线路。可见，传统“祈福旅游”需求已经迭代为“山岳休闲度假旅游”需求。

但是，武当山景区以“观日出”和“文物建筑利用”为游憩内容的休闲度假旅游产品和服务设施尚未成形。据不完全统计，景区内仅有 67 家酒店或民宿，舒适型 4 家（215 间客房），高档型 7 家（318 间客房），接待能力和品质均较低。

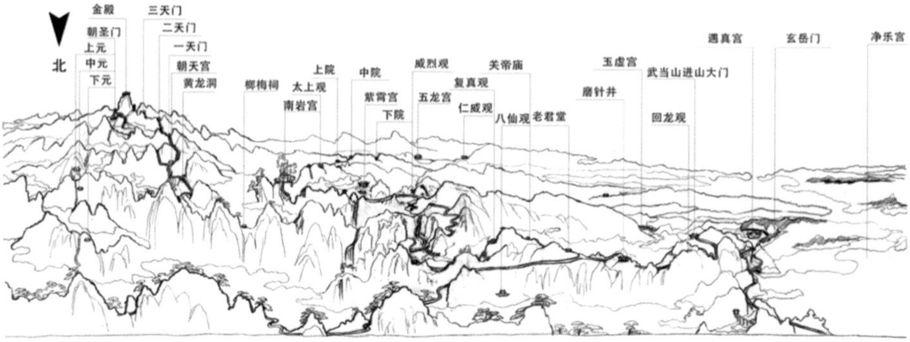

图 95 武当山天路历程沿线景观

资料来源：万晶．武当山天路历程景象空间艺术研究 [D]. 西安：西安建筑科技大学，2012。

2.“站城一体”快速交通干道的“底层”凝聚力不足，导流能力缺失

现有武当山景区游客集散中心与武当山西站、太极湖码头分立，武当山景区与太极湖旅游度假区、规划中的方特中华传统文化园“割裂”，316 国道沿线交通组织亟待优化，公共服务配套设施和产业引擎项目亟待规划布局，沿线整体风貌品质亟待提高。

3.“心路历程”旅游规划线路的“资源”影响力不足，引流能力缺失

五龙宫(见图96)曾经是“天路历程”的起点,但如今没落为武当山景区的“盲区”。五龙宫遗址保护区及沿线文物建筑年久失修，生态资源不具有垄断性和唯一性，配套服务设施亟待完善。但是，在规划“南岩—五龙宫”索道及“五龙宫—TOD”绿道的同时，项目组面临的最大问题是如何显化“五龙宫”的文化价值和强化旅游资源的利用。

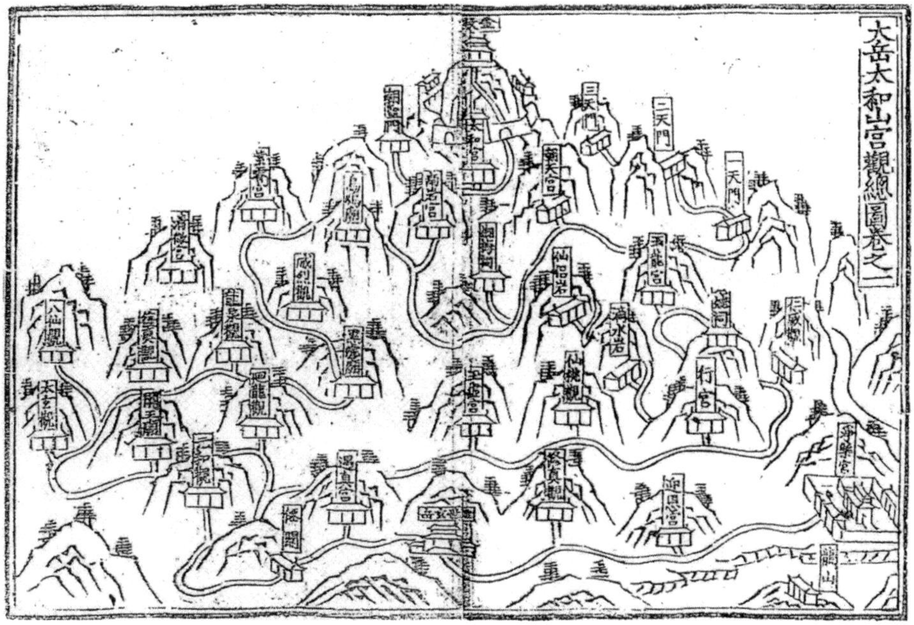

图 96　五龙宫图

资料来源：（明）· 凌云翼，卢重华：《大岳太和山志》。

武当山存量景区已经完全满足了人们对于“登顶”五岳之首、“仙游”天路历程的观光和朝圣需求。聚焦五龙宫“文明奥区”[①]，如何进一步阐释武当山“治世玄岳”的当代使命和未来理想，创建具有未来遗产价值的崇高卓越景观，是本项目研究的重中之重。

①五龙宫景区水景、桥景丰富，古人称之为“奥区”。

二、政策索引

（一）世界级旅游景区、世界级旅游度假区

党的十九届五中全会提出“建设一批文化底蕴深厚的世界级旅游景区和度假区”，《国民经济和社会发展第十四个五年规划和 2035 年远景目标纲要》明确了这一目标，《“十四五”文化和旅游发展规划》进一步指出“以具有一流水平的５A 级旅游景区和世界遗产景区为基础，完善旅游景区基础设施，强化景区科技应用水平，打造一批世界级旅游景区”“推动文化和旅游融合发展，建设一批富有文化底蕴的世界级旅游景区和旅游度假区”。

世界级旅游景区、世界级旅游度假区目前尚无规范的学术定义，此项工作正在启动，5 年时间至少要打造出几个样本示范区。据悉，文化和旅游部拟定了《世界级旅游景区建设指引（征求意见稿）》，包含“世界级资源禀赋和影响力”“高水平的供给能力和治理能力”“突出的社会贡献和发展潜力”三个方面。相关要素主要包括资源独特性和吸引力、文化或文明价值、旅游影响力、产品与活动的规模与品质、旅游设施与环境保障、景区现代化管理水平、创新发展程度、绿色发展及社会责任等。

（二）国家级旅游休闲城市、国家级旅游休闲街区

2021 年 10 月，党的十九届五中全会审议通过了《中共中央关于制定国民经济和社会发展第十四个五年规划和二〇三五年远景目标的建议》，提出“打造一批文化特色鲜明的国家级旅游休闲城市和街区”。

2015 年由全国旅游标准化技术委员会（SAC/TC210）提出了旅游行业标准《旅游休闲示范城市》（LB/T047—2015），国家旅游休闲示范城市认定标准为：旅游休闲功能突出、旅游休闲产业完善、旅游休闲环境和谐、能同时满足旅游者和本地居民旅

游休闲需求、在全国具有典型示范意义的城市。

2021 年 11 月 11 日，文化和旅游部办公厅、国家发展改革委办公厅发布《关于开展国家级旅游休闲街区认定工作的通知》[①]，决定开展国家级旅游休闲街区认定工作。认定对象为具有鲜明的文化主题和地域特色，具备旅游休闲、文化体验和旅游公共服务等功能，融合观光、餐饮、娱乐、购物、住宿、休闲等业态，能够满足游客和本地居民游览、休闲等需求的城镇内街区。

2022 年 1 月 29 日，文化和旅游部、国家发展改革委发布首批 54 个“国家级旅游休闲街区”。

三、谋划布局

（一）总体思路

立足世界级文化资源，打造世界级旅游景区。

武当山是世界文化遗产，应积极响应《中共中央关于制定国民经济和社会发展第十四个五年规划和二〇三五年远景目标的建议》中“打造世界级旅游景区和世界级旅游度假区”的号召，对标世界文化遗产日本富士山，借鉴其“信仰的资产”和“艺术的资产”双向持续建设和管理运营的发展模式，从实物资产、文化资产、品牌资产和数字资产四个层次夯实“走向世界级旅游景区”的道路。

①此前，2021 年 4 月 30 日，文化和旅游部办公厅、国家发展改革委办公厅发布《关于开展旅游休闲街区有关工作的通知》。该通知要求，为贯彻党的十九届五中全会精神，落实《中华人民共和国国民经济和社会发展第十四个五年规划和 2035 年远景目标纲要》有关任务要求，将打造一批文化特色鲜明的国家级旅游休闲街区。

（二）核心理念

阐释文明奥区，彰显治世玄岳。

项目以“治世玄岳”为文化导向，以国事外事活动、济世度人功业为功能导向，分别塑造堪称为未来遗产的五龙宫景区“天路历程”和“心路历程”(见表63)。同时，实现五龙宫景区“双路”渗透式融合，五龙宫景区与存量景区进行互动延伸式融合，与山下镇区进行重组型融合。

表63 世界文化遗产向世界级旅游景区的转变

世界文化遗产武当山			
治世玄岳·文明奥区 五龙宫			
集体表达		个人探索	
国事活动	外事活动	国师济世	红尘度人
人类命运共同体	道文化论坛	国学养生	青年游学
人与自然命运共同体	道茶文化论坛	美术雕塑	文学影视
互联网空间命运共同体	科技与艺术大会	国乐国术	音乐舞蹈
实物资产	品牌资产	文化资产	数字资产
世界级旅游景区武当山			

（三）核心策略

1. 顶流 · 朝武当

实施“顶流”品牌资产运营策略，发起“朝武当”计划。立足世界文化遗产“五龙宫”文物建筑和遗址本体，以价值利用和相容使用为原则，创建未来遗产“中国道教建筑博物馆”。计划精准配型和落位世界级节会活动，营建关于“人类命运共同体”“人与自然命运共同体”和“互联网空间命运共同体”的未来能量场；积极承办国际道文化、道茶文化、科技与艺术相关主题的“顶流”外事活动，参与践行“健康中国”“文化强国”和“科技强国”相关国家课题和行业探索。让世界朝向五龙宫，让“头部”聚首武当山。

2. 中流 · 巢武当

实施“中流”文化资产运营策略，发起“巢武当”计划。深挖“治世玄岳”文化内涵和外延，承担“文明奥区”当代使命，集结“羽客三千”国师驻场，高台教化；吸引国学养生、美术雕塑、国乐国术、音乐舞蹈、文学影视等 10 个产业界别的创新创业型企业集聚发展，以人为本，弥合业脉，延续文脉，振兴地脉。

3. 潮流 · 潮武当

实施“潮流”数字资产运营策略，发起“潮武当”计划。瞄定“站城一体”旅游 TOD 综合体项目，塑造“时代山门”，打造场景化、主题化、故事化微型主题公园，配套超级停车场、超级直播间、超级市场等城市级公共服务设施，搭建知识产权综合服务平台，引领基于 IP 产业链集成运营的泛文化旅游业示范发展，以“潮牌”流行文化和时尚消费，强力吸引过夜消费游客、市民和短期驻留商旅人士等多元客群。

（四）核心产品

在朝武当、巢武当和潮武当三个分区主题下，构建山门 · 绕仙阁、修谷 · 羽客桥、奥区 · 五龙宫三个核心产品组合（见图 97）。

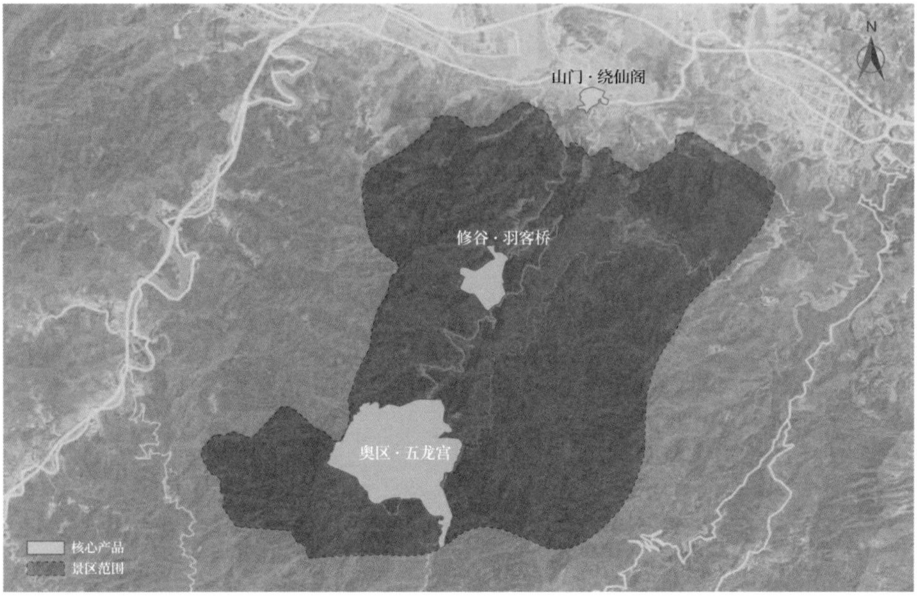

图 97　三大核心产品空间布局

1. 山门 · 绕仙阁

以“天下”为概念，提炼“千江有水千江月”的设计理念，强调“道是无情度有情”的场所精神，以“凡人问道”“仙人指路”和“道士下山”等意识流交织的趣味性、戏剧性和冲突性，策划绕仙阁项目。

项目结合门户区环境现状，综合高架桥、高压电线、国道、民居、浅丘等所有限制性因素，尊重现实并超越想象，将地标式建筑、游客服务中心、仙侠互娱型主题公园、快速消费型业态、主客交叉消费业态配套服务设施系统集成落地（见表 64、图 98）。

表 64　景城场站一体化发展模式

竖向结构	横向结构				核心产品	配套服务设施
山门广场	敬天	敬地	敬山	敬水	雕塑艺术公园	综合服务中心 快速消费业态 智慧交通服务
山门	仙界	人间	丛林	秘境	地标建筑	主客交叉消费
门城	人与仙交织		山与水交融		仙侠主题公园	特色美食街区 互动游乐街区
山林	有差别的天下		无差别的天上		沉浸式演艺	定制旅游服务

图 98　门户区效果图

2. 修谷 · 羽客桥

以“人间”为概念，提炼“五色圆光”设计理念，强调“隐三台十州之羽客，度九州万国之苍生”场所精神，以“羽客”为对象（见图 99），以“桥”为媒介，策划羽客桥项目。

项目通过梳理武当山历史文化人物、事件和贡献，结合时代价值和景区现状，计划邀请国医、国艺、国匠、国术、国潮、国创、国音、国饰、国乐、国漫十大领军人物，共筑山间庭院式人力资源产业园区，共促文学、网络文学、雕塑、金石篆刻、楹联牌匾、电音、电竞、舞蹈、影视、动漫十类领军企业联合开展筑巢计划。

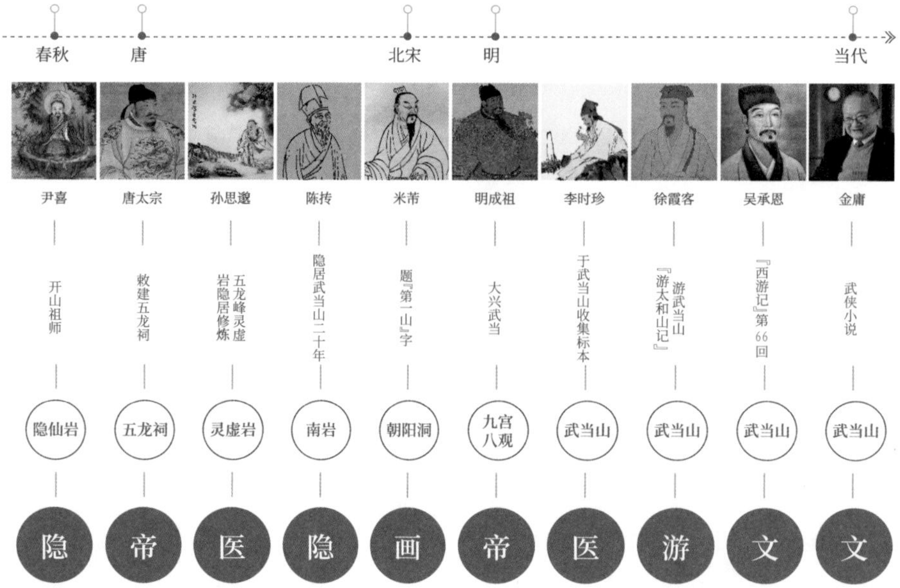

图 99　武当“羽客”

国师坐镇，领军企业入席，共同培育以“武当山”品牌为旗帜的品牌矩阵（见图 100），渲染仪式感表意环境艺术，嵌入内涵式文化苦旅空间，塑造沉浸式“心路历程”，配套中心街区、小型展场、小剧场、多功能厅、运动理疗中心、社区食堂等综合服务设施，形成“羽客三千”聚集效应，落实研学旅游、会奖旅游与青年旅游专项计划（见表 65、图 101）。

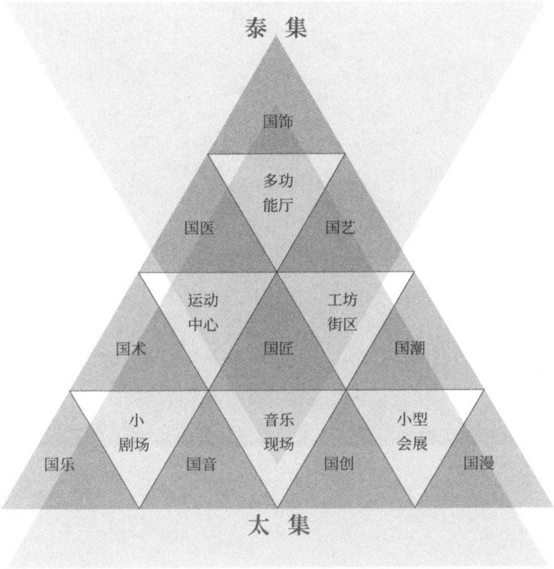

图 100　武当品牌矩阵

表 65　系统打造武当山人力资源产业园区

候鸟空间站	国字号	国际候鸟	国内创客
短期驻留	研究 创作 讲学	培训 创作 分享	会议 展演 授权
长期计划	出版传媒 装帧设计 艺术设计 数字创意 在线服务	出版传媒 网络文学 影视动漫 数字创意 在线服务	会议服务 展览服务 版权服务 营销服务 在线服务
驻地生长	教学管理 教务管理	国际交流服务 国际绿色通道	管家服务 经纪服务

图 101　羽客桥片区总体鸟瞰图

3. 奥区·五龙宫

以“天上”为概念，提炼“海性澄圆”设计理念，策划中国道教建筑博物馆及遗址酒店项目。

项目计划从历史的建筑、现代的建筑和未来的建筑三个层面，提炼古代的智慧、自然的美学两个线索，充分展示中国道教传统建筑营造的哲学、法式、规制、技术、艺术，以及建筑所蕴含的场所精神和文学艺术意向、对现代建筑的影响和对未来建筑的启示（见表 66）。

表 66　产品研发逻辑框架

策展框架	古代的智慧		自然的美学	
	策展框架	展陈内容	策展框架	展陈内容
历史的建筑	营造哲学	地形地貌展示 书写边缘	武当祥瑞图	数字艺术馆
	营造法式	建筑模型展示 动态剖析	古画中的建筑	数字艺术馆
	营造规制	道教山门 道教庙庵	诗歌里的建筑	数字艺术馆
	营造技术	构件展示 互动体验	乐高互动	亲子互动馆
	营造艺术	色彩装饰展示 互动体验	中国色互动	品牌互动馆
现代的建筑	民居	测绘模型展示 构件材料展示	木作互动	专业研学馆
	公共文化建筑	过程文件展示 建筑模型展示	设计师驻留计划	联合办公
未来的建筑	中国道教建筑 博物馆	过程文件展示 建筑模型展示	设计师驻留计划	联合办公

四、合作导引

项目以“朝武当”计划与世界对话，以“潮武当”计划与未来对话，以“巢武当”计划与经典对话。“巢武当”计划从“太极”文化出发，筑“人文十馆”（见图 102）。以“高台教化”的方式蓄积“国师”能量，灌顶“国泰民安”的高大势能；以“窟宅修行”的方式激发“青年”力量，聚合“太山北斗”基层动能。

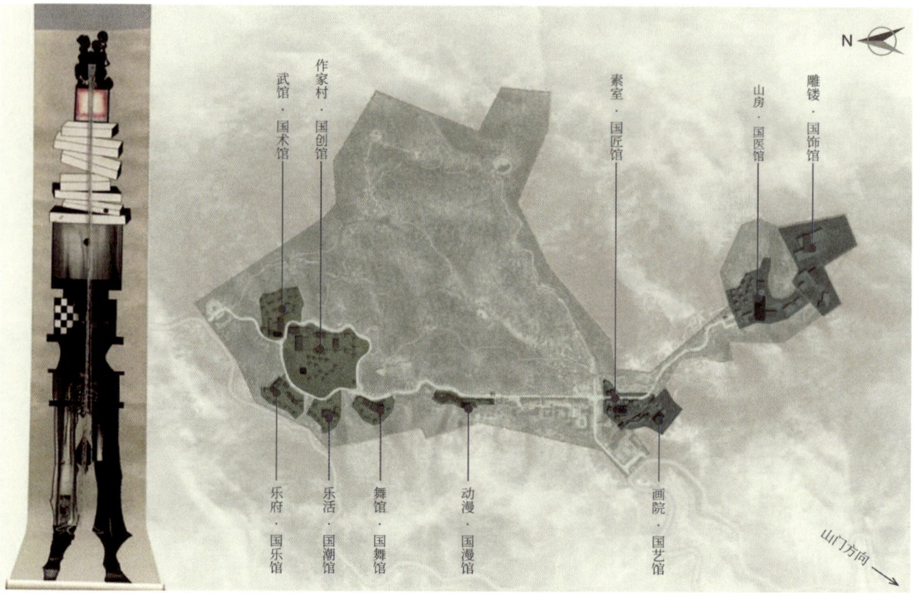

图 102　核心产品人文十馆

武馆 · 国术馆依托武当太极文化，对标太极禅院，以食饵餐厅主题餐饮和日月拳馆武术交流两大业态组合，形成以太极为主题，以大道台为景观艺术，融合禅修、参访交流、会议服务、餐饮的主题馆。

乐府 · 国乐馆，依托武当道乐与相关音乐作品，立足国乐复兴、文化传承与艺术交流，提出“国乐练习生”计划，以国学创新和国乐研习两种方式，探索国乐跨界的新方式。

乐活 · 国潮馆，依托仙侠“国潮”文化艺术资源，聚焦国货和国艺两个领域，寻找创作合伙人，用时尚语言讲述不一样的中国故事。

舞馆 · 国舞馆，依托“雅集”文化艺术资源，聚焦古典舞和现代舞两个领域，利用“网剧 + 网综”的方式开展历史遗迹的科技再现，举办国风街舞、武当奇妙夜、国潮音乐节等节庆赛事活动。

动漫 · 国漫馆，依托武当相关影视、动画、动漫、漫画、网剧、手游等作品，提出以“一人之下”为IP的“国漫千人”计划，创意打造武当国漫谷，创新复合国漫博物馆、动漫制作室、展览中心、娱乐中心、国漫主题餐饮和国漫画廊等功能，创享沉浸式影视体验活动与超级Z世代的IP漫剧化活动。

作家村 · 国创馆，依托武当武侠及网络文学作品，打造集作家梦想库、图书馆藏、文学创作与文学交流于一身的作家村。

画院 · 国艺馆，依托太极相关主题艺术作品，发起“国艺风华鉴”计划，吸引艺术爱好者、艺术家、艺术家经纪人、跨界融合创作者齐聚一堂，共同推广中华艺术。

素室 · 国匠馆，依托太极主题生活美学品牌，打造武当素室 · 国匠馆，以新锐设计师与国匠艺术大师互动的方式，创造武当 · 大师史诗系列作品，创新生活美学馆与大师工作室。

山房 · 国医馆，依托武当道医、药茶相关资源，顺沿养家、养身、养心、养子、养老五条主线，聚焦文旅融合、中医药康养和在线经济三大领域，以国医馆、膳食馆、主题住宿与身心疗愈为承载，打造文康商旅学融合示范项目。

雕镂 · 国饰馆，依托道服和茶服品牌，创意跨界设计、品牌联合、主题展览、匠品馆藏“四位一体”的留量空间；创新艺术基金、艺术雕塑、创意空间、限时体验展“四位一体”的流量空间；创造时装高定、主题餐饮、大师收藏和联合办公“四位一体”的艺术家和设计师驻留空间。

五、借鉴启示

项目策划“化产业思维于无形”，通过品牌资产、文化资产和数字资产运营三个抓手，反向梳理项目可利用资源和限制性条件，在多维逻辑框架下，厘清了朝武当、巢武当和潮武当三个分区主题、产品组合和实施策略。提出创意策划和概念设计的同时，在空间落位、政策响应、投资收益、资源保障四个层面系统论证可行性，极大地降低了实物资产投资落地的决策成本、沟通成本和时间成本。

“朝武当”国际会奖旅游服务区、“巢武当”国家级知识产权示范基地、“潮武当”门城旅游综合服务区三大主导功能环环相扣，每条产品线背后都隐藏着一条产业线，相关人脉、业脉、文脉、地脉相互融通。

在整体搭建三个分区服务体系的过程中，同步创建基于产品线的国家中医药健康旅游示范基地、国家文化与科技融合示范基地、国家级人力资源服务产业园三个支撑体系，国家级音乐、影视、动漫、网络文学、体育培训五个特色产业基地。

在引爆流量、育成产业的过程中，将传统景区运营系统转型升级为产业链、价值链、服务链、创新链、区块链集成运营系统，最终兑现项目品牌资产、文化资产、数字资产三大价值。

六、系统观念

项目从世界文化遗产核心价值提炼开始，明确“治世玄岳”内涵式发展策略和打造世界级旅游景区的战略目标；以“治世玄岳”当代价值剖析为导向，梳理出与古代“天路历程”差异化发展的“心路历程”核心策略；以“心路历程”人文主义地理学思维为导向，厘清构建“仪式感表意系统”和“内涵式文化苦旅”双线产品策略；

以“双线产品策略”为导向，结合场地条件，创意提出“朝武当、巢武当、潮武当”三个计划，赋予主导功能，完成产品谱系规划和产业发展规划，快速达成了多方共识，为项目落地赢得了先机，尤其值得世界文化遗产资源向世界级旅游景区转型升级发展项目参考。

道	法	术	器	势
核心理念	政策抓手	核心策略	核心产品	借鉴启示
阐释文明奥区 彰显治世玄岳	世界级旅游景区 世界级旅游度假区 国家级旅游休闲城市 国家级旅游休闲街区	“顶流”品牌资产运营策略 “中流”文化资产运营策略 “潮流”数字资产运营策略	山门 · 绕仙阁 修谷 · 羽客桥 奥区 · 五龙宫	天路历程 心路历程

千江有水千江月

万里无云万里天

作品名称：无极

作者：邓筱

作品材质及类别：不锈钢，水倒流装置，灯效装置，艺术装置

尺寸：4m×0.76m×0.58m

问晋太行

引言

中国是一个多山国家，山地造就了中国地貌的骨架，孕育了人类文明的萌芽。太行山脉位于中国地形第二阶梯与第三阶梯的分界线上，是具有国家文化标识意义的重要山脉。俯览太行山脉，山西“丰厚险固，表里山河”，是华夏文明的重要发祥地。

山西太行山大峡谷景区的旅游开发实践工作自 1996 年至 2020 年，大致经历了以下阶段：1996 年，国家林业部批准设立山西太行峡谷国家森林公园。1999 年，壶关县人民政府对景区进行旅游开发，2000 年，正式对外开放。之后，在经历了产权分立、多方投资后，于 2013 年重新对景区各景点进行全面整合，并成立太行山大峡谷旅游发展股份有限公司，对景区进行统一管理运营。

2013 年，太行山大峡谷旅游发展股份有限公司与西安曲江文化旅游股份有限公司在长治市壶关县签约合作，委托曲江文旅对景区进行整体经营策划、规划指导、运营管理工作。

历时 3 年，经营策划工作组感悟于柳宗元《晋问》，开启了一段“问晋 · 太行山”之旅，根植太行山水、上党文明等文化基因，提出“中国能量谷”概念体系，尝试探索山地游憩的系统策划与规划。

一、项目介绍

山西太行山大峡谷旅游发展股份有限公司是以政府为主导，依托太行山大峡谷独具特色的旅游资源，由壶关县旅游产业发展有限公司、长治市旅游产业发展有限公司、山西常平钢铁有限公司共同发起设立的股份有限公司。公司坚持资源保护与景区开发并重的原则，在科学规划的基础上，适度开发，规范管理，致力于将太行山大峡谷打造成为一个集自然观光、生态旅游、地质科考、休闲度假于一身的绝佳之地。

项目具体任务为以八泉峡景区入口处桥上乡为重点片区，提供品牌定位、空间规划、建筑设计、产业规划、产品设计、运营规划、营销策划等服务，解决太行山大峡谷景区运营经验不成熟、缺乏核心吸引力、服务产品品质偏低、产业链不成形等问题。

（一）项目区位

项目位于山西省长治市壶关县大峡谷镇[①]，总面积为225平方千米，主峡东西全长35千米，其西端距壶关县城30千米。景区经过多年开发建设，逐渐形成了由五指峡、王莽峡、龙泉峡三大峡谷为主线串联的400多处景观。主要景点包括八泉峡、红豆峡、黑龙潭、紫团山、青龙峡等（见图103）。

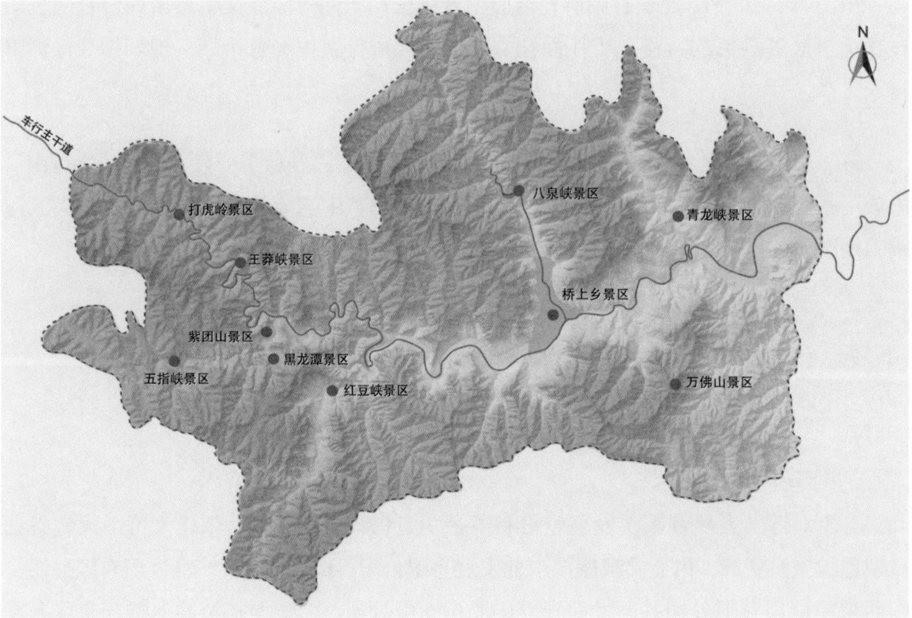

图103　项目区位

①大峡谷镇：原名桥上乡，2020年3月撤销桥上乡，设立大峡谷镇。

（二）资源禀赋

太行山绵延 400 余千米，是我国东部地区的重要山脉、地理分界线和华北平原生态屏障。八泉峡是太行山大峡谷的重要组成部分，雄踞太行山大峡谷中段，被称为“太行第一雄峡”。景区占地面积 24.11 平方千米，最低海拔 600 余米，最高海拔 1 400 余米，是峡谷内设施最全、线路最美、最具代表性的精华区段，先后荣获“国家 5A 级旅游景区、国家森林公园、国家地质公园、中国十大最美峡谷”等诸多荣誉。

1. 华夏文明：天神居所，文明之巢

“太行”，原指“天帝的活动”，又名“五行山”，“五行”即五大行星的运行，认为天体运行是由天帝总管的[①]。此外，上古神话也体现出太行是天神居所、文明孕养之巢。

2. 地形地貌：壮丽山川，胜景云集

太行山集合了北方山地的壮观和江南秀水的柔美，峰、壁、石、林、泉、池等生态资源优势突出。其中，绝壁长崖、曲流之峡、蚀刻塔峰是太行山最具代表性的 3 种景观。

3. 地质结构：巍巍太行，洪荒而来

太行山是黄土高原和华北平原的天然分界线。数亿年前的海洋与森林形成了太行山区丰富的煤炭资源，地壳活动与断裂造成了太行山脉的陡峭隆起，红色嶂石岩、长崖和峡谷是南太行最为典型的地貌。

4. 民俗文化：神农起源，农耕信仰

太行上党地区的风土人情带有典型的农耕文明特色，体现在农耕劳作、特色面食、聚落石屋、戏剧秧歌、崇儒尚学等生活的方方面面。

①崔建华 .“太行山”名义考 [J]. 山西师大学报 (社会科学版),2011,38(02):85-89.

（三）关键问题

1. 景区发展空间受限：存量与增量

受制于山岳型景区关于地形地貌、生态环保等方面的限制性条件，太行山大峡谷存量空间基础极差，改造提升难度较大；增量空间要素不全，市场和财务可行性难度较大。

2. 景区交通闭环问题：时差与高差

景区提升之初，运煤车专用道与旅游交通道路并行，特色步道设施陈旧且未形成环线，水上交通和快速交通服务设施缺位，门户游客集散服务中心和游憩节点缺位。亟待解决景区交通导流的时差问题和“上山入水”的高差问题。

3. 核心吸引力问题：画面感与力量感

中国山水文化，自古追求的是平衡场域的“画面感”；西方征服自然的体育精神，传承坚持的是失衡场域的“力量感”。目前，国内山地休闲度假旅游项目的整体开发系统和相关产业链很难从“画面感”突破为“力量感”。

4. 旅游渗透度问题：产品与产业

中国山地休闲度假旅游项目，普遍饱受“资源陷阱”和“权属分割”之苦。垄断性和唯一性旅游资源，长期被垄断式经营，依赖“门票经济”，产业链无法形成，服务体系不完善，服务水平无法有效提升。旅游资源被简单粗暴地开发为“票务类产品”，而非“服务消费类产品”，价值链断裂，产业链缺失，旅游渗透度极低，旅游业无法为更大范围的社会、经济和文化发展服务，全域发展无从谈起。

二、政策索引

（一）资源城市转型

长治市是以煤炭为主的资源型城市，“因煤而兴”，也“因煤而困”。自 2007 年国家发布相关政策以来，资源型城市进入由中央政府支持和主导的转型升级、实现可持续发展的历史机遇期。

国务院先后印发了《关于促进资源型城市可持续发展的若干意见》和《全国资源型城市可持续发展规划》，划定 262 个资源型城市主体，以采煤沉陷区、独立工矿区为政策着力点，并在《关于支持山西省进一步深化改革促进资源型经济转型发展的意见》中提出，支持山西省开展国家智能制造试点示范，重点发展新一代信息技术、轨道交通、新能源汽车、新材料、航空航天、生物医药、文化旅游等新兴产业和先进产品。

围绕“全省域资源型经济转型综合配套改革试验区”和“资源型经济转型发展示范区”目标，长治市进一步明确“5+5”产业发展路径，按照巩固壮大现代煤化工、高端装备制造、新能源汽车、新材料、新一代信息技术五大产业，突出培育光伏制造及应用、通用航空、文化旅游、医药健康、固体废物利用五大产业的发展方向，为促进产业结构升级注入新的活力。

（二）生态文明建设

2012 年，党的十八大提出“大力推进生态文明建设”的战略决策，从 10 个方面绘出生态文明建设的宏伟蓝图。2015 年，国务院发布《关于加快推进生态文明建设的意见》，并将加强生态文明建设写入国家五年规划。之后，环境保护部、中国科学院发布了《全国生态功能区划(修编版)》，提出应加强自然资源开发监管，严格控制和合理规划开山采石，控制矿产资源开发对生态的影响和破坏；鼓励发展生态林果业、旅游业及相关特色产业[①]。

太行山区是全国63个重要生态功能区之一，是水源涵养与土壤保持重要区。该区包括河北、山西与河南3个省份19个行政区，面积为46 843平方千米。太行山是黄土高原与华北平原的分水岭，是海河及其他诸多河流的发源地，其水源涵养功能对保障区域生态安全极其重要，在水源涵养与土壤保持方面发挥着极其重要的作用。

（三）新型城镇化

2014年，中共中央、国务院印发《国家新型城镇化规划（2014—2020年）》，明确指出：城镇化的关键是农业现代化、工业化、信息化和新型城镇化。要按照控制数量、提高质量，节约用地、体现特色的要求，推动小城镇发展与疏解大城市中心城区功能相结合、与特色产业发展相结合、与服务“三农”相结合；要有重点地发展小城镇，对具有特色资源、区位优势的小城镇，要通过规划引导、市场运作，培育成为文化旅游、商贸物流、资源加工、交通枢纽等专业特色镇。

围绕打造省域副中心城市目标，加速推进新型城镇化建设。长治市提出，要以“景区＋特色城镇”为手段，按照产业集聚、要素集约、产城融合、功能集成、社会共建共享要求，搭建县域旅游产业集聚大平台，推进以旅游业为优势产业的县域经济社会发展模式创新，助推新型城镇化建设，打造国家全域旅游示范区。

①关于印发《全国生态功能区划（修编版）》的公告 [EB/OL]. (2015-11-13)[2022-11-19].https://www.mee.gov.cn/gkml/hbb/bgg/201511/t20151126_317777.htm.

三、谋划布局

（一）总体思路

中国能量谷。

太行山是中国山水旅游的“绝境行场”，是中国的“能量谷”。重庆大学赵珂教授在对山的界定中提出“山的心物场”这一认知，认为承载山的心物场的地理环境由生境和心境组成，“生境”是指生物群落生存的环境，“心境”是指人的休闲行为环境[①]。因此，对山地生态环境的认知，要从地貌特征、生境功能、心境功能三者结合来看。

八泉峡景区在地貌特征上，属于太行山脉的峡谷地貌，是凹形地貌形态，处于地势的最低点；在生境功能上，是沟谷生态系统中水分、营养物质的移动路径和最富集的全营养库；在心境层面上，具有封闭、私密、沿水自然移动的心理环境特征，是深层次领略山地景观、探寻山地奥秘的天然通道。

因此，面对太行山大峡谷绝佳的山水禀赋和独特的历史文脉，项目提出“中国能量谷”的策划理念，即承担能量聚集之功能，为人之休闲行为提供营养富集的私密环境。在具体操作上，项目以“观、感、想、念、游、行、创”7 个举措构建太行山独特的游憩系统。

①赵珂．循水理山：山地城市生态规划路径 [M]. 北京 : 科学出版社 ,2020.

（二）核心理念

绝境行场，心灵圣所。

绝境行场

太行山大峡谷是中国的能量谷
Energy Spot
观、感、想、念、游、行、创

从仅仅是观赏性的旅游，
到观想、感悟和深入思考，
在自然中念想祈盼，
与大自然的灵气无拘无束地游戏。
以行的方式，
感悟自然的智慧。
于是，
这里有创造的喜悦，
这是创造性生活方式的出发点。
超越了一切的宗派、哲学，
人类将山奉为神圣的土地。
山峦充满了灵气，
端坐于山、栖息于山、睡卧于山。
在山的指引下，
人生将进入更为丰富的精神世界。
自我启发使我们摒弃不断衰微的主题公园，
投身于生态与环保，
这将成为最高境界的休闲生活。

心灵圣所

太行山大峡谷是中国的能量谷

Spirituals Sanctuary

这里是气势恢弘的圣地，
这里是美丽绝佳的修行之所。
超越了所有宗派与哲学，
成为人们心中的圣所。
在山的指引下，
人们以更加丰富而踏实的精神状态去行走人生。
从而得到自我启发，
这才是具有最高境界的旅行体验。

——滨野安宏手记

绝境行场，动如长风引弓。借鉴中国人文山水画技法，在大自然的“无序”中发现“有序”，修道，通达“绝境”中的胜景，体悟“行进”中的场域。

心灵圣所，泛若不系之舟。运用东方哲学心法，在大文化的“苦旅”中享受“自由”，修身，营建“心灵”的安处，追求“圣洁”的所在。

绝境行场，心灵圣所。修道以度人，修身以度己。项目策划拟通过勾勒大自然的史地场域，雕镂大文化的精神场域，实现自然与文化的弥合和相互渗透。力图引导中国山岳型景区从“自然面书，人文背书”走向“人文面书，自然背书”的“文旅融合”全新时代。

（三）核心策略

景镇一体，三位一体。

绝境行场，即整体意义框架；心灵圣所，即个体生命意义空间。在项目策划和概念设计的过程中，各方始终坚持“景镇一体化”的发展思路，即“八泉峡景区”和“桥上乡”联动发展。具体通过空间系统、游憩行为和服务体系 3 个层次的规划，实现对顶层设计的任务分解和反向支撑。

1. 空间系统

“三勘”（勘景、勘地、勘合）是开发山地休闲旅游景区最核心的 3 项工作。勘景，发现自然之美；勘地，发现人文之美；勘合，发现天人合一之美。

2008 年以来，太行山大峡谷景区委托中国城市规划设计研究院陆续编制完成《长治太行山大峡谷风景旅游区总体规划》《桥上乡综合旅游接待服务基地修建性详细规划》以及《八泉峡云崖栈道系统规划设计》系列规划工作。

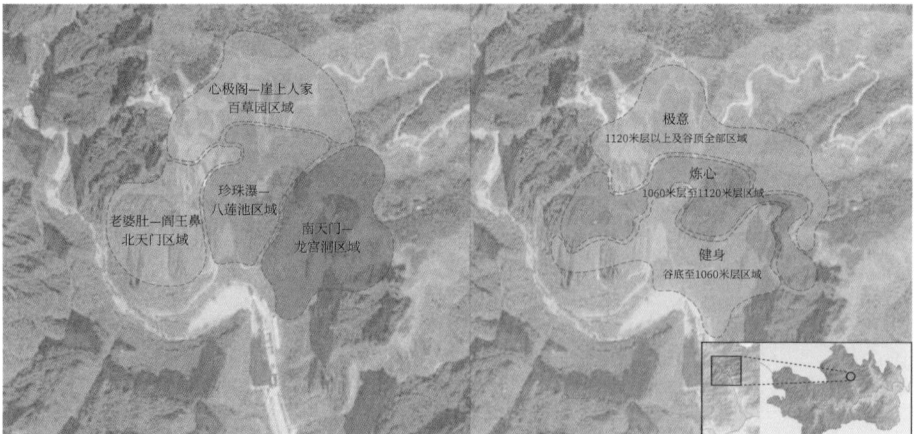

图 104　中国城市规划设计院项目总体规划中三层四区空间布局

首先，曲江项目组介入后，以中国城市规划设计研究院编制的上位总体规划为依据，系统梳理出八泉峡景区空间动力机制，搭建“三层四区”空间体系（见图 104），将经纬交织的空间格局、点线结合的游憩规划、主次分明的节点规划和盘托出，取得了阶段性共识和点状实践的突破（见表 67、表 68）。

表 67　“三层”空间规划逻辑框架

三层	海拔	游憩规划	主题景点
极意	1 120 米以上及谷顶	太行历史和太行精神为内核的文化展示	云崖栈道
炼心	1 060~1 120 米	地质科普和野外药用植物为内核的展示	一线天
健身	谷底至 1 000 米	雄奇秀险的峡谷风光为内核的身心体验	八泉源

表 68　“四区”空间规划逻辑框架

四区	海拔	核心景观	主题景点	规模
心极阁—崖上人家—百草园区域	1 120 米以上及谷顶	崖上人家 百草园	放眼亭	—
			凌顶台	—
			地质展厅	800 平方米
			百草园	2 000 平方米
			崖上人家	1 000 平方米
			月下听风小剧场	1 500 平方米
			极意致远地标景观	—
老婆肚—阎王鼻—北天门区域	谷底至 1 120 米	老婆肚	5 条线路 +14 个科普点	—
珍珠瀑—八莲池区域	1 060~1 120 米	珍珠瀑	水木明瑟植物园	1 000 平方米
			真意台观景台	—
			八莲池茶室	120 平方米
南天门—龙宫洞区域	谷底至 1 000 米	南天门	—	—

其次，针对项目“观景节点不突出”“线路组织不清晰”“大众旅游服务设施不完善”“短期内加强投资者信心”4 个焦点问题，项目组提出山地型观光景点和线路规划的“组景序列”工作法，系统梳理了景区历史传统景序、现有人文景观、典型地形地貌，从空间动线、时间序列、情绪曲线、景区宽幅、景深层次 5 个角度综合分析，推导出“八泉九景”的工作成果，再次取得共识（见表 69）。

表 69 “八泉九景”景观序列组合

排序方式	传统景序	人文景观	地形地貌
空间动线	八泉洪纷：玉液琼浆	北天石林：相外洞天	太行神秀：万象空明
时间序列	—	滴谷九莲：天桥虹亘	壶窑洞天：地质奇观
情绪曲线	—	石鼓壁立：周流无极	—
景区宽幅	飞泉喷玉：激若球锽	—	—
景深层次	丹霞玄流：天光一线	—	悬流三叠：怪石罗布

2. 游憩行为

无论是绝境行场的宏大场域，还是心灵圣所的具体空间，都是因人而起，也必须以人为本。游客的游憩行为主要发生在八泉峡景区，因此，项目组从创造生活方式的角度出发，以精神修行、户外体验和徒步运动为主题，提出“心灵圣所”的概念和游憩系统（见表 70）。

表 70 “心灵圣所”游憩方式系统规划

行为举措	场景	游憩方式	类型
观 / 感	绝壁	悬空	精神修行
念 / 感	瀑布	静坐 / 立禅	
想	空谷	瑜伽 / 太极 / 舞蹈	户外体验
游	河流	漂流 / 溯溪	
创	湖泊	飞钓 / 皮划艇 / 飞索	
行	山谷 / 岩壁	徒步 / 攀岩	徒步运动

3. 服务体系

“绝境”观景需要观景服务设施，“行场”游憩需要特色交通和体育休闲服务设施，“心灵圣所”营建需要人文度假服务设施，地方经济、社会和文化发展需要产业服务设施，以上四条线索需要安排空间并探究空间动力发展机制。

项目组选址桥上乡场地，分别规划了门城、工艺之乡、交融之乡和生态桃源乡四个功能分区，满足游客在项目认知、身体修行、心灵探寻和生命创意四个阶段的消费需求（见图 105、图 106、表 71）。

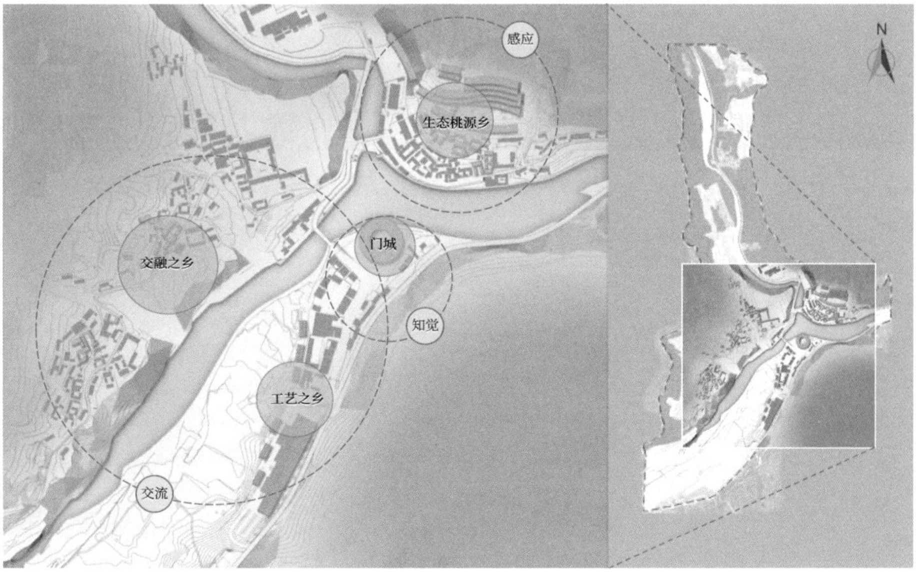

图 105　服务设施空间布局

图 106　桥上乡鸟瞰图

表 71　项目功能分区及服务产品配套设施

功能分区	服务类别	功能模块	服务设施
门城	观景服务 交通服务	观光旅游咨询服务 购票预订 / 停车集散服务 自然教育学习中心	超市 / 快餐 服务大厅 / 停车场 多功能厅
工艺之乡	休闲服务	民俗主题公园	醋工厂 面工厂 酒工厂
		工匠艺术村	乡土料理 咖啡厅 茶馆 酒馆
		温泉度假村	多国料理 礼品店
		露营基地	户外运动培训和服务中心 户外用品商店

续表

功能分区	服务类别	功能模块	服务设施
交融之乡	产业服务	乡镇中心商业街	农家旅舍 青年旅馆 农贸市场
		景区管理培训学校 酒店管理培训学校	宴会厅 大食堂 自助餐厅
生态桃源乡	度假服务	主题度假酒店 分时度假别墅	护理保养中心 足疗按摩中心 健身运动中心 康复治疗中心

快速干道促进产业发展，慢行系统促进旅游和生活消费。项目组通过弥合八泉峡景区游憩系统和桥上乡小镇服务系统，进一步厘清了全域交通组织优化方案，包括交通类型、交通服务设施、配套商业和旅游服务设施（见表 72）。

表 72　项目交通服务设施及产品配套设施

交通类型	交通服务设施	商业服务设施	旅游服务设施
轨道交通	站点	超市 / 快餐	快捷酒店
旅游大巴	停车场	土特产商店 / 超市	主题酒店
自驾车	停车场	工艺美术商店 / 特色餐厅	休闲度假酒店 / 精品酒店
索道缆车	换乘中心	超市 / 快餐	泛娱乐旅游产品
飞行服务	换乘中心	主题商店 / 特色餐厅	主题酒店
漂流	换乘中心	主题商店 / 特色餐厅	主题酒店
山地自行车	线状空间	主题商店 / 特色餐厅	主题商店 / 特色餐厅
电瓶车	线状空间	超市 / 快餐	卫生间
步行	线状空间	超市 / 土特产商店 / 快餐	卫生间
山体电梯	站点	主题商店 / 特色餐厅	主题酒店

(四) 核心产品

1. 门城

门城为项目集散服务区，主要承担游客接待、交通集散、旅游咨询等功能。同时，门城游客服务中心作为地标性建筑，兼具景观性与观景性双重功能（见图 107）。

门城的地标建筑设计，以环状和浮游形态矗立在河边。一层为大型巴士和小型车辆停车场并配置问询处；二层为观景平台，360 度全景观赏大峡谷风貌。此外，二层平台设置自然教育功能区，以大峡谷景观为背景，对观光访问者进行生态保护启蒙教育，将二层观景平台打造成为观光者、度假者和原住民社交的绝佳场所。

图 107　门城游客服务中心效果图

2. 空中之城

“空中之城”为八泉峡景区规划索道的山顶场站。项目组针对太行山大峡谷特有的绝壁长崖景观，提出设计建造兼具观景、特色交通体验和旅游服务功能的“天空之城”。

游客可以从峡谷底部通过电梯缓缓爬上 200 米高的悬崖顶部，悬崖顶部向四周张开，形成一个在天空中伸展的平台，力图打造一个秘境餐厅 (见图 108)。

图 108　“天空之城”效果图

3. 工艺之乡

“工艺之乡”是指将山西传统工艺的工匠、工坊汇聚一处，打造集工艺创作、手工体验、产品销售于一身的全息体验空间（即风物土产工厂店），这与近年来国家倡导创建的“非物质文化遗产生产性保护示范基地”完全贴合。

工艺之乡规划为 200 米长的中心街道，业态包括三类：一是服务于观光客的手工艺产品、土特产品体验和销售；二是服务于度假客的咖啡店、特色餐厅等休闲设施；三是服务于户外爱好者的专业户外用品商店 (见图 109)。

图 109 “工艺之乡”商业街效果图

从工艺之乡的概念设计工作反向倒逼“风物资产”的选品决策方法：系统梳理当地具有一定规模效应的风物土产资源和要素，综合至少八类利益相关者的核心诉求，以三产融合集成运营的思路，确定四种不同规模、不同形态和不同功能的项目发展引擎。同时，结合游客行为方式分析，提炼品牌内涵、外延和价值，确定品牌发展战略，反向指导规划设计和专项设计工作(见表73)。

表73 “风物资产”选品决策参考逻辑

参考指标	指标亚类	产业路径	发展引擎
在地资源	地理标志产品 历史经典产业 非物质文化遗产 文物建筑 博物馆 大遗址	居民生活服务	现代农业园区
利益相关者	政府相关部门 在地领军企业 投资者 开发商 运营商 经营者 中小微旅游企业 原住民	旅游产品研发	旅游创新工厂
城乡服务系统	服务业	产业链集成运营	特色小镇
旅游服务系统	特色餐饮 主题酒店 特色交通 旅游景区 传统零售 夜间消费	旅游体验消费	人文旅游度假区
游客行为方式	游客结构 游客消费决策行为 游客消费评价分析 游客复购行为分析	客源地生活服务	中心城市会员俱乐部

此外,基于特色小镇中心街区的现状条件,选择旅游创新工厂的载体类型,从衣、食、住、行四个方面,以“一方水土养一方人”为主旨,明确“衣素服、食土产、住人居、行场域”四个主张和“品牌分级、市场分级、产品分档、开发分时”四项基本原则,规划“壶关三宝”套装产品(见表74),以此丰富旅游体验、带动旅游经济、促进三产联动。

表 74 “壶关三宝”选品

壶关三宝	选品		
石三宝	石材茶壶	石材印章	石材砚台
食三宝	紫团参	壶关醋	郭氏羊汤
太行三宝	人参	何首乌	连翘

4. 交融之乡

“交融之乡”是指依托原始村落，通过景观风貌的提升，打造体现太行山区传统人文特色的生活空间。桥上乡西南侧村落保存着中国传统民居建筑与日常生活，而正是高端休闲度假旅行者的向往之处 (见图 110)。

因此，项目提出利用当地的泥土、石材、瓦砾，搭建或改造与当地自然风景融为一体的农家小院，打造可以长期驻留或居住的、充满人文气息的生活空间与生活方式。

图 110　“交融之乡”农家小院改造效果图

5. 桃源之乡

“桃源之乡”是指依托桥上乡北侧邻山地块，面向国内外高端度假客群，打造生态度假酒店集群，以高端酒店构建都市人群的世外桃源。

度假酒店集群主要包括三类酒店：一是依托梯田地形，创想梯田酒店，利用南面斜坡，配置带有阳台的客房，并在顶部山丘上配置高级客房；二是依托崖壁地形，以山西摩崖古建——悬空寺外形为灵感，创想悬空酒店；三是依托山村民居，设计打造独具山西民俗特色和大峡谷生态特色的精品民宿（见图 111、图 112)。

图 111 “桃源之乡”梯田酒店建筑设计效果图

图 112 “桃源之乡”悬空酒店建筑设计效果图

四、合作导引

太旅股份与曲江文旅的合作至少涵盖三个层次，达到三个效果：一是“曲江文旅”品牌的引进对于在地政企资源整合和合作的促进；二是“顶层设计”战略导入对于阶段性共识和点状实践突破的促进；三是“运营团队”落地植入对于“顶层设计”在落地过程中所产生问题和矛盾的沟通、协调、优化和印证（见图 113)。

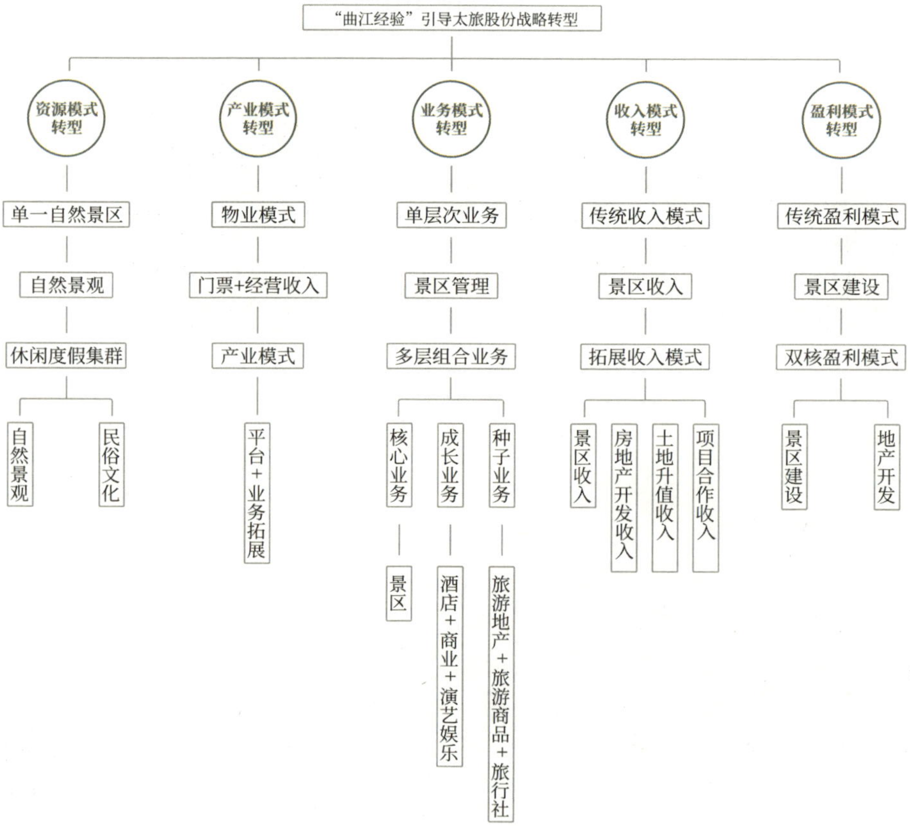

图 113　太旅股份与曲江文旅战略合作引导模式

五、借鉴启示

由于山地特殊的自然条件和社会经济条件，山地旅游目的地在基础设施、服务设施、交通设施建设等方面限制性条件多、实施难度大。山地景区自身难以满足游客的全部需求，但其强大的核心吸引力又带动了邻近城镇休闲旅游和接待服务行业的发展。因此，山地景区与邻近城镇以及两者之间的交通连接是山地休闲旅游目的地的核心构成。其中，山地景区承担核心吸引功能，通常以稀缺性景观和具有吸引力的体验来实现；邻近城镇承担旅游服务功能，通常以旅游服务和生活服务来实现。二者通过较强的关联性和互补性，以交通连接，形成山地休闲度假旅游目的地的经典模式。

项目地作为山地休闲度假旅游目的地，其城镇与景区距离较近，呈现景区包含城镇的“大景区”格局，城镇（桥上乡）同时承担景区门户功能和旅游服务功能，交通连接性功能更多体现为景区内部交通的供给以及形成独特的交通型产品。因此，对于发展方向不同的山地休闲旅游目的地，其在景区吸引型产品、城镇服务型产品以及交通连接方式上有不同侧重和组合方式（见表 75）。

表 75　山地休闲旅游目的地策划和规划设计重点归纳表

构成	功能	产品	产品建议
山地景区	景观	标志性景观： 如地质、水域、植被等；特殊建筑等 天象气候景观： 如日出、日落、雪景、云海、佛光等	设置观景节点 提供观景平台 控制人流 建筑环保
	体验	山地类： 徒步、攀岩、露营、研学等	专业服务及设备
		涉水类： 漂流、溯溪、皮划艇等	专业服务及设备
		低空类： 滑翔伞、热气球、低空飞行等	专业服务及设备
		其他特色类： 自然教育、户外瑜伽、禅修等	专业服务及设备 预约定制

续表

构成	功能	产品	产品建议
旅游城镇	旅游服务	住宿度假酒店、民宿、公寓等	区分产品等级
		集散：汽车站 / 火车站 / 机场等	—
		餐饮小吃街、饭店、老字号等	引导业态布局
		购物纪念品商街等	开发 IP 产品
	生活服务	购物中心 商业街 物流服务等	聚焦户外用品 引入休闲业态 —
交通服务	外部交通	高速互通	设高速入口
		旅游公路串联	客货分离 提升沿线景观
		交通站点接驳等	设景区摆渡车
	内部交通	登山步道	环保材料铺装
		景区观光车 / 小火车	富有景区特色 安全品质较高 票价合理
		缆车 / 滑索	
		观光电梯 / 滑道等	

六、系统观念

项目立足“中国能量谷”的总体思路，按照“基因分析、体验策划、规划设计”的工作方法，对太行山大峡谷进行总体策划和概念规划。项目以“主客混体”理念和山地旅游目的地“山镇”双核模型为指导，从空间格局、游憩体验、服务体系和品牌视觉 4 个方面进行策划设计，通过“观、感、想、念、游、行、创”七大举措打造大峡谷游憩系统，以人为本，创建承载人类身心活动的“绝境行场”和“心灵圣所”。

项目向内提取山之基因、向外链接人之体验，结合山地游憩对交通、观景等方面的专项需求，总结形成山地休闲度假旅游目的地不同区位的产品发展策略和设计理念，对山地旅游目的地的提升或开发具有重要的参考价值。

道	法	术	器	势
核心理念	政策抓手	核心策略	核心产品	借鉴启示
中国能量谷	资源城市转型 生态文明建设 新型城镇化	景镇一体 三位一体	门城 空中之城 工艺之乡 交融之乡 桃源之乡	山地旅游目的地

寻找“无序”当中的“有序”

创造“有序”当中的“无序”

作品名称：太行山

作者：谭勋

作品材质及类别：木背板 + 钢丝网

尺寸：高 3 米

文旅绣水　历史的正面　城市的背影

遂宁答岸

引言

遂宁市位于成都与重庆两座超大城市的中心节点，被誉为“观音故里”。近年来，遂宁全域实施引绿入城、引水入城，积极打造“西部水都”。2002 年，遂宁市成立河东新区，进一步明确城市定位为“生态田园市”“现代花园城”，以“东扩”举措突破城市南北狭长发展空间的瓶颈，形成了“一河两岸”的发展格局。

自 2020 年起，遂宁市河东新区与西安曲江文化旅游投资（集团）有限公司接洽、互动、磋商，针对城市中心观音山景区提质扩容项目展开了具有建设性的研讨，对于提高山水城市中心的传统景区旅游渗透率、宗教文化主题类景区的转型升级发展，具有普遍的借鉴意义和参考价值。

一、项目介绍

项目基地现名为“灵泉寺景区”，是国家 4A 级旅游景区。景区以千年古刹灵泉寺、观音柏、灵泉山为核心资源，周边分布有仁里古镇、莲里公园、联盟河、涪江等旅游资源。本项目的合作落地有望为遂宁市城市旅游发展、城市形象昭示、城市能级提升贡献些许力量。

项目组系统开展项目实地调研、上位规划研究、区域经济研究等多项基础工作，提出“化零为整”的开发思路，划定扩容范围和边界。同时，建议适度提升“旅游景区”为“人文旅游景区”，突出“文旅融合”导向；扩容“灵泉寺”为“灵泉山”，跳出“民俗文化”局囿，项目整体定名为“遂宁灵泉山人文旅游景区”。

（一）项目区位

项目地位于滨江生活服务带、河东新区、高新区、老城区、经开区“一带四区”的交汇处（见图 114）。项目规划范围包含灵泉寺景区、联盟河两岸和仁里镇，总面积约 6.7 平方千米。

图 114　项目区位图

（二）资源禀赋

遂宁既是区域的发展中心和交通中心，又是古代巴蜀文化的交融中心。目前，项目基地已经形成了“山、水、寺、镇”的空间格局：“山”即东山；“寺”即灵泉寺；“水”即联盟河；“镇”即仁里古镇。

1. 历史文化

遂宁市地处巴蜀之间，人文荟萃，往来者不绝于蜀道。蜀人入相，成都孕育了花间婉约的清欢；巴人出将，重庆淬炼了巴山夜雨的风骨；斗城[①]问贤，遂宁流传了“前不见古人，后不见来者”的绝唱。历史文化人物俊采星驰：大将桓温定名遂宁、子昂吟咏读书台、克幽禅师弘法遂州、夏鲁奇始筑斗城、东坡题诗赞七泉、王灼盐都创作糖霜、蜀中才女黄娥爱恨杨慎，以及性灵派诗人问陶比肩袁枚、赵翼，林则徐金匾题词。这里人文基因富集，旅游资源多元，为文旅高质量融合奠定了坚实的基础。

2. 经典产业

四川省“川盐古道”文化资源潜力巨大，盐运道路上形成了自贡、遂宁、云安、大昌、西沱、龙潭、龚滩、凤凰、里耶等一系列名城古镇，还遗存了一批驿站、庙宇、风雨桥、盐商会馆等文物建筑，对川、鄂、湘、黔交汇地区民居聚落的产生与发展起到了重要作用。

3. 山水城市

遂宁市“两山抱两水，七星耀斗城”。东山、西山，构成城市绿色屏障；涪江、联盟河，汇流形成30平方千米的观音湖水面；长庚山、玉堂山、明月山、船山、卧龙山、梵云山、灵泉山，七星联合拱卫“斗城”。

金城安宁、斗城富足、七星护佑，遂宁山水城市格局独具特色、城市品质基础良好，亟待“大开大合”手法框定全域旅游发展空间和网格化布局方式。

---

①斗城：“斗城”之说，一是源于后唐天成四年（公元929年），夏鲁奇出任武信军节度使，驻守遂州，于县域内规方为城，谓之“有城入斗，有壁如金”；二是源于遂宁古代城市建设南北长而东西窄，形状如古代的方形酒器“斗”，后因商贸繁荣、经济活跃，取“金满斗”之意；三是源于清乾隆《遂宁县志》有“斗城天文分野图”，城市规划建设依照北斗七星布局。

4. 待整合资源

项目规划范围内现存灵泉寺、观音柏、三眼泉、西部唐都、莲里公园、仁里古镇等诸多人文和生态旅游资源点（见表 76）。同时，山林葱郁，涪江穿城、联盟河环绕，灵泉寺香火传承，亟待局部雕镂、片区弥合、立体勾勒、全域渲染（见表 77）。

表 76　项目内部资源发展概况

资源分级	名称	特色	景区挂牌	文化级别
重要资源	灵泉寺	至今已有 1 400 余年历史，是中国最古老的观音朝觐圣地	国家 4A 级旅游景区	四川省文物保护单位
重要资源	仁里古镇	遂宁历史上的商贸集散重地，明清风格、古色古香的市井小镇		
重要资源	莲里公园	全长 3 千米，集旅游、休闲、观光、娱乐于一身的涪江滨水岸线公园		
一般资源	临仙阁	仿古建筑，涪江和联盟河相交之地，是新城、老城与古镇的融汇之地和城市地标		
一般资源	观音柏	栽种于北宋年间，已有 1 020 岁，传说为观音三姐妹的化身		
一般资源	三眼泉	苏东坡笔下的七泉之三，分别为圆形、四边形、六边形		
一般资源	三面观音	三面观音站立金像，脚踩莲花金座，坐台上雕刻有 108 尊观音圣像		
一般资源	观音阁	建在灵泉寺制高点，阁高 7 层、54 米。登顶可览遂宁全景		
一般资源	西部唐都	现代仿古建筑群，集旅游购物、餐饮服务、观光功能于一体		
一般资源	山地环境	森林连绵成片，水资源丰富，具有独特的茶园景观		

表 77　项目区域外部资源发展概况

名称	特色	景区挂牌	级别	和景区资源联系
烟火里	野奢型田园旅游度假区			桥梁联系：距离仅一路之隔
中国观音故里旅游区	广德寺为西来第一禅林，知名皇家道场	国家 4A 级旅游景区	国家级文物保护单位	文化联系：同为观音道场
遂宁市观音湖国家湿地公园	包含圣莲岛、圣鹭岛、圣平岛三岛及涪江 20 公里水岸线的湿地公园	国家 4A 级旅游景区		道路联系和航线联系：同为涪江沿线生态景点
遂宁市龙凤古镇景区	有 2 000 多年历史，既是川中古代水路重镇，也是妙善公主（观音姐妹）出生地	国家 4A 级旅游景区		产品区分：形成差异化旅游体验
遂宁市子昂故里文化旅游区	唐代大诗人陈子昂故里，有古镇、古建筑、古庙、古城墙、古树、古戏台的“六古文化”	国家 4A 级旅游景区	国家级文物保护单位	文化联系：故里探寻

（三）核心问题

1.“观音故里”文化亟待破题

遂宁市全域国家 A 级旅游景区共有 17 个。其中，中国观音故里旅游区、观音湖国家湿地公园、龙凤古镇景区均为国家 4A 级旅游景区，且同为“观音文化”主题景区。广德寺与灵泉寺隔江相望，江中分布圣莲岛、圣平岛和圣鹭岛，毗邻观音湖国家湿地公园，整体构成遂宁城市发展的“文化硬核”。

鉴于观音文化及相关服务设施与现代旅游业的服务设施存在较大差异，因此，“观音文化”资源丰富且基础服务设施完备的遂宁城市旅游，该如何提炼观音文化的当代使命和未来愿景，成为项目成功与否的关键。

2.“川渝旅游”的城市破圈

在巴蜀文化走廊时空框架下，涪江和嘉陵江成为川渝之间的生命动脉。

涪江构成“江之由来文化走廊”。由北至南，从平武、江油（李白故里）、绵阳、三台、射洪、遂宁（陈子昂故里）、铜梁到重庆，以诗歌文化为主题，建立起遂宁和江油的强链接关系，形成“江油仙踪、灵泉石径”的适童型经典旅游线路产品。

嘉陵江构成“江湖蜀道文化走廊”[①]，由北至南，从广元（武则天故里）、昭化（剑门蜀道）、阆中古城（风水）、南充（朱德故里）、合川（钓鱼台）至重庆，以风水文化为导向，建立起遂宁和阆中的强链接关系，形成“遂宁斗城、阆中风水”的适老型经典旅游线路产品（见图 115）。

在川渝旅游大环线、大格局、大背景下，遂宁市必须通过“无我”实现“有我”，即通过“文化加强”“城市组团”“要素流动”等方式快速实现“自我”塑造并提供差异化产品，形成区域良性竞合关系，组团“破圈”。

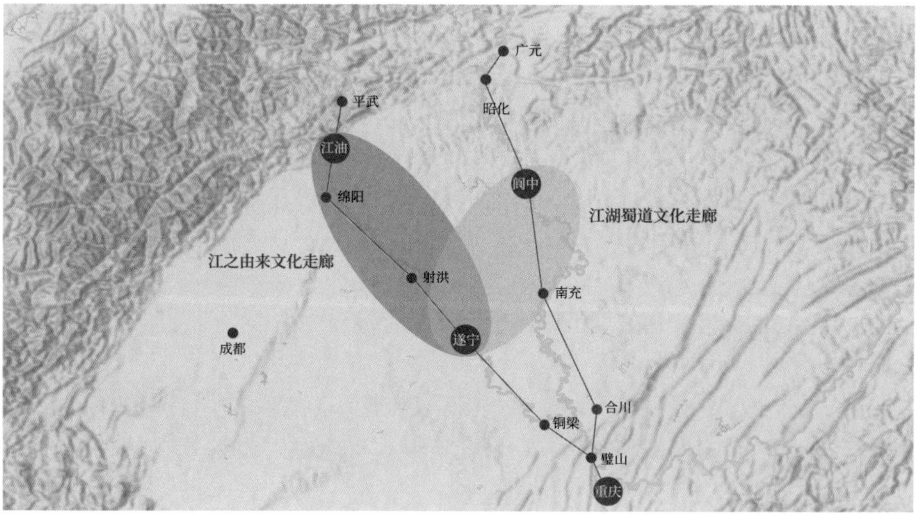

图 115　遂宁在巴蜀文化走廊中的占位

①李小波．巴蜀文化的秘密，隐藏在七条旅游走廊中 [EB/OL]. (2020-09-17)[2021-12-28]. https://www.sohu.com/a/419069881_252084.

3.“山水城市”的品牌破局

成都市从倡导“田园都市”“休闲之都”“国际慢城”到“公园城市”，多年持续引领全国城市发展理念，提出“来了就不想走”的宣传口号。重庆市基于山城风骨、江城风貌的自然肌底和人文特色，持续塑造“山水魔都”城市形象，敲定“非来不可”的充分理由。

遂宁市坐拥“川渝第三城”区位交通优势，先后提出“西部水都”“生态田园市”和“现代花园城”等建设目标，推出“养心遂宁”“自在遂宁”等宣传口号，却仍未找到“同为山水城市”的可识别要素和差异化城市形象。

二、政策索引

（一）成渝地区双城经济圈

2021 年 10 月，《成渝地区双城经济圈建设规划纲要》重磅发布，遂宁作为成渝之心“进圈”[①]。成渝地区双城经济圈建设要求突出中心城市带动作用，做到统一谋划、一体部署、相互协作、共同实施，唱好“双城记”。

因此，基于资源优势分析，遂宁应积极“融入成都、联体重庆”，充分发展自己的优势资源产业，融入成渝、服务成渝、配套成渝、承接成渝产业发展。全力建设成为联动成渝的重要门户枢纽，加快建设成为成渝发展主轴的绿色经济强市。

①新华社．中共中央　国务院印发《成渝地区双城经济圈建设规划纲要》[EB/OL]. (2021-10-21)[2021-12-28]. http://www.gov.cn/zhengce/2021-10/21/content_5643875.htm.

遂宁灵泉山人文旅游景区应积极打造文化旅游品牌，创建成渝生活圈最佳旅游目的地。充分发掘得天独厚的山、寺、河、城融为一体的人与自然和谐共生的文化旅游资源禀赋，将其转化为全产业链的文旅度假综合体，建设成为成渝地区首选的吃、住、行、游、购、娱、休闲康养和旅居目的地。通过吸引两地度假人群、拉动外来消费，推动旅游经济大发展，引领遂宁全面融入成渝地区双城经济圈建设。

（二）推进宗教中国化

2021 年 12 月，习近平总书记在全国宗教工作会议上要求“加强自身建设，推进我国宗教中国化”[①]。2015 年 5 月，习近平总书记在中央统战工作会议上指出，“积极引导宗教与社会主义社会相适应，必须坚持中国化方向”。2017 年党的十九大报告中提出，“要全面贯彻党的宗教工作基本方针，坚持我国宗教的中国化方向，积极引导宗教与社会主义社会相适应”。

灵泉寺作为传统的宗教民俗文化场所，在新时代背景下，必须顺应时代大势，发掘观音文化原初的文化内涵：爱心、慈善、和谐、幸福，将观音文化融入遂宁的精神文明建设、经济发展和城市发展之中。

项目地作为遂宁观音文化的重要载体，必须深入推进新时代宗教中国化，践行社会主义核心价值观，弘扬中华优秀传统文化。加强自身建设，坚持历史必然性和文化创新性原则，提升爱国主义、集体主义、社会主义思想觉悟，坚持推进观音文化与社会主义社会相适应。

①习近平总书记在全国宗教工作会议上的讲话 [EB/OL]. (2021-12-6)[2021-12-28]. 新华网，http://www.cppcc.gov.cn/zxww/2021/12/06/ARTI1638754122074253.shtml.

三、谋划布局

（一）总体思路

问心灵泉，一念遂宁。

项目提炼观音祈福文化的原初意义和核心价值为“有求必应”，结合互联网时代背景、信息爆炸的生活日常、亚健康等普遍社会问题，明确提出“创建幸福城市”的主旨思路和“倡导极简主义”的文化主张。

曾经，老百姓需要“有求必应”的观音，不断为人生的加法求解。

如今，每个人都是“千手千眼”的达人，需要为人生的减法定论。

因此，灵泉山人文旅游景区应该随着时光年轮的弦线转身，帮助所有来者“选择”和“放弃”。弱水三千只取一瓢饮，问心灵泉，一念遂宁。

（二）核心理念

七道心泉，遂宁“答岸”。

问心灵泉，文有诗七泉，林有水七泉，城有心七泉。

一念遂宁，一花一世界，一叶一菩提，一生一清欢。

遂宁为所有受众提供七道心泉，帮助人们“放下”，回答本心，到达彼岸。

文有诗七泉。苏轼曾在灵泉寺观音殿后的山石上题写七言绝句《七泉》：“泉泉泉泉泉泉泉，古往今来不计年。玉斧劈开天地髓，金钩钓出老龙涎。”

林有水七泉。目前，灵泉寺旅游景区遗存三口古井，无泉水景观。计划利用古树名木等山地旅游资源，突出“丛林禅修”氛围和功能，打造南北两条特色景观步道，创意“七泉”主题传统景序，线状布局，完善配套服务设施。

城有心七泉。梳理、归纳、利用和转化遂宁文化旅游资源。一是以官府文化资源系统打造贴心—康养之旅，对应山间“金璧流辉”景观；二是以军事文化资源系统打造倾心—浪漫之旅，对应山间“洪福回澜”景观；三是以农耕文化资源系统打造甜心—美食之旅，对应山间“长乐晓钟”景观；四是以商贸文化资源系统打造知心—友朋之旅，对应山间“涪江晚渡”景观；五是以修行文化资源系统打造天心—祈福之旅，对应山间“云灵仙境”景观；六是以民俗文化资源系统打造匠心—研学之旅，对应山间“玉堂朝霁”景观；七是以书院文化资源系统打造诗心—疗愈之旅，对应山间“书台应瑞”景观（见表 78）。

表 78　核心理念构成

文化类别	官	军	农	商	修	民	学
代表人物	桓温 唐穆宗 宋徽宗 林则徐	夏鲁奇		糖霜 沱牌酒 舍得酒	张九宗 观音 吕洞宾	涪江 船山 象山 通家山 蓬溪 蓬莱	陈子昂 黄娥 / 杨慎 张问陶
文化载体	遂宁 广德寺 灵泉寺 宋瓷 卓筒井盐 香林德水	斗城	红苕、黄金梨、白芷、豆腐皮、白柠檬、长绒棉、橘橙、柚、青花椒、仙桃		九宗书院 灵泉寺 云灵仙迹 九宫十八庙	15 项省级非物质文化遗产	幽州台歌 庭榴 壮志
文化价值	清净	安居	至味	群欢	吉祥	乐业	独乐

续表

文化类别	官	军	农	商	修	民	学
心七泉	贴心	倾心	甜心	知心	天心	匠心	诗心
城七泉	康养之旅	浪漫之旅	美食之旅	友朋之旅	祈福之旅	研学之旅	疗愈之旅
水七泉	金璧流辉	洪福回澜	长乐晓钟	涪江晚渡	云灵仙境	玉堂朝霁	书台应瑞

（三）核心策略

1. 交通策略

规划“三横两纵”的外部循环交通系统、“5+2+2”站点系统和集游览、步行、滨水栈道于一体的慢行系统（见表 79-81、图 116、图 117）。

表 79　外部交通规划信息

交通结构	道路名称	长度 / 千米
三横	灵泉大道 香山街 五彩缤纷南路	2.9 3.2 1.5
两纵	318 国道 中环线	2.5 4.2
南部城区循环交通	五彩缤纷南路—香山街—318 国道	4.2

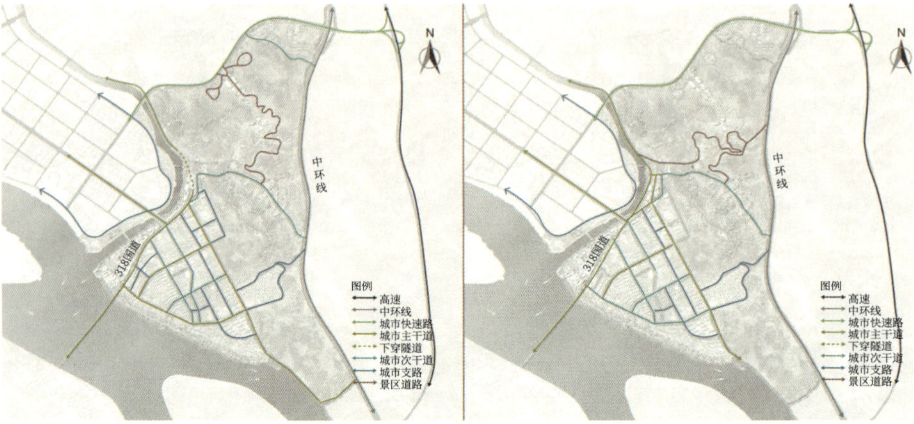

图 116　外部交通规划对比分析

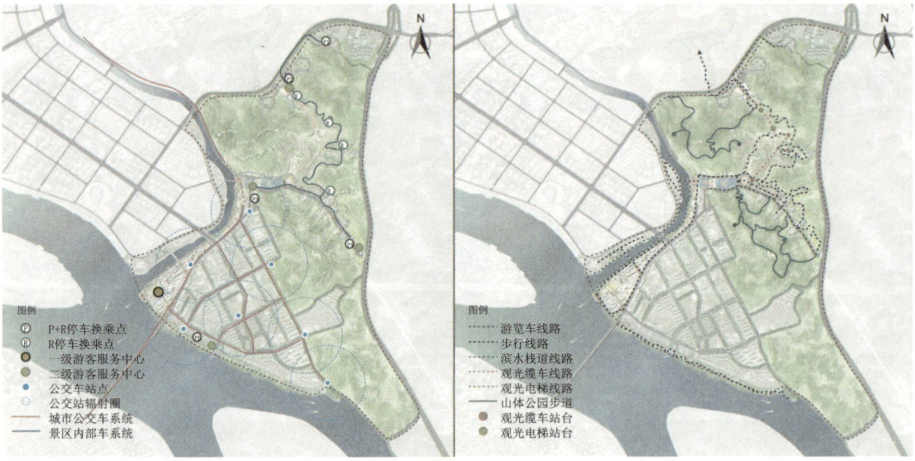

图 117　交通站点规划图（左）、慢行系统规划图（右）

表 80　交通站点规划信息

分类	位置	具体点位
五处对外开放停车场	一级停车场 二级停车场	P1、P5 P2、P3、P4
两级游客服务中心	一级游客服务中心 二级游客服务中心	仁里古镇，作为遂宁城区的服务中心 东、西、南、北四处门户
两类站点系统	七处公交站点 四处换乘点	—

表 81　慢行系统规划信息

分类	长度 / 米	游览时长 / 分钟
游览车线路	4 810	10
步行线路	12 710	156
观光电梯线路	240	4
观光缆车线路	550	5
滨水栈道线路	3 075	30
山体公园步道	北侧 2 630 南侧 3 310	45 55

2. 空间策略

立足灵泉寺旅游景区存量盘活和提质增效基本任务，雕镂旅游演艺区、文化朝圣区；在优化全域交通组织的前提下，弥合综合服务区、滨水商业区、文化交流区、滨水休闲区，形成片区快速交通环线；嵌入式打造“林七泉”景观和“城七泉”产品，渲染生态渗透区；联合拱卫文化社区和旅居生活区，形成产城融合、文旅融合、主客消费多元交叉的“双核”消费聚集区（见图 118）。

图 118　项目空间功能分区

3. 产品策略

在旅游产品标准化时代，水上特色交通旅游产品曾经风靡一时，但由于“水岸”分离和资源垄断，目前普遍式微、亟待升级。对标法国、德国内河邮轮旅游产品经久不衰，核心竞争力在于绝佳的岸线风景、雅致的游轮服务、贯通的套票消费、便捷的预订体系。“十四五”期间，中国旅游个性化发展势如破竹，水上特色交通旅游产品亟须一场供给侧结构性改革。

本项目提出水岸一体、船桥一体、山水一体、街巷院落一体的产品设计原则，整合项目水路码头、陆路桥头和景区山头“三头”资源，创意大地艺术、园林艺术、景观艺术、建筑艺术、光影艺术、行为艺术“六位一体”的“遂宁船说”城市山河光影秀（见图 119）。

图 119　“遂宁船说”城市山河光影秀演艺行进线路

（四）核心产品

项目从城市旅游全域发展、景区文旅融合发展两个维度建构产品框架，形成了增量发展和存量盘活的 8 个产品组合。其中，类属于城市更新的“仁里垂杨柳”、类属于景区提升的“水月明镜台”和类属于产业引擎的“香林疗愈谷”三大产品对整体框架起到了重要支撑作用（见图 120）。

图 120　产品空间布局图

1. 仁里垂杨柳 (见图 121)

开辟圣莲岛—灵泉寺、莲里公园—灵泉寺两条水上游船动线，以灵泉山人文旅游景区为目的地，创意“遂宁船说”行进式水上演艺，以沿途三座跨河桥梁为节点，雕镂三组情境式演艺、三个水陆交通接驳点、三段主题商业街区。项目提出城市山水光影秀产品模型 CMRLSS（见表 82），即以“光、影、秀”和“城、山、河”经纬交织，分层展现城市记忆，散点透视传奇故事，局部特写生活细节。

表 82 CMRLSS 模型

	光	影	秀
城	万家灯火	蓦然回首 那人却在灯火阑珊处	城记、人物志
山	日月星辰	起舞弄清影 何似在人间	传奇、神仙志
河	河灯远缀	云破月来花弄影	造物、生活志

图 121　仁里垂杨柳效果图

一桥耍旱龙、绣龙凤。以龙凤为主题，主要产品为桥头戏楼、集市和特色街巷。核心建筑群为龙形，取意自遂宁非遗项目“耍旱龙”作为古镇核心文化建筑群，形态上如同两条龙盘旋在临仙阁前，与临仙阁形成轴线对景关系（见图 122）。

二桥涪江号子、渡红尘。以丝路为主题，主要产品为遂宁特色河鲜和海上丝路沿线特色美食组成的多国料理、酒吧、滨水休闲娱乐。通过保留老街、仁里街的古镇肌理，优化提升，合理开发建设。

三桥长街叫卖、买东西。以市井为主题的街坊，主要产品为家长里短微特博物馆、特色餐饮。通过挖掘遂宁古城千年叫卖调，形成市井的场景氛围。渲染山河城镇水上月下唯美灯光效果，整体合成独一无二的“城市山河光影秀”。

图 122　街区效果图

2. 水月明镜台

七泉石上，东山月下。整合山门、广场、码头、桥头空间，整体打造“水月明镜台”门户形象，嵌入“观音 · 听香”主题诗画实景演出，强化“灵泉山人文旅游景区”核心吸引力（见图 123、图 124）。

图 123　水月明镜台效果图

图 124　水月明镜台门户效果图

3. 香林疗愈谷

“香林疗愈谷”定位为人文旅游度假区，通过孵化“五感空山”疗愈品牌，形成“大酒店 + 小街区”的疗愈综合体（见图 125、图 126）。将“国学养生”理念全方位幻化于观念、形态、意识、时间和空间，将人置身于近城绝尘全幅境域当中。提炼“眼、耳、鼻、舌、身”概念，结合边际养生功能，从人的听觉、视觉、味觉、嗅觉、触觉 5 种感觉入手，打造“五感空山”迷你街区，以人文音乐厅、当代艺术馆、香氛艺术空间、非遗小酒馆、宋瓷工坊五大空间作为街区重要节点和体验载体，强化住宿、休闲、餐饮三大特色服务体系（见表 83）。

表 83　五感空山创意产品

行为 / 感官	主题	延伸业态	空间功能
听觉	灵泉	人文音乐厅	水空间
视觉	色界	当代艺术馆	水科普
嗅觉	香炉	香氛艺术空间	水疗养
味觉	石海	非遗小酒馆	水饮品
触觉	陶林	宋瓷工坊	水工艺

图 125　香林疗愈谷酒店效果图

图 126　香林疗愈谷街区效果图

四、合作导引

通过本次研究，项目组反向盘点了曲江文化集团针对同类项目的合作框架，便于持续整合产业链相关优质企业，形成曲江针对“山水城市”旅游核心产品的资源库、产品库和人才库（见表 84）。

表 84　运营合作导引

分期	产品类型	产品项目	品牌活动	合作单位
一期运营项目	旅游流量型产品	水月明镜台—旅游演出 仁里垂杨柳—长短街坊 琉璃花世界—望城缆车 山门—龙凤街坊穿梭巴士 香林疗愈谷一期—五感空山	“微笑的力量”公益活动	曲江文旅 曲江演艺 曲江文商
二期运营项目	文化浏量型产品	香林疗愈谷—五感空山 德水静思堂—会议中心 兰若花满蹊—精品民宿	“行走的力量”公益活动	曲江文旅 曲江会展
三期运营项目	商业留量型产品	景区配套商业—长短街坊 生活方式型旅游企业聚集—锦鲤街坊 / 龙凤街坊 商务会议酒店—梦里临仙阁 概念产品—莲里荷花屋 创意园区—西部糖都 林有七泉—山地步道和山间庭院	“花开的力量”公益活动	曲江文旅 曲江文商 曲江金控

五、借鉴启示

项目立足于“山水城市”全域旅游发展格局，聚焦于“宗教文化资源”与幸福城市发展理念的融合发展方式，定向于“传统旅游景区”与中央文化商务区、中央文化休闲区等主体功能区复合发展路径，初步探索形成了 MRCC“山水禅城”模型，对同类型项目具有一定的参考和借鉴意义（见表 85）。

表 85　MRCC“山水禅城”模型

空间动力机制	精神领地	思想阵地	功能场地
山顶	宗教场所	藏书楼、藏经阁	茶房、斋房、山房
	诗筑坛城 与自然对话	国际会议展览中心 国际宴会厅 观景台 山门	茶园、禅田、中草药山谷 食养山房 山居心房
山间	隐士居所	书院、画院	游憩体验规划和服务体系升级
	滴水幻城 与圣贤对话	私人书院 人文行馆 博物馆 山居	感受时间—24 节气、十二时辰 感受空间—速度、力量 五感空山—色觉、声觉、嗅觉、味觉、触觉
山下	民俗集会	戏楼、市集	工坊、驿站、民居
	至味倾城 与人对话	音乐 LIVE HOUSE 数字文化小剧场 文化广场 休闲街区	非物质文化遗产生产性保护基地 非物质文化遗产创造性体验空间 历史经典产业创新业态 地理标志产品创新业态 产业链集成运营创意园区

六、系统观念

本项目将城市发展横向的空间动力机制调整为竖向，对于“山水城市”中心区传统旅游景区和城市更新双向渗透具有参考价值。

文化导向，品牌塑造。针对山顶存量的宗教场所，诗筑坛城，发挥大自然的诗性力量，强化精神领地，促进文化交流，配套会奖旅游服务设施。

旅游导向，资源整合。针对山间存量的隐士居所，滴水幻城，发挥经典的教化作用，尊重个体生命意义空间，助力高台教化，配套生活方式型旅游企业聚集区。

交通导向，要素聚集。针对山下存量的民俗集会场所，至味倾城，发挥美食的社交功能，构建美食旅游体系，创办节会赛事活动，配套创意园区、街区、社区等旅居服务设施。

道	法	术	器	势
核心理念	政策抓手	核心策略	核心产品	借鉴启示
七道心泉 遂宁“答岸”	成渝地区双城经济圈 宗教中国化	交通策略 空间策略 产品策略	仁里垂杨柳 水月明镜台 香林疗愈谷	山水禅城

历史的正面，解除封印。

城市的背影，灼灼其华。

城市的正面，明鉴如镜，

历史的背影，聚沙成塔。

作品名称：九级妖塔

作者：王非

作品材质及类别：纸本

邯郸新语

引言

邯郸城邑，肇启于殷商，至今已有 3 100 年建城史。战国时期，邯郸为赵国都城，赵武灵王全面推行“胡服骑射”，开改革之先河，振兴图强，国势大盛，使邯郸成为中国北方政治、经济、文化中心。此后至东汉，邯郸作为都城兴盛长达 500 年之久。开放超前的历史环境使邯郸成为政治家、思想家、军事家和文人志士展示自身才能的舞台，也造就了邯郸这座中华民族精神文化的宝库。邯郸延续至今的“开拓进取，竞争图强，兼收并蓄，改革创新”之文化内涵，为城市载誉前行积蓄了精神动力。

项目基于邯郸历史底蕴、特色文化、工艺美学、地方优势产业等，以创建邯郸中央文化区为功能定位，在历史文化名城的背景下，激发现代城市活力，为邯郸建设国家级旅游休闲城市和创意城市探索路径。

一、项目介绍

项目缘起于 2020 年 12 月，西安曲江新鸥鹏文化教育控股集团（以下简称“曲江新鸥鹏”）与邯郸丛台区政府签订战略合作协议。2021 年 5 月，竞得丛台区北湖片区首期商住地块。后续，双方从邯郸赵国 · 古都七彩文化城项目研讨出发，逐步明确合作意向范围为“邯郸丛台新城北湖片区”。

（一）项目区位

项目基地位于邯郸市副中心丛台产业新城下辖的北湖片区，四至范围为京港澳高速公路、107 国道、北环路和苏黄路环线，距离邯郸机场 18.5 千米，距离邯郸东站 7.3

千米，具有较好的区位和交通条件。总体规划面积 30.9 平方千米，启动区规划面积 3.12 平方千米。

项目处于城市特色提升带和城镇产业聚合带之间，向西为城市文化休闲产业板块，向东为城市文化商务和文化生活板块，向南为城市政务服务板块，向北为城市门户。将北湖片区打造成为集生态宜居、产业基地、生活服务、文化旅游于一体的中央文化区，是城市创新发展的支点和拐点。

（二）资源禀赋

1. 生态水城

邯郸地处太行山脉东麓，滏阳河穿城而过，大运河经城市西侧顺流而下。境内水系丰沛，有较大河流及支流 20 多条，以漳河、卫河、卫运河、滏阳河等为代表。市域范围内有大小湖泊、水库 30 多个，其中大型水库 5 个，以水资源为主的城市生态环境优势突出。

在生态导向发展策略下，邯郸以时光为笔，山水为魂，提出打造太行山、大运河、滏阳河文化旅游产业带。坚持可持续发展理念，保护与发展并重，高效推进沿河湖区域文化与生态资源保护性开发利用。打造太行山文旅品牌、布局运河文化主题文旅项目、实施滏阳河流域治理与新项目培育等，努力将山水生态资源转化为文旅产业优势。

2. 人文故城

邯郸是第三批国家历史文化名城之一。8 000 多年前，新石器早期磁山先民在这里繁衍、休养生息；2 000 多年前，以胡服骑射为代表的赵国先民以邯郸为都城，逐鹿中原；1 800 多年前，曹魏以邺城为依托，孕育出了文学史上璀璨遗世的“建安文学”。

赵文化是邯郸历史文化的主脉：春秋时期，晋国正卿赵鞅将邯郸纳入其势力范围，从此，邯郸成为赵氏世袭领地；战国时，邯郸作为赵国的都城，历经八代王侯，延续百年繁华，尤以一代英主赵武灵王为最，开改革之先河，富国强兵，国势大盛，使赵雄踞战国七强之列，可与强秦抗衡；西汉后期，邯郸有“富冠海内　天下名都”之称，与洛阳、临淄、成都、南阳齐享全国“五大都会”盛名。因此，战国至西汉后期，是邯郸历史上最为兴盛的一段时期。

3. 产业新城

城市发展的轨迹鉴证着时代的更迭。“十四五”期间，邯郸市政府提出依托优势资源打造“532”现代产业体系，即聚焦精品钢材、装备制造、食品加工、现代物流、文化旅游五大优势产业，培育壮大新材料、新能源、生物健康三大新兴产业，布局发展安防应急、电子信息和网络两大高潜力产业。

在产业发展过程中，邯郸市应重点做好 6 个方面的关键动作：一是甄选文化要素，塑造现代城市精神符号；二是创意景观设计，营建主题消费场景；三是穿透现代农业、食品加工、生物健康和在线经济四个象限，实现城市窗口和门户示范作用；四是促进人力资源、产业、信息、资本和土地五大要素流动，践行循环经济理念；五是提升单元要素效率；六是总体拉动要素组合效率。

谋定而动，步步为营。根据以上三类邯郸市资源禀赋，为了做好“甄选文化要素”的第一步，项目组提出“文化遗产、博物馆、典籍数字信息开源计划”：立足邯郸市富集的成语典故、传统戏曲和工艺美术三大文化资源类型，响应国家知识产权示范基地、国家文化出口基地、国家文化与金融合作示范区三大引导政策，示范发展影视动漫、出版传媒、文化演出、文化经纪、艺术品交易、文化会展、创意设计七个文化产业界别（见表 86）。

表 86　城市文化资源数字信息开源计划

文化遗产、博物馆、典籍数字信息开源计划		文化资源		
		成语典故	传统戏曲	工艺美术
国家知识产权示范基地	高端商务 综合保税 信息技术 人才培育 宣传推广 文化交易	成语故事 绘本动漫 影视综艺 网络视听 教育培训	青春戏曲 相声曲艺 舞台表演	造像艺术 雕塑艺术 装饰艺术
国家文化出口基地	财税政策 外汇管理 经济扶持 金融支持 团队奖励 国际会展 物流仓储	中国故事	中国声音	中国祝福
国家文化与金融合作示范区	文化租赁 文化担保 文化基金 小额贷款	影视动漫 出版传媒	文化演出 文化经纪	艺术品交易 文化会展 创意设计

（三）核心问题

1. 文态的多样性导致主题不鲜明，亟待单元要素产业化

历史邯郸，人文荟萃，文物馆藏丰富，但大遗址和文物建筑不具备精神标识昭示性；当代邯郸，太行山水风貌打底，钢铁工业城市形象固化，不具备旅游目的地城市的属性和功能；未来邯郸，必须尊重历史、尊重现状，以“文态”的具象化、产品化、产业化为抓手，通过城市风貌提升、文旅融合发展、产业升级转型等方式兑现城市价值、旅游经济和边际效益。

2. 形态的冲突性导致形象不清晰，亟待表意系统现代化

历史邯郸，丛台广宇、紫陌芳尘、邺瓦澄泥、龙吟鹊绕；当代邯郸，枢纽城市、物流城市、工业城市等空间结构和形态交织叠加，不具备中华元典城市的古都风貌；未来邯郸，必须坚持以历史照耀未来，畅想长街云崖、流苏冷翠、百里周回、彩帷春英等可识别要素，构建整体意义框架、现代表意系统和空间动力发展机制。

3. 业态的一产和二产属性导致附加值不理想，亟待创意产业协同化

历史邯郸，知白守黑的磁州民艺，古拙气势的青铜鎏金，曹衣出水的北齐样式，在极简与豪奢之间，线的艺术影响至今；当代邯郸，精品钢材、装备制造、食品加工、现代物流、新材料、新能源、生物健康等新兴产业簇生发展，但文化创意产业缺位，旅游业处于初级阶段，产业附加值不理想；未来邯郸，应以线的艺术写意城市风貌，以旅游业赋予新兴产业加速度，以科技创新成就未来创造力。

二、政策索引

（一）京津冀协同发展

2014 年 2 月，习近平总书记在北京主持召开座谈会发表重要讲话，强调实现京津冀协同发展是优化国家发展区域布局、优化社会生产力空间结构、打造新的经济增长极、形成经济发展新方式的需要。2015 年 6 月，中共中央、国务院印发实施《京津冀协同发展规划纲要》，从战略意义、总体要求、定位布局、有序疏解北京非首都功能等方

面描绘了京津冀协同发展的宏伟蓝图。2018 年 11 月，国家明确要求以疏解北京非首都功能为“牛鼻子”推动京津冀协同发展，调整区域经济结构和空间结构。

邯郸市围绕京津冀协同发展战略要求，积极出台了《关于加快推进京津冀协同发展的实施意见》《邯郸市实施京津冀协同发展规划纲要》，计划打造京津先进制造业转移承接地、京津食品工业扩能首选地、京津优质医疗教育资源合作优选地、京津旅游目的地、京津冀和中原城市群的区域中心城市“四地一中心”的大格局。

（二）国家文化出口基地

2021 年，习近平总书记在中央政治局第三十次集体学习时强调，“要更好推动中华文化走出去，以文载道、以文传声、以文化人，向世界阐释推介更多具有中国特色、体现中国精神、蕴藏中国智慧的优秀文化”。开展国家文化出口基地建设，是推动对外文化贸易创新发展、加快中华文化“走出去”、推进文化强国建设的一项重要举措。此外，《国民经济和社会发展第十四个五年规划和 2035 年远景目标纲要》对文化贸易发展作出专门部署，明确要求“加强国家文化出口基地建设”。目前，商务部已公布两批 29 个国家文化出口基地，并于 2021 年 10 月出台《关于支持国家文化出口基地高质量发展若干措施的通知》。

（三）国家文化产业和旅游产业融合发展示范区

国家《“十四五”文化和旅游发展规划》提出，要推动文化产业结构优化升级，顺应数字产业化和产业数字化发展趋势，发展线上演播、数字创意、数字娱乐、网络视听、数字艺术、沉浸式体验等新型业态。要推动文化产业和旅游产业双向融合、相互促进，推动旅游演艺等融合业态提质升级，建设一批国家文化产业和旅游产业融合发展示范区。这是作为文旅产业融合载体的新范式，对推动文化产业和旅游产业双向融合、协同发展，助力文旅产业业态升级意义突出。

三、谋划布局

（一）总体思路

邯郸国际创意港，丛台古今百家鸣。

践行京津冀协同发展战略，支撑京津食品工业扩能首选地、京津优质医疗教育资源合作优选地、京津旅游目的地、京津冀和中原城市群的区域中心城市“三地一中心”建设，夯实健康休闲食品观光工厂和在线经济服务基地、太行山脉中医药博物馆和医疗康养服务基地、历史文化型主题演绎公园和北湖生态旅游示范基地、中国成语博物馆和国家文化出口基地“四个引擎和基地建设”工作。

项目提出了国家文化产业和旅游产业融合发展示范区的“邯郸范式”：通过讲好中国故事，以文化城，全域打造沉浸式成语博物馆，重点创办邯郸新语孵化器；通过办好中国节庆，以节促展，全域打造场景式艺术博物馆，重点创办邯郸美学研究所；通过传播中国声音，以演促销，全域打造开放式文化城邦和街区，重点创办由六个半岛构成的城市方舟会客厅。

项目提出了引领国家文化出口基地高质量发展的“邯郸路径”：积极参与中华优秀传统文化传承发展工程、文艺作品质量提升工程、国家文化数字化战略，先行先试开展文物和文化艺术品保税仓储、展示、交易以及文物鉴定业务，支持各类语言服务平台载体建设，为对外文化贸易开展提供高质量语言服务，优化知识产权服务，创新金融和政策服务。

（二）核心理念

策源中华民族交往交流交融史，肇始中国元典城市现代文明核。

梁启超在《黄帝以后的第一伟人——赵武灵王》一文中评价：在中原与北方游牧民族的交往竞争中，赵武灵王、秦始皇、汉武帝、宋武帝四位帝王足以被誉为“历史之光者”，尤以赵武灵王为最。赵武灵王，开“师夷长技以制夷”之先河，塑造了赵文化“开拓进取、竞争图强、兼收并蓄、改革创新”的原初意义和时代精神。

从中华民族交往交流交融史的角度，邯郸在燕赵地区北方民族的军事、经济、社会、文化“三交”和发展过程中，具有重要的融合作用，可谓“风云际会、英才辈出”。

邯郸国际创意港，应坚持“外向型”发展理念，在“中华民族交往交流交融史”的时空框架下，立足于中国元典城市的历史地位，凝练现代文明硬核，肇始互联网时代现代城市“内涵式”发展的新阶段、新境界、新高度。

丛台古今百家鸣，应传承“慷慨燕赵”文化古韵，表达“非中心利益格局下善于自我变革”的文化精神，在“国家文化出口基地”的主体功能导向下，以“知白守黑”的工艺美术、“曹衣出水”的造像艺术、“黑色幽默”的当代艺术为引领和抓手，对标西安、南京“从历史文化名城向国际化大都市转型发展”的历程和经验，通过文化价值昭示、文化企业聚集、文化产品推广、文化市场扶持、文化消费引导等多元手段，再现“百家争鸣”盛况和“丛台歌舞”盛景。

（三）核心策略

陌上人如玉，公子世无双。

1. 弥合文化层，构建文化城邦，遥想当年“陌上人如玉”

历史邯郸，英才辈出。一代英主赵武灵王领衔，文有荀子、公孙龙和慎到，武有廉颇、卿有蔺相如，商有吕不韦……歌笑纷纷，车马如云。古赵之地、广纳贤才，造就开放包容的时代和才华横溢的群体。

2. 雕镂景观层，营建开放街区，偶遇现实“公子世无双”

现代邯郸，铁树银花。邯郸钢铁、交通、枢纽、物流等相对具有优势，与铜艺、铁艺、瓷艺等历史经典产业风骨相承。金属的冷、山水的翠、赵国繁花摇曳的流苏……冷翠流苏，龙吟鹊绕。千年商都天波水府、长街云崖，激发出工业设计、人居环境设计的协同效应和独具特色的风貌。

3. 渗透消费层，创造城市方舟，共赴未来“邯郸少年行”

未来邯郸，时清海晏。项目复合打造生态水城、人文故城、产业新城，整体构建太行山风骨、滏阳河风情、大运河风尚时空框架，系统布局5类公园城市单元，促进5类目标客群交叉消费……彩帷春英，水墨灯花。音乐之都华堂长风、叠阙云帆，吸引音乐产业、语言类综艺、互动娱乐等优质企业和人才发挥聚集效应（见表87）。

表87　邯郸国际创意港策划核心策略

弥合文化层	历史邯郸共时性 陌上人如玉	时代人物 英才辈出	人文故城 文化城邦	中国成语博物馆 邯郸卿城国际音乐岛
雕镂景观层	现代邯郸共识性 君子世无双	特色风貌 铁树银花	开放街区	太行山水中医药博物馆 太行山水健康食品观光工厂 太行山水老字号餐饮工厂店
渗透消费层	未来邯郸共事性 邯郸少年行	音乐之都 时清海晏	生态水城 城市方舟 产业新城	邯郸不夜城 邯郸文化商务区CCBD 邯郸阡陌

（四）空间布局

关于项目城市设计理念的研讨到达成基本共识历时约一年之久，方案落成之时主要融合了天津华汇设计院“文化城邦和开放街区”概念、曲江智造“城市方舟”概念，以及大唐不夜城、曲江文化旅游集团、清华同衡规划设计院等相关单位的专业意见。

以水为体，湖城大境，将北湖水面、驳岸、洲岛和环湖绿道一体化打造为风景资产硬核，承担“文化＋旅游＋主导产业或战略性新兴产业”窗口示范和门户集散服务功能；以人为本，文城胜境，将中国成语博物馆、邯郸卿城国际音乐岛一体化打造为文化资产硬核，发挥“文化＋旅游＋城市精神标识”高台教化和国际交流服务功能；以业为脉，产城顺境，将中医药文化博览、优质医疗服务设施、健康食品观光工厂、老字号餐饮工厂店、在线经济服务平台、知识产权服务平台、创新金融服务平台等载体一体化打造为品牌资产硬核，发挥“文化＋旅游＋城市发展要素”流通和优化组合服务功能（见表 88）。

表 88　邯郸国际创意港空间布局理念

以水为体	湖城大境	文化＋旅游＋主导产业或战略性新兴产业	窗口示范和门户集散服务 文的自觉性
以人为本	文城胜境	文化＋旅游＋城市精神标识	高台教化和国际交流服务 旅的昭示性
以业为脉	产城顺境	文化＋旅游＋城市发展要素	要素流通和优化组合服务 城的创造性

（五）核心产品

项目基地现存黄粱梦吕仙祠、大佛寺、铜佛寺三处文化遗产，关联汤显祖“至幻”之作《邯郸记》，引用“度却卢生这一人，把人情世故都高谈尽，则要你世上人梦回时心自忖”经典戏文，反思“莫笑卢生一场空，神仙亦在梦游中”，追问“黄粱美梦”与浪漫主义文学极峰作品《红楼梦》的前尘后世，探寻“戏梦人生”中所映射的因缘果报。

借鉴中国传统戏曲艺术在舞台创造方面的四项基本内容，规划设计“邯郸卿城”：一是内容结构高度严谨的音乐性和舞蹈性；二是场景时空超然而自由的虚拟性和开放性；三是展演手段丰富而高妙的综合性和技巧性；四是主客关系积极而热烈的剧场性和参与性。

“邯郸卿城”规划面积 779 亩，建筑面积 10.4 万平方米，以“云阁飞梁之九衢，雄虹祥凤之八陉”为整体风貌意向，突出山势之伟、水韵之雄、九衢八陉之险、云阁飞梁之妙，以线的艺术勾勒天际线，以山丘、沙丘、寰丘等微地形丰富水岸线，以高台、缓坡、沟谷、暗道、陌上等空间单元组织产品线，整体构建柳暗花明别有洞天的游憩线，形成旅居服务区、文化商业区、文化博览区、文化娱乐区四大空间格局（见图 127~ 图 129）。

旅居服务区：以“天波水府”环境艺术景观托举“邯郸有梦”产品组合，组织戏曲、曲艺、杂技、相声、脱口秀等相关文化艺术资源，完善旅居服务区配套服务设施。

文化商业区：以“铁马冰河”环境艺术景观承载“邯郸无梦”产品组合，组织数字创意、餐饮、营地教育相关商业品牌资源，完善文化商业区配套服务设施。

文化博览区：以“水墨灯花”环境艺术景观雕镂“邯郸新语”产品组合，组织字体设计、文物、艺术品、教育培训相关知识产权合作资源，完善文化博览区配套服务设施。

文化娱乐区：以“云河星转”环境艺术景观弥合“邯郸老调”“五至”产品组合，组织歌剧、舞剧、词剧、话剧、演艺、流行音乐、电子音乐等相关文化艺术和互动娱乐资源，完善文化娱乐轴配套服务设施（见表 89）。

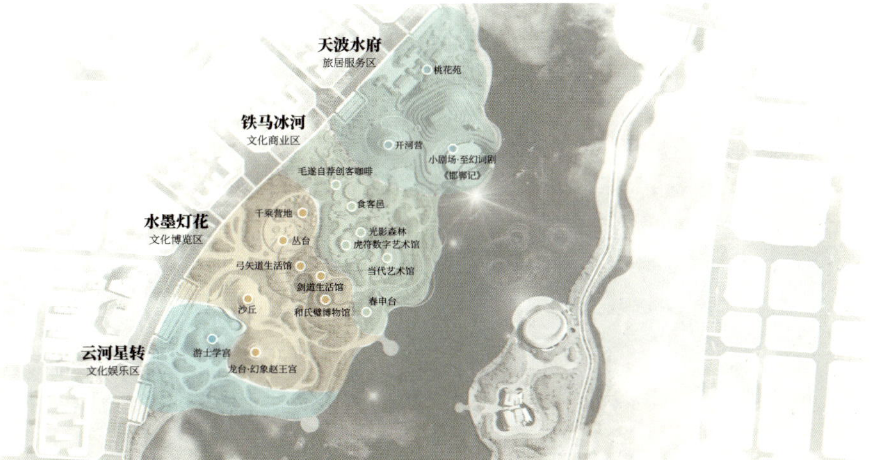

图 127 邯郸卿城功能分区图

图 128　邯郸卿城总平图

图 129　邯郸卿城效果图

表 89　邯郸卿城产品谱系

历史评价	代表人物 / 作品	精神堡垒 / 地标	组合业态	功能分区
一代雄主	赵武灵王	龙台	赵王宫剧场——至情戏剧《赵武灵王》 滨水文化广场——至真歌剧《陌上桑》	水墨灯花 文化博览区
		丛台	马场、教场、马战小剧场	
		和氏璧博物馆	博物馆餐厅	
		剑道生活馆	花道	
		弓矢道生活馆	茶道	
		千乘营地	萌宠乐园、烤全羊餐厅、体育舞蹈场馆、 孔雀林、马车工坊、冷兵器研学、山字形 帐篷野奢营地、傩戏、摔跤、户外拓展训练	
		沙丘	成语猜猜猜游乐场、成语变变变小剧场	
思想家 教育家 政治家	荀子、李斯、韩非子、贾谊等	游士学宫	枣林乐府、闺门礼宾、九章菜畦	云河星转 文化娱乐区
战国四公子	平原君	白马非马当代艺术馆 毛遂自荐创客咖啡	数字艺术展览、版画展览、雕塑展览 多功能厅、自助餐厅、庭院餐厅	铁马冰河 文化商业区
	信陵君	虎符数字艺术馆	兰陵王入阵曲小剧场 / 楚舞小剧场、邯郸 / 湖北 / 山西 / 陕西面馆、中华老字号 创新餐厅、风物土产超市	
	孟尝君	食客邑	临淄菜园、鸡鸣酒楼、三窟食坊 （高频低消餐饮），刺客岛（剧本杀）	
	春申君	春申台	白云边楚菜馆	
临川四梦	《邯郸记》	小剧场 · 至幻词剧	开河营：铁马冰河景观、冰场、花样滑冰秀、 水上芭蕾秀、水上乐园 桃花苑：宴会厅、阳光餐厅、酒店	天波水府 旅居服务区

1. 邯郸有梦

黄粱美梦，有赵州桥偶遇之奇缘、曲江池赐宴之高光、陕州开河之业绩、河西挂帅之战功、射雁休战之武德、蒙冤隐忍之忠义、回纹锦书之真爱、湖山楼台之哀思、蓬莱仙山之解脱，是寄情于梦、托梦表愿。

项目策划“邯郸有梦”剧场，新编当代词剧《邯郸记》，看“人生逆旅，过客百代”，叹“浮生若梦，为欢几何”，享“戏梦光阴，春秋几度”。

2. 邯郸无梦

铁马冰河，有平原君“白马非马”之思辨、信陵君“窃符救赵”之侠义、孟尝君“食客三千”之苟且、春申君“移花接木”之离歌，是金戈铁马、明鉴之河。

项目策划“邯郸无梦”营地，新创互娱街区“开河营”，看“肝胆相照，公子无双”，叹“白马银鞍，甘心赴国”，享“少年美酒，醉马扬鞭”。

3. 邯郸新语

水墨灯花，有辞赋之祖荀子，诗家毛亨、楚元王师浮丘伯，秦相李斯、法家韩非子，外交家陆贾，乐理公孙尼子，汉相张苍、汉孝成帝师陈嚣，一门两子家、两相两帝师，传诗、书、礼、乐、春秋之大义，是让檐之所、礼宾之门。

项目策划“邯郸新语”城堡，新开“中国成语博物馆”，看“辞赋文章，微言大义”，叹“成语之都，游士学宫”，享“九章菜畦，枣林乐府”。

4. 邯郸老调

云河星转，有云崖剧场“至真”歌剧《陌上桑》和水舞表演、马战剧场“至空”舞剧《兰陵王入阵曲》和神兽光影乐园、赵王宫剧场“至情”戏剧《赵武灵王》，再加上邯郸有梦剧场“至幻”词剧《邯郸记》、邯郸新语城堡“至乐”成语变变变和成语接龙游乐场，是“五至”体验，众创乐土。

项目策划千乘营地，新解龙台紫陌和丛台校场，看“好女罗敷，北齐战神”，叹“一代英主，沙丘之变”，享“老调新弹，邯郸美学”。

邯郸有梦，黄粱美梦三千年警世醒世，戏梦人生一尘埃处世传世。

邯郸无梦，铁马冰河八百里飞渡竞渡，乱世英雄四公子气度风度。

邯郸新语，水墨灯花一门传两子两相，文治武功两帝师五义六艺。

邯郸老调，云河星转一英才成也败也，将相合和三千客古也今也。

爱人为卿，公子为卿，将相为卿，友朋为卿，子民为卿。

邯郸卿城，以人为本，以城为体，以邯郸古今人物、事件、经典、成语为线索，展现倾城之姿，吸引倾城之人。

四、合作导引

邯郸项目在荆州市“春秋楚王城”产品模型基础上，进一步强化产业引擎、城市门户和流量端口的功能性、系统性和集成性，是曲江文化产业集团及旗下文化产业和旅游产业“兵种”对外合作“龙头产品”的升级探讨，有助于各类战略合作、运营合作资源聚拢和整合落地。

五、借鉴启示

（一）立心：再造历史文化名城的文化城邦

至今遗存在中华大地上的众多文物建筑，如钟楼、文庙等，犹如历史对城市文化的封印，守住了一方百姓的元气、底气和骨气。拥有更多文化资源的历史文化名城（名镇 / 名村），在现代化发展进程中，一方面无法简单拆迁重建，一方面雕镂式修复无法印证市场价值，于是零零碎碎修修补补，往往"神未散而形散"。

参考曲江模式，为历史文化名城再造一个属于当代的文化城邦。卸掉历史包袱，承担时代使命，满足人们对城市往昔荣光的追忆情怀，激发市民对城市未来理想的大胆想象。以人为本，为人筑城，沿快速干道布局文化产业引擎项目，以慢行系统串联生活创意示范项目，以文化出口基地和知识产权示范基地托举家城同构理想，以"自城"共建过程同步形成"TA 城"引力，主客共享，多元交叉消费，形成项目和城市品牌影响力交相辉映（见表 90）。

表 90　邯郸城市文化转化

城市封印		文化城邦
主题线索	文化资源	文旅营城、城市新区
官	官衙、长城、大运河国家工程	国家文化出口基地
军	城防系统、校场、兵营、粮仓等	超级林场、超级农场
商	商号、工坊、工业遗址等	超级展场、超级市场
修	佛教、道教等宗教场所	超级会场
民	宗祠、民居、戏楼、民间艺术工坊等	超级秀场
学	书院、藏书阁等	国家知识产权示范基地

（二）立根：创造现代化城市启航的城市方舟

现代化城市发展的立根之本从来都是农业现代化、工业现代化、新型城镇化与信息化。文化产业赋意，旅游业赋型，艺术赋情，科创赋能，均需精准施策，发挥边际效应，激发主导产业附加值，以此充分激活服务经济、旅游经济、体验经济、创意经济，进而兑现城市品牌价值。项目以“北湖”为“海”，突出“邯郸港”品牌内涵和外延，发挥内陆贸易港政策优势和区位交通优势，以滨湖绿道串联环湖岛屿，计划打造掩映在超级城市林场和农场中的新兴产业超级展场、秀场、市场和会场，创造独一无二的“城市方舟”。

（三）立本：塑造国家级旅游休闲城市的开放街区

文旅营城，城市为体，文旅为本。明确创建国家级旅游休闲城市为城市发展战略目标之一，以“邯郸卿城”为引爆点，分时贯通网格状开放街区脉络，形成以邯郸里、邯郸道、邯郸港为支撑体系，以景观大道、休闲街区和文化硅巷为主要构成的开放街区。融合历史邯郸、当代邯郸和未来邯郸品牌内涵，创意景观大道上的立体公园、休闲街区中的秘密花园和文化硅巷里的垂直院落，营建宏大叙事场景中的个体生命意义空间。让街区为居民生活、市民待客、创客生产、企业发展和游客游憩服务，回归人心所向（见表 91）。

表 91　邯郸卿城功能规划

服务对象	主体功能	街区类型	空间创意
居民	生活服务	社区中心	主客比邻生活的神交节点
市民	待客服务	景观大道	主客相互凝视的立体公园
创客	生产服务	文化硅巷	主客混体状态的垂直院落
企业	商务服务	哲学小道	主客同体状态的传统院落
游客	游憩服务	休闲街区	主客擦肩而过的秘密花园

六、系统观念

项目从确立历史观、哲学观和价值观入手，深入研究城市文化底蕴与现代化发展诉求，锁定赵文化主题，以现代化城市业态装载地方人格，于日常生活中展示地方文化精粹，实现历史荣光与当代发展的和谐共生。在此理念指导之下，紧密结合邯郸市“内陆贸易港”、丛台区产业新城在地核心优势和曲江新区打造中央文化区的经验优势，响应京津冀协同发展战略、国家文化产业和旅游产业融合发展示范区、国家文化出口基地相关引导政策，穿透历史邯郸、当代邯郸、未来邯郸多元城市文化层，以见微知著的手法，梳理典型文态、业态和形态，明确立心、立根、立本的目标清单，完成文化城邦、城市方舟和开放街区整体意义框架的搭建，对于拟转型升级创建国家级旅游休闲城市的历史文化名城，具有普遍参考价值。

道	法	术	器	势
核心理念	政策抓手	核心策略	核心产品	借鉴启示
策源中华民族交往交流交融史 肇始中国元典城市现代文明核	京津冀协同发展 国家文化产业和旅游产业融合发展示范区 国家文化出口基地	弥合文化层 雕镂景观层 渗透消费层	邯郸卿城	立心 立根 立本

初探邯郸，山川交谷，
侠义燕赵，慷慨悲歌。
再识邯郸，彩帷春英，
北湖大境，丛台欢歌。
三访邯郸，冷翠流苏，
国际空港，商都新脉。
四谈邯郸，黑色幽默，
成语之都，世说新语。
五叩邯郸，玲珑剔透，
陌上花开，公子如玉。

作品名称：穿越

作者：吴代杰

作品材质及类别：水晶雕塑

尺寸：一组 4 件，最大 3m×1.5m